Albrecht Dürer, Max Osborn

Albrecht Dürers schriftliches Vermächtnis

Verlag
der
Wissenschaften

Albrecht Dürer, Max Osborn

Albrecht Dürers schriftliches Vermächtnis

ISBN/EAN: 9783957007575

Auflage: 1

Erscheinungsjahr: 2016

Erscheinungsort: Norderstedt, Deutschland

Hergestellt in Europa, USA, Kanada, Australien, Japan
Verlag der Wissenschaften in Hansebooks GmbH, Norderstedt

Verlag
der
Wissenschaften

Renaissance-Bibliothek

Herausgegeben

von

Dr. Hans Landsberg

Dritter Band.

Berlin

Verlag von Leonhard Simion Nf.

1905

Selbstbildnis Albrecht Dürers
aus dem Jahre 1498.

(Original im Prado-Museum zu Madrid.)

Albrecht Dürers schriftliches Vermächtnis.

Familienchronik — Briefe — Reime.
Tagebuch der niederländischen Reise.
Aus den theoretischen Schriften.

Ausgewählt und eingeleitet

von

Max Osborn.

Berlin.

Verlag von Leonhard Simion Nf.

1905.

Inhaltsverzeichnis.

«In dem Stücke von Albrecht
Dürers Wercke, das Sie mir anzeigen, stehen wahrhaft goldene
Sprüche, es wäre schön, wenn man
sie einmal zusammenrückte und in
neuere Sprache übersetzte.»
Goethe an Heinrich Meyer,
am 13. März 1791.

Einleitung.

Ein heiliger Name ist es, der über diesem Büchlein
schwebt, — einer von den Namen, die nach einem schönen
Worte Herman Grimms eine Zauberformel in sich bergen.
Wir sprechen ihn aus, und eine Welt, reich an unend-
licher Schönheit, öffnet sich unserm inneren Blick.
Was unseres Volkes tiefstes Wesen bedeutet: die wunder-
same Mischung von Kraft und Verträumtheit, Härte und
Innigkeit, Derbheit und sinnierender Phantastik, Humor
und Hang zur Grübelei, von prometheischem Drang, der
nach den höchsten Kronen greift, und schlichtem Sinn,
der mit liebevollem Behagen sich in die Geheimnisse
jedes Welteckchens versenkt, im kleinsten Teilchen ein
sinnreiches Spiegelbild des Ganzen ahnend, der Kontrast
von individuellem Freiheitsdrang und einer Gründlichkeit,
die nicht frei ist von pedantischen Zügen, von gesundem
Naturgefühl und einer über alle Realität hinausstrebenden,
nie zu befriedigenden, nie zu letztem Ausdruck gelangen-
den Sehnsucht — in Albrecht Dürers Art und Kunst,
Leben und Lebenswerk erscheint es in großartiger Steige-
rung vereint.

Was dieser Meister mit der Feder geschrieben, hat
man begreiflicherweise oft über dem, was er mit dem

Pinsel gemalt, mit dem Grabstichel auf die Kupferplatte, mit dem Stift auf Papier und Holzstock gezeichnet, fast vergessen. Aber das Bild, das wir von ihm im Herzen tragen, wäre nicht vollständig, wenn wir an den kostbaren Denkmälern vorübergingen, in denen sich sein Denken und Erleben am unmittelbarsten ausgesprochen hat. Albrecht Dürer, der erste, der den Ruhm der deutschen Kunst über die Welt verbreitete, ist auch der erste unserer Künstler, dessen ganze Persönlichkeit wir zu übersehen und zu erkennen vermögen, der erste unter ihnen, der uns das Glück gewährt, uns seiner großen Menschlichkeit menschlich nahe zu fühlen, um in dieser Nähe seine Größe tiefer zu verstehen und mit verdoppelter Ehrfurcht zu ihr emporzublicken.

Darum sollte, was Dürer geschrieben, ebenso zum Allgemeinbesitz unsres Volkes werden, wie es seine Hauptwerke in diesem glücklichen Zeitalter der Reproduktionstechnik längst geworden sind. Es ist in Wahrheit ein «Vermächtnis» seines Geistes, das hier vorliegt, und für dessen glückliche Bewahrung wir dem gnädigen Geschick innigsten Dank schulden. Unsere Zeit, die mehr als die Vergangenheit das Wirken eines großen Mannes aus der Welt seiner ganzen Individualität zu begreifen trachtet, der es höchste Freude und willkommene Hilfe bei der Vertiefung ihres Verstehens ist, dem verschlungenen Wurzelwerk nachzugehen, aus dessen Saft Stamm und Krone emporwuchs, wird dies Vermächtnis mit verstärkter Liebe und Ehrfurcht hüten. Um so mehr, als es über seine nächste Bedeutung hinaus ein einzigartiges und unvergänglich wertvolles Denkmal der glorreichsten Epoche nationaler Kultur ist, die unserm Volke bisher beschieden war. Frischer und lebensvoller als in den Kundgebungen der meisten Vertreter des geistigen Lebens zu Beginn des sechzehnten Jahrhunderts, deren vornehmste Kreise damals die Muttersprache zu schriftlicher Äußerung noch gering achteten, spiegelt sich hier ein Stück vom Denken und Empfinden und auch vom äußeren Leben jener herrlichen Zeit. Im Kreise der literarischen Denkmäler, die sich um Luthers Schriften gruppieren, steht, was Dürer schrieb, in der vordersten Reihe. Und zugleich steigt bei der Lektüre dieser Blätter aufs neue die ergreifende Erkenntnis von der engen Verwandtschaft auf, die bei allem Trennenden die Künstlerpersönlichkeiten aller Länder und Jahrhunderte, die ihrer Mitwelt Führer und Meister waren, zu einem mächtigen Bunde zusammenschließt. Wir genießen das Schauspiel, das uns so seltsam beglückt und erschüttert, wenn es sich uns enthüllt: wie sich die Großen der Erde über Zeit und Raum hin brüderlich die Hand reichen, wie höchstes Menschentum, nach außen hin in reizvoller Abwechslung stets anders verkleidet, im Innern den gleichen Kern bewahrt, und glauben uns durch solchen Anblick, nicht dem verstandesmäßigen Begreifen, aber dem gefühlsmäßigen Erfassen dieses Kerns näher gerückt. Und wir empfinden, was Goethe im dithyrambischen Stil seiner symbolischen Jugendoden kündete:

> Vom Gebürg zum Gebürg
> Schwebet der ewige Geist
> Ewigen Lebens ahndevoll . . .

Zu Albrecht Dürers deutschen Charakterzügen gehört auch der Trieb zur Gelehrsamkeit, der in ihm steckte und der sich schon frühzeitig meldete, wenn er sich auch erst später und zumal gegen Ende seines Lebens zu einem wichtigen Element seiner Arbeit auswuchs, ja schließlich seine künstlerische Tätigkeit überhaupt zurückdrängte. In einem der Entwürfe zu seiner Proportionslehre, den auch wir zum Abdruck bringen (s. u. S. 114, 35— 115, 10), erzählt er, wie ihn in seiner Frühzeit der erste italienische Meister, der Einfluß auf ihn gewann, Jacopo de' Barbari, zuerst mit theoretischen Dingen bekannt gemacht und wie stark diese neue Welt auf ihn gewirkt hat. „Jdoch fo ich keinen find,“ heißt es an jener Stelle, „der do etwas befchrieben hätt van menfchlicher Maß zu machen, dann einen Mann, Jacobus genennt, van Venedig geborn, ein lieblicher Moler. Der wies mir Mann und Weib, die er aus der Maß gemacht hätt, und daß ich auf diefe Zeit liebr fehen wollt, was fein Meinung wär geweft, dann ein neu Königreich, und wenn ichs hätt, fo wollt ich ihms zu Ehren in Druck bringen, gemeinen Nutz zu gut. Aber ich war zu derfelben Zeit noch jung und hätt nie van fölchem Ding gehört. Und die Kunft ward mir faft lieben und nahm die Ding zu Sinn, wie man folche Ding möcht zu Wegen bringen.“

Seit jenen Tagen ist in Dürer der Wunsch, sich über die Fundamente seiner Kunst klar zu werden, den Gesetzen nachzuspüren, die allem Schaffen zu Grunde liegen, nicht mehr eingeschlummert, und wenn wir ihn kurz vor seinem Tode mit der Herausgabe seiner Bücher beschäftigt sehen, so begegnen wir einem Manne, der als Alternder die Summe Jahrzehnte langen Nachdenkens zieht. Wiederholt hat er sich in der Zwischenzeit mit diesen Plänen beschäftigt, sich Aufzeichnungen gemacht und nicht nur im Kopfe, sondern auch mit der Feder die Ideengänge durchgedacht, die er hier niederlegen wollte. Dürer hatte also durchaus schriftstellerischen Ehrgeiz und von Hause aus den inneren Drang, den im neunzehnten Jahrhundert und namentlich in unserer Gegenwart viele Künstler empfinden, sich auch mit dem Worte, nicht nur mit den Gebilden der Hand von dem zu befreien, was in ihm nach Ausdruck verlangte. Es ist die machtvolle Zeit, da in Italien die uomini universali auftraten, die sich ringsum auf allen Gebieten menschlicher Tätigkeit tummelten; wir erblicken in Albrecht Dürer den Reflex solcher Erscheinungen diesseits der Alpen, in behäbigeren, bürgerlicheren Grenzen das Walten desselben Zeitgeistes, der dort im Süden wie ein Sturmwind daherbrauste.

Der große Maler wollte sogar nicht nur ein Schriftsteller sein, er machte sogar die Probe, ob nicht auch ein Stückchen Dichter in ihm stecke. Im sangeskundigen Nürnberg, das den deutschen Landen in Hans Sachs den kräftigsten und fruchtbarsten Poeten des sechzehnten Jahrhunderts schenkte, war das Versemachen an der Tagesordnung. Freilich, Meister Albrecht war kein Dichter. Seine Reime in ihrem stolpernden Gang sind nicht viel mehr als mit geringer Kunst geordnete Prosa. Er erzählt es selbst mit behaglichem Humor, wie ihm Freund Wilibaldus Pirkheimer das Geheimnis der achtsilbigen Reimpaare enthüllte (s. u. S. 39, 17 ff.) und wie Herr Ratsschreiber Lazarus Spengler ihm das «Schuster, bleib bei deinem Leisten!» mit höflicher Grobheit ins Ohr rief (S. 42, 9 ff.):

> Also sag ich auch diesem Mann,
> So er das Malerhandwerk kann,
> Daß er dann bei demselben bleib,
> Damit mans Gspött nit aus ihm treib.

Dürer ließ sich allerdings nicht beirren; er «dichtete» recht und schlecht weiter, Ernstes und Scherzhaftes, Frommes und Profanes, und er hatte offenbar ein großes Vergnügen, wenn er seine Reime klingeln hörte. Übrigens sind diese Knittelverse nicht schlechter als das Meiste, was damals in gebundener deutscher Rede verbrochen wurde. Und uns sind sie mit ihrer Ungeschicklichkeit, ihrer Umständlichkeit, ihrer Trockenheit, mit der Naivetät ihres breiten Humors und der Einfalt ihrer Frömmigkeit ein echtes Stückchen Alt-Nürnberg. Welch eine gutmütige Harmlosigkeit liegt in der biederen Art der Neckerei mit Spengler oder in dem kindlichen Vergnügen, das sich Dürer und sein Maler-Kollege Conrad Merkel in Ulm mit dem «gar fröhlichen» Briefwechsel machen (S. 44, 25 ff.), bei dem sie sich offenbar königlich amüsiert haben.

Als Prosaist aber ist Meister Albrecht wahrlich nicht zu unterschätzen. Hier ist sein Stil von prachtvoller, sicherer

Kraft, und wenn man andere Briefe oder Abhandlungen aus derselben Zeit mit den seinigen vergleicht, so gewinnt man keine geringe Hochachtung vor seiner unbefangenen, freien Art zu sprechen und zu erzählen, vor der Plastik und Anschaulichkeit seiner Bilder, vor seinem Wortreichtum und seiner Kunst, knappe und klare Sätze zu bilden, die von der endlosen Weitschweifigkeit seiner Zeitgenossen überraschend absticht. Überall begegnen uns originelle Wendungen und eigenartige Bemerkungen, und mitten in ganz schlichte Auseinandersetzungen oder Mitteilungen sind plötzlich Sätze von allgemeiner Bedeutung eingestreut, die zum Tiefsinnigsten und Feinsten gehören, was jemals über Kunst gesagt worden ist. —

Zwei große Ereignisse machen einen Einschnitt in Dürers Leben, das sonst seit den Lehr- und Wanderjahren so ruhig und seßhaft verlief: die beiden Reisen nach Venedig 1505—7 und in die Niederlande 1520—21. Und von beiden hat uns ein günstiges Geschick die schönsten Dokumente von des Meisters Hand aufbewahrt: dort die Briefe an Pirkheimer, hier das sorgfältig geführte Tagebuch.

In jenen Briefen und den andern, die uns von ihm erhalten sind, spricht sich Albrecht Dürers Natur, sein eigenstes Wesen am unmittelbarsten aus. Herrlich, wie wir ihn hier noch persönlich kennen lernen, ihn gleichsam noch mit den Augen sehen und mit den Ohren reden hören! Wie sein hoher Sinn, sein Streben, seine tägliche Arbeit, seine kleinen und großen Sorgen, ja auch seine körperliche Gestalt sich darin spiegeln. Wie er als ein echter Sohn seiner Zeit auftritt, und wie sein Künstlergeist doch die engen Grenzen überfliegt. Wie er Freundschaft und Treue hält, mit flammendem Blick alles Neue und Große in sich aufsaugt, wie sein edles Herz mit allem Menschlichen mitfühlt, ohne schwächliche Sentimentalität zu kennen. Wie er in stolzem Selbstbewußtsein einhergeht und wohl weiß,

was er kann, dann aber wieder verstimmt wird oder bescheiden seufzt, wie weit er schließlich doch hinter dem
höchsten Ziele zurückbleiben müsse. Wer könnte diese
Briefe lesen, ohne ihren Schreiber innig lieb zu gewinnen!

Die quälende, zerreibende Selbstkritik des modernen
Künstlers kennt Dürer noch nicht. Seine kerngesunde
Natur bewahrt ihn treulich vor diesem Gift. Kein
größerer Gegensatz ist denkbar als zwischen seinen
schriftlichen Aufzeichnungen und dem «Vermächtnis»
eines andern deutschen Künstlers, aus dem neunzehnten
Jahrhundert: Anselm Feuerbachs. Hier stehen sich zwei
Zeitalter gegenüber. Aber an den Zusammenstößen mit·
der Welt hat auch Dürer schon genau so zu leiden wie
seine Nachfahren in der Zeit der Eisenbahnen und der
Elektrizität. Auch bei ihm hören die materiellen An-
gelegenheiten nicht auf, eine Rolle zu spielen. Erst im
Alter gewinnt er ein wenig Ruhe; bis dahin aber hat er
sich immer wieder mit dem leidigen Geld herumzuschlagen.
Die Briefe an Jakob Heller (S. 20—30) sind angefüllt mit
weitschweifigen finanziellen Auseinandersetzungen. Er
muß sein Bild, das der reiche Kunstfreund bei ihm bestellt
hat, anpreisen, muß die guten Farben rühmen, mit denen er
es malt, muß den Mäcen bei guter Laune erhalten. Wie auch
sonst noch (s. S. 11, 20 ff.), hat er sich beim Voranschlag
verrechnet und sieht sich nun übervorteilt. Er schafft
und schafft und kommt auf keinen grünen Zweig: „Ich hab
mir felbs ein grau Har gefunden," schreibt er an Pirkheimer,
„das ift mir vor lautrer Armüt gewachfen und daß ich mich alfo
ftenter (plage). Ich mein, ich fei dorzu geborn, daß ich übel Zeit
foll haben" (S. 18, 2 ff.). Dabei merkt man dann wieder
in der Korrespondenz mit Heller, wie tief es ihm verhaßt
ist, mit seiner Kunst zu handeln und zu markten; er bricht
dann wohl plötzlich mit einer mürrischen Bemerkung ab
oder setzt einen stolzen Trumpf auf: „Mein Lob begehr ich
allein unter den Verftändigen zu haben" (S. 25, 30 f.), und das

sind nur, wie er es an einer andern Stelle einmal aus-
spricht, „die do felbs gut Maler find" (S. 129, 11).

Wenn aber Dürers Stirn sich glättet und er zu
plaudern beginnt, dann übernimmt eine behagliche Fröh-
lichkeit die Herrſchaft in seinen Briefen. Dann wird
erzählt und geneckt mit derbem Humor, der sich zur
Ausgelassenheit und zum kecken Übermut steigern kann.
Dann nimmt sein Witz, der sich sonderlicher Grazie auch
sonst nicht zu rühmen weiß, etwas Täppisches, Bären-
mäßiges an, das unser modernes Gefühl verblüfft, und er
marschiert wacker mit dem Stil der Zeit, die an Facetien
ihre Freude hatte und so gern «St. Grobiani Sauglöcklein»
erschallen ließ (s. S. 13, 31 ff.; 16, 25 ff.; 18, 26 ff.; 19, 20 ff.).

Die venezianischen Briefe an Pirkheimer sondern sich
in zwei deutlich von einander geschiedene Partien. In
der ersten (No. 1—6), die aus den Anfangsmonaten des
Jahres 1506 stammt, ist Dürer nicht immer guter Laune.
Weshalb er die Reise über die Alpen unternommen, läßt
sich nicht mit voller Bestimmtheit sagen. Vielleicht war
der Anlaß die Bestellung des Rosenkranzfestes durch die
deutschen Kaufleute in Venedig (s. S. 5, 26 ff.; 16, 15 f.),
die möglicherweise schon erfolgt war, als Dürer sich noch
in Nürnberg befand. Vielleicht verfolgte der Meister in
erster Linie das Ziel, den Kupferstecher Marcantonio
Raimondi, den berühmten Vervielfältiger Rafaels, der
Dürersche Holzschnitte unbefugter Weise nachgeschnitten
hatte, gerichtlich zu belangen. Vielleicht war es die
Pest, die ihn aus Nürnberg trieb und einen alten Plan
zur Reife brachte. Möglicherweise aber haben alle diese
Gründe zusammengewirkt. Der Aufenthalt selbst erscheint
dem Künstler jedenfalls zunächst nicht als ein besonderes
Vergnügen. Er fühlt sich fremd, obwohl er, wie wir nach
den jüngsten Forschungen anzunehmen haben, wahrscheinlich schon im Jahre 1494 auf seiner «Bildungsreise»
nach Venedig gekommen war, wo er sich damals aller-

dings nicht lange aufgehalten haben kann. Zwar das Leben
in der Stadt gefällt ihm (S. 7, 6 ff.), aber die Betrügereien und
Falschheiten der Welschen ärgern den ehrlichen Deutschen
(S. 5, 12 ff.; 7, 11 ff.), die Künstler blicken ihn scheel an
und machen ihm allerlei Plackereien (S. 7, 17 ff.; 11, 18 ff.),
sie fürchten offenbar die Konkurrenz und schelten seine
Arbeiten, denen sie vorwerfen, sie seien „nit antififch Art"
(S. 7, 20 f.). Er denkt viel und offenbar mit einem Gefühl
von Heimweh nach Nürnberg zurück, wundert sich, daß
er von den Seinen keine Nachricht hat (S. 9, 1), sorgt
sich um seinen Bruder (S. 11, 31 ff.) und wird in seiner
Verlassenheit Pirkheimer gegenüber einmal beinahe sen-
timental, da dieser über sein langes Schweigen verstimmt
ist: „Dorum bitt ich unterthänlich, Jhr wollt mirs verzeihen. Wann
(Denn) ich hab kein andern freund auf Erden denn Euch"
(S. 7, 2 ff.). Dabei plagt ihn der Freund nicht wenig mit
allen möglichen Aufträgen, die er ihm gibt, und deren
Besorgung Dürer genug Scherereien macht.

Dann aber kommt eine Pause in die Korrespondenz,
von April bis zum August 1506. Und in dieser Zwischenzeit hat sich ein deutlich wahrnehmbarer Umschwung in
Dürers Stimmung vollzogen. Jetzt ist er wie verwandelt.
Er hat Erfolg. Die Aufträge strömen ihm so zu, daß er
sie nicht bewältigen kann; sein Atelier wimmelt von Be-
suchern, daß er sich oft verleugnen muß (S. 8, 32 f.). Sein
Gemälde vom Rosenkranzfest ist ihm herrlich gelungen
(S. 16, 17 ff.), die Feinde und Neider hat er zum Schweigen
gebracht (ib., 21 ff.). Und war ihm vorher der alte Giovanni Bellini, der «Sambelling», wie er ihn nennt, fast
die einzige Stütze (S. 7, 21 ff.), so weckt er nun allgemeine
Bewunderung (S. 16, 14 ff.). Auch die ersten Kunstkenner
der Stadt, der Doge Bernardo Loredano und der Patriarch
von Aquileja, Domenico Grimani, kommen in seine Werk-
statt, um die «Tafel» zu sehen. Er ist ausgelassen
und zu allen Scherzen aufgelegt, will sogar zierlich

tanzen lernen (S. 19, 22 ff.), kokettiert mit rasch erlernten italienischen Brocken (S. 13, 12 ff.; 15, 15 ff.; 19, 9 u. ö.), neckt den Freund mit seiner Tätigkeit als Diplomat und mit dem höchst unsoliden Lebenswandel, den der Witwer führt, und bestellt ihm mit komischer Würde beste Grüße seines französischen Mantels und seines welschen Rockes. Das Heimweh ist verflogen, er zögert mit der Rückkehr, macht noch einen Ausflug nach Bologna (S. 20, 5), plant sogar eine Fahrt nach Rom (S. 15, 7 f.), die freilich nicht zu stande kommt, und stolziert lächelnd umher: macht ihr zu Hause, was ihr wollt, „ich bin ein Czentillam (Gentiluomo) zu Fenedich worden!" (S. 14, 7). Wir fühlen mit dem Meister, wie ihm das Herz aufgeht, wie er sich in dem freieren und großartigeren Leben der einzigen Stadt von Tag zu Tag wohler und glücklicher fühlt, und wir empfinden mit ihm, wenn er seufzend der nun doch nicht länger aufzuschiebenden Heimkehr gedenkt und wehmütig den kostbaren Satz hinschreibt: „O wie wird mich nach der Sonnen frieren; hie bin ich ein Herr, daheim ein Schmarotzer" (S. 20, 8 ff) — nicht anders, als fast dreihundert Jahre später Goethe, der auch die Heimreise nach Deutschland als so etwas wie eine Fahrt in die sibirische Verbannung auffaßte.

Anders als nach Venedig reist Albrecht Dürer fünfzehn Jahre später in die Niederlande, um sich in dem zweiten großen Kunstlande seiner Zeit umzusehen. In diesen fünfzehn Jahren ist er auf den Gipfel seines Ruhmes gestiegen. Auch in Italien wird er nun allgemein verehrt. Rafael selbst huldigt ihm und sendet ihm im Jahre 1515 eine Rötelzeichnung über die Alpen (Studie zu zwei Gestalten für das Bild der Schlacht bei Ostia in den Stanzen des Vatikans, jetzt in der Albertina zu Wien), und ein eigentümliches Gefühl ergreift uns, wenn wir lesen, was Dürer sich auf diesem Blatt notiert hat: „Rafahell der Urbin, der so hoch beim Pobst geacht ist geweßt, hat diese nackete

Bild gemacht und hat sie dem Albrecht Dürer gen Nornberg geschickt, um ihm sein Hand zu weisen." Die Niederländer aber, die sich noch nicht durch nationale Schranken vom Reiche getrennt fühlen, betrachten ihn als einen der Ihrigen. Ehren über Ehren werden ihm zu Teil. Schon die Fahrt über den Main und den Rhein gleicht einem Triumphzug. Der Bischof von Bamberg, Georg III. Schenk von Limburg, ein bekannter Mäcen, ist der erste, der ihm Gunst erweist (S. 56, 12 ff.), und von da an ist die ganze Reise eine Fahrt der Freude. Wo er erscheint, machen sich die Reichen und die Kenner eine Ehre daraus, ihn zu bewirten, ihm nach der Sitte der Zeit den Wein aufs Schiff oder in die Herberge zu senden. Gastmähler werden für ihn veranstaltet, die Künstler in Antwerpen (S. 61, 22 ff.; 84, 20 ff.), in Brüssel (S. 68, 31 ff.), in Brügge (S. 89, 1 ff., 15 ff.), in Gent (S. 89, 32 ff.; 90, 9 ff.) bewirten ihn und geben ihm Feste. Auch seine Frau Agnes Dürerin, ja selbst seine Magd Susanna wird mit geehrt. Mit frohem Stolz schreibt der Maler es in sein Tagebuch, wie er in Antwerpen aufgenommen wird: „Und do ich zu Tisch geführet ward, do stund das Volk auf beeden Seuten, als führet man einen großen Herren" (S. 61, 26 ff.). Einen solchen Respekt vor der Kunst war der Deutsche von Hause aus nicht gewöhnt, er schwelgt in dieser allgemeinen, auf alle Bevölkerungskreise sich erstreckenden bewundernden Anerkennung, und nicht ohne Bewegung können wir es lesen, wie dem Gewaltigen in dem Lande des Bürgerstolzes gehuldigt wird, wie die großen Meister der niederländischen Schule, Quinten Matsys, Joachim de Patenier, der „gut Landschaftmaler" (S. 91, 25) — es ist das erste Mal, daß dies Wort in Deutschland nachzuweisen ist! —, Bernhard von Orley, Lucas von Leyden, der Bildhauer Conrad Meyt, der Miniaturmaler Gerard Horebout und andere mit ihm in Verkehr stehen, wie er Erasmus von Rotterdam nahe tritt, wie neue Beziehungen zwischen Dürer und der italienischen Kunst sich bilden (S. 72, 12 ff.;

*

103, 2 ff.). Mehr noch als in Italien trifft er hier mit engeren Landsleuten zusammen, mit Nürnbergern und Augsburgern, die es sich natürlich nicht entgehen lassen, den berühmten Mitbürger zu bewirten. Doch auch die Angehörigen der fremden Nationen wissen ihn zu würdigen. Namentlich der Handelsvertreter des Königs von Portugal, Francisco Brandan, und der Genuese Bombelli sind unermüdlich darin, ihm den Aufenthalt zu verschönen. Der König von Dänemark, der in schweren politischen Sorgen nach den Niederlanden kommt, versäumt es gleichwohl nicht, Dürer zu sich zu bescheiden. Nur Margaretha von Parma, Maximilians I. Tochter, die Statthalterin, die ihm zwar allerlei kleine Ehren erweist, bereitet ihm einen außerordentlichen Verdruß, indem sie das Porträt ihres Vaters, das Dürer ihr zum Geschenk machen will, aufs unfreundlichste zurückweist (S. 97, 23 ff.) und sich auch sonst gegen ihn sehr wenig freigebig zeigt (S. 101, 1 f.).

Doch Margaretha bildet eine Ausnahme. Sonst hat Dürer in den Niederlanden nur Gutes und Frohes erlebt. Auch seine Kunst blüht in dieser glücklichen Zeit. Er zeichnet fleißig Porträts, hält interessante Punkte in dem Skizzenbuch fest, das er bei sich führt, und dessen Blätter sich mit kostbaren, rasch hingeworfenen Notizen seiner Hand füllen, malt auch gelegentlich ein Bild mit Ölfarben. Wie früher nach Italien, hat er überdies auch jetzt einen tüchtigen Stoß von fertigen Arbeiten, meist Holzschnitten und Kupferstichen, von Nürnberg mitgenommen, die er nun eifrig verschenkt, verkauft, vertauscht, um dafür zahlreiche andere Gegenstände in Empfang zu nehmen. Andererseits kauft er wieder eine ganz respektable Masse von Dingen ein, um sie seinen Freunden in Nürnberg mitzubringen (S. 87, 12 ff.), und mit Staunen sehen wir, wie üppig die Schenklust blüht. Ganz im Stil seiner Zeit — war doch, als er nach Italien reiste, seine Frau sogar allein auf die Frankfurter Messe gefahren, um Kupferstiche und Holzschnitte feilzubieten (S. 6, 11 f.) — betreibt Dürer mit seiner «Kunst», wie er die graphischen Arbeiten nennt, einen schwunghaften Tauschhandel, ja er führt zu diesem Zwecke neben eigenen «Waren» auch solche anderer Künstler, wie des Hans Baldung Grien (S. 87, 29; 99, 25 f.) und des Hans Schäufelein (S. 58, 13), mit sich.

Von besonderem Interesse in dem Tagebuche ist die berühmte Klage um Luthers vermeintlichen Untergang nach dem Reichstag zu Worms (S. 92 ff.). Unter all den neuen Eindrücken, die Dürer auf der Reise bestürmen, zwingt ihn diese ungeheuerliche Kunde zu einem aus tiefstem Herzen quellenden Erguſs über das groſse religiöse Problem, das damals ganz Deutschland im Innersten bewegte, und zu einem klingenden Hymnus auf den gewaltigen Mann, der das, was Tausende seit einem Menschenalter empfunden hatten, nun laut und mutig in die Welt rief. Noch hat Dürer nicht mit allen Lehren der alten Kirche gebrochen, unmittelbar vor jener Klage um Luther spricht er im Tagebuche von seinem Beichtvater in Antwerpen (S. 87, 4), unmittelbar nachher von einem Mönch, dem seine Frau die Beichte abgelegt hat (96, 37); aber an der offenen reformatorischen Gesinnung des Meisters ist darum wahrlich doch nicht zu zweifeln. Und vor allem ist es immer wieder die Persönlichkeit Luthers, die ihn fesselt. Er kauft seine Schriften (vgl. S. 75, 12), er sehnt sich danach, die eigne Kunst in den Dienst von Luthers Ruhm zu stellen (S. 34, 36 ff.) — ein Wunsch, der Dürer unerfüllt bleiben sollte, er sieht in ihm den Befreier aus eignen «groſsen Aengsten» (S. 35, 2 f.). Wie er zu dem Schweizer Reformator Ulrich Zwingli Beziehungen hat (S. 37, 14), so auch zu dem Hofe Friedrichs des Weisen (S. 20, 29 ff., 34, 20 ff.), — der Künstler, in dessen Leben und Wirken die Lehren des Christentums eine so bedeutende Rolle spielen, trat mit warmer Ueberzeugung auf die Seite derer, die um eine

Erneuerung des kirchlichen Lebens kämpften und dem Papste die Gefolgschaft kündigten.

Mit größter Freude an allem Neuen, das sich ihm bietet, sieht Dürer sich in den Niederlanden um. Er betrachtet die Bauwerke und die kostbaren Gemälde, wie in Köln das Dombild Stephan Lochners oder in Gent den berühmten Altar der Brüder van Eyck. Er macht allerlei Ausflüge und scheut sogar die unbequeme Reise im Winter nach Seeland nicht, um einen großen Walfisch zu sehen, den die Flut dort, wie er hörte, ans Ufer geworfen hatte, den sie aber wieder wegspülte, bevor Dürer an Ort und Stelle eintraf! Auf dieser Reise war es, wo der Meister auf dem Schiff in Lebensgefahr geriet und durch seine beherzte Energie den Schiffsmann, der den Kopf verloren hatte, in ganz ähnlicher Weise zur Besonnenheit brachte, wie Goethe auf der Rückfahrt von Sizilien die verzweifelte Bemannung seines Segelbootes. Dann wieder hat Dürer seine Freude an der grossen Prozession, der er beiwohnt, am Fastnachtstrubel, den er mitmacht, am Einzug Karls V. in Antwerpen und an der Krönung des jungen Kaisers zu Aachen; ganz besonders auch an den Merkwürdigkeiten aus den überseeischen Ländern, die in dem grossen Handelslande zu finden sind, an den Waren und Waffen aus Indien und dem «neuen gulden Land» Mexiko (S. 67, 29), an den Cocosnüssen, Stoffen, Schilden, Pfeilen und sonstigen ethnologischen Seltenheiten und Naturwundern, an die er mit dem naiven Vergnügen seiner Zeit herantritt. Kann er solcher Dinge habhaft werden, so müssen sie unter allen Umständen erworben werden, auch wenn sie nicht ganz billig sind.

Sonst aber ist Albrecht Dürer ein sorgsamer Rechner und ordentlicher Haushalter. Er notiert jeden Pfennig, den er bezahlt, jedes Trinkgeld, das er gibt, jeden Groschen, den er vertrinkt oder verspielt, führt aufs genaueste Buch über Einnahmen und Ausgaben. Das Resultat ist allerdings kein glänzendes; denn kurz vor der Heimreise notiert er sich: „Ich hab in allen meinen Machen, Zehrungen, Verkaufen und andrer Handlung Nachteil gehabt in Niederland, in all mein Sachen, gegen großen und niederen Ständen" (S. 100, 31 ff.). Dennoch bringt er ein schönes materielles Ergebnis mit nach Hause: die jährliche Pension von 100 Gulden, die ihm einige Jahre vorher auf seine Bemühungen hin (vgl. S. 31, 5) von Maximilian I. bewilligt worden (die 200 Gulden, von denen S. 31, 22 ff. die Rede ist, betrafen offenbar eine einmalige außordentliche Zuwendung neben diesen Jahresgehalt), sind ihm nun von Karl V. bestätigt worden (S. 76, 14 ff.). Ohne Zweifel war die Erlangung dieser Bestätigung, ohne welche der Nürnberger Rat mit der Auszahlung Schwierigkeiten machte (S. 35, 26 ff.), der entscheidende Anlaß für die ganze Reise; die Angelegenheit war denn auch bei dem ersten Ausflug von Antwerpen aus, nach Brüssel im August 1520, gleich in Angriff genommen worden (S. 67, 21 ff.). In der Tat wurden Dürer von nun ab bis zu seinem Tode im Jahre 1528 die 100 Gulden jährlich von der Nürnberger Stadtkasse ausgezahlt; seine Quittungen sind uns sämtlich erhalten.

Die Umsicht, mit der Dürer seine Geldangelegenheiten erledigte, ist charakteristisch für seine ganze Art. Der Ordnungssinn, der sich hierin kundgiebt, spiegelt sich auch sonst vielfach wieder. Er scheint ihn von seinem Vater ererbt zu haben, der sich die achtzehn Kinder, so ihm seine Ehegattin Barbara Holperin geschenkt hatte, sorglich mit der Stunde der Geburt und den Namen der Gevatter «in sein Buch» geschrieben hatte (s. S. 2, 15 ff.). Die Familienchronik Albrecht Dürers zeigt, daß der Sohn die gleiche Neigung hatte. Andere Papiere, die uns fragmentarisch überliefert sind, wie das Bruchstück eines «Gedenkbuchs», aus dem wir den rührenden Bericht über den Tod von Dürers Mutter zum Abdruck bringen, die Aufzeichnungen über ein Traumgesicht sowie Notizen religiösen Inhalts, kommen hinzu, um diesen Eindruck zu bestätigen; noch andere sind vielleicht verloren gegangen.

Dieser Sinn für Ordnung und Gründlichkeit ist schließlich auch der Ausgangspunkt für Dürers **theoretische Arbeiten**. Er will sich klar werden über sein Verhältnis zu den Grundgesetzen der Welt und der Kunst, will, soweit das möglich ist, seinem freien Schaffen ein sicheres Fundament geben, und damit zugleich seinem Volke ein Geschenk von bleibendem Werte machen, zum Besten der deutschen Kunst, die er mit Schmerzen hinter der «welschen» zurückstehen sieht. Nicht nur schaffend, auch wissenschaftlich forschend will der Sohn des gelehrten Zeitalters etwas leisten und gelten.

Wir sahen oben schon, wie früh Dürer begonnen hat, sich mit diesen Dingen zu beschäftigen. Jene Anregungen durch Jacopo de' Barbari haben wir etwa in die Jahre 1494 und 1495 zu verlegen. Noch vor dem Abschluß des fünfzehnten Jahrhunderts sind dann einige Proportionszeichnungen entstanden, die beweisen, daß diese Einflüsse in der Stille weiter wirkten. Dürer las den Vitruvius (s. S. 115, 13) und arbeitete sich selbständig weiter vorwärts. Nach der Rückkehr aus Italien rücken die Studien abermals voran, fangen an sich zu runden, und in den Jahren 1512 und 1513 entsteht eine Reihe von Entwürfen, die deutlich zeigen, worauf er hinaus wollte. Sein Ziel war danach zunächst offenbar ein großes und umfassendes theoretisches Werk allgemeinen Charakters, dem er einmal den Titel «Ein Unterricht in der Malerei», ein ander Mal die Überschrift «Ein Speis der Malerknaben» geben will. Es sollte also ein Lehrbuch der Malerei werden, und wenn er sich auf ein Blatt der Handschriftensammlung im Britischen Museum zu London notiert:

„Von Moß (Maß) der Menſchen
Von Moß der Pferd
Von Moß der Bäu
Von Perſpektiva
Vom Licht und Schatten
Von Farbe, wie man die der Natur geleicht",

so hat man hierin vielleicht die ursprünglich in Aussicht genommene Disposition dieses Lehrbuchs zu sehen, die dann auf anderen Blättern verschiedentlich variiert wird. Notizen über die Erziehung des Knaben, der für einen künstlerischen Beruf bestimmt wird, stehen daneben. Und zu gleicher Zeit müssen die Entwürfe zu einer allgemeinen theoretischen Einleitung entstanden sein, die Dürer immer wieder umarbeitete und ausfeilte, um eine noch bessere und schlagendere Formulierung seiner Gedanken zu gewinnen. Auch für einzelne Abschnitte macht er sich bereits nähere Aufzeichnungen. Ein großes Werk sieht er mit leuchtenden Augen emporwachsen: „Dann ob ich etwas anzünd und ihr all Mehrung und Beſſrung der Kunſt werdt dorzu than, ſo mag mit der Zeit ein Feuer doraus geſchürt werden, das durch die ganz Welt leuchtt!"

Dann aber muß der Plan bald eine Änderung erfahren haben, und statt des ganzen erschöpfenden Lehrbuchs wird nun die Fertigstellung seines ersten Abschnittes „Von Moß der Menſchen" das nächste Ziel: er strebt, wie wieder neue Entwürfe zu einer anders gearteten Vorrede zeigen, vor allem zum Abschluß einer Proportionslehre, die nun den anfänglich in Aussicht genommenen Rahmen eines Kapitels im Lehrbuch sprengte und sich zu einem selbständigen Buche auswuchs. Die Behandlung der anderen Teile behielt er sich vor, „wenn ihm Gott Zeit verleihe, von andern Dingen mehr zu ſchreiben." Vor allem nach der Rückkehr von der niederländischen Reise hat Dürer dann die Vollendung des Proportionswerkes gefördert. Aber ehe es in Druck gehen sollte, vergingen noch mehrere Jahre. Eine neue Überlegung ließ es ihm geraten erscheinen, zunächst eine „Unterweisung der Messung" herauszugeben, in der er etwa den dritten und vierten Abschnitt aus jener alten Disposition, „Von Maß der Bäu" und „Von Perspektiva", zu einem eigenen Werk zusammenschloß und seine Studien über Architektur und angewandte Geometrie in einer groß angelegten Projektionslehre verwertete, um für das Zeichnen des Malers wie für die Konstruktion ornamentaler Formen eine Grundlage zu geben. Dies Buch schickte er 1525 allen anderen voraus.

Und noch eine andere Arbeit kam dazwischen, ehe er seine alten Absichten auch nur teilweise ausführen konnte. Politische Verhältnisse, vor allem die drohende Türkengefahr, brachten im Verein mit dem durch die Arbeit an der «Unterweisung der Messung» verstärkten Interesse an architektonischen Fragen im Jahre 1527 ein ganz neues Buch zu stande: den «Unterricht zur Befestigung der Städte, Schlösser und Flecken». Wie Lionardo da Vinci, mit dem Dürer auch sonst so viel innere und äußere Ähnlichkeit hatte, wollte er als ein echter Sohn des Renaissancezeitalters auch in der Kriegsbaukunst ein Wort mitsprechen, und die moderne Forschung hat ergeben, daß Meister Albrecht in diesem Werke seiner Zeit weit vorausgeeilt ist, daß er Vorschläge gemacht hat, die sich noch Jahrhunderte später als höchst brauchbar erwiesen. Dürer widmete das Festungswerk dem Reichsstatthalter Erzherzog Ferdinand, dem Bruder Karls V. und späteren Kaiser Ferdinand I., in dankbarer Erinnerung an seinen Ahnherrn Maximilian, dem der Künstler seine gnädige Gesinnung nie vergaß: „Von wegen der Genad und Gutthat, so mir von weiland dem allerdurchläuchtigsten und großmächtigen Kaiser Maximilian hochlöblicher Gedächtniß, Euer Majestät Herren und Großvater, geschehen ist."

Nun erst konnte Dürer an die Fertigstellung der Proportionslehre gehen, an der er schon so lange gearbeitet

hatte. Aber er erlebte die Drucklegung nicht mehr, und
seine Freunde, Pirkheimer voran, mußten die Herausgabe
des Werkes besorgen, das nun unter dem Titel «Vier
Bücher von menschlicher Proportion» noch im
Todesjahre des Meisters, 1528, in den Handel kam und
außerordentlichen Erfolg hatte. Die Freunde waren es
wohl auch, die an das Ende des dritten Buches dieses
Werkes den berühmten ästhetischen Exkurs setzten, in
dem wir ohne Zweifel einen einigermaßen fertig aus-
gearbeiteten Abschnitt des allgemeinen theoretischen
Werkes zu sehen haben, und der hier ein wenig un-
vermittelt angehängt ist. Was jedoch nicht in diesem
Exkurs steht und was von den Gedanken der geplanten
Einleitung zu jener «Speise der Malerknaben» nicht etwa
in die an Pirkheimer gerichtete Widmung der Proportionslehre übergegangen ist, blieb in den Handschriften
versteckt.

So müssen wir, wenn wir uns ein Bild von Dürers
Kunstanschauung machen wollen, diese handschriftlichen
Entwürfe und Fragmente zusammen mit den gedruckten
Büchern betrachten. Die Hauptpartien der letzteren
sind für uns Heutige von geringerer Bedeutung, und
wir haben uns in der folgenden Auswahl denn auch
auf nur wenige charakteristische Abschnitte beschränkt.
Die Lehren dieser Bücher schwimmen ganz im Fahrwasser
der Renaissance - Kunsttheorien und stellen in Über-
einstimmung mit diesen die Proportionalität in einer
Weise als ein Hauptelement ästhetischer Wirkung hin,
die ohne Frage über das Ziel hinausschießt. Dürer
hat diese Lehren überdies selbst um einen Teil ihrer
Wirkung gebracht, indem er auch in seinen letzten und
reifsten Schöpfungen keineswegs die eigenen, vielfach
gleichzeitig entstandenen Vorschläge und Gesetze befolgte.
Er dachte in praxi gar nicht daran, die Harmonie räum-
licher Größen und Verhältnisse an ein vorgeschriebenes

Schema, wie er es theoretisch in den Vordergrund stellt, zu binden und darüber zu vergessen, daß der menschliche Körper ein lebendiger Organismus ist.

Aber wenn Dürer auch in diesen Lehrgebäuden von der Messung und von der menschlichen Proportion gelegentlich recht doktrinär auftritt und verkündet, er wolle, „was ferner zu dem Malen gehört, weiter schreiben, damit solche Kunst nit allein auf dem Brauch ruhe, sonder auch mit der Zeit aus rechtem und ordentlichem Grund gelernt und verstanden mög werden", — so weiß er doch sehr wohl, daß die Individualität des Künstlers schließlich alle Gesetze und Lehren überspringt. Er kennt die schwankende Gültigkeit aller theoretischen Dogmen in der Kunst: „Diese Ding setz ich nit darum hierher, daß man sie also muß machen, sunder daß etwas daraus genummen und ein idlicher vermahnt mag werden, was Weiters und Fremdes zu finden. Dann in den Teilen ist nit ein Ding allein gut, sunder viel Ding sind gut, wer sie weiß zu machen." Man soll die Lehrbücher studieren, aber „damit ist nit aufgehoben (ausgeschlossen), daß nit anders, das auch gut sei, gefunden mög werden, und sunderlich in den Dingen, die nit bewiesen mügen werden, daß sie aufs best gemacht sind." Nur das Durchstudieren der Grundlagen ist zu empfehlen, dann aber vorwärts zu eigner, persönlicher Arbeit! Denn nichts ist falscher als Schablone und bequemes Verweilen in der Tradition: „Dann es muß gar ein träger Verstand sein, der ihme nit trauet auch etwas weiteres zu erfinden, sonder liegt allwegen auf der alten Bahn, folgt allein andern und untersteht sich nichten weiter nachzudenken." Dürer kennt nur zu gut die relative Bedeutung aller künstlerischen Prinzipien und «ewigen» Lehrsätze.

Freilich, Dürer kennt auch die Grenzen des Individualismus, die namentlich in Deutschland nicht immer respektiert werden. Als er in der Unterweisung der Messung vom Bau der Säulen spricht, sagt er: „So ich aber itzo fürnimm, ein Säulen oder zwo lehren zu machen für die

jungen Gefellen, die ſich darin uben, ſo bedenk ich der Deut=
ſchen Gemüt. Dann gewohnlich alle, die etwas Neues
bauen wöllen, wollten auch gerne eine neue Faßon
(Faſſon) dazu haben, die vor nie geſehen wär." Also
schon damals das Haschen nach Originalität! Darum
warnt der Meister vor den «abgeschiedenen», d. i. ab-
gelegenen, übertriebenen Dingen, und empfiehlt die «ver-
gleichlichen», d. i. die gemäßigten, vom Extrem entfernten,
also die goldene Mittelstraße. Aber gleich fügt er wieder
hinzu: „Durch das iſt darum nit beweiſt, daß ein jedlich Mittel
zwiſchen allen Dingen das Beſt ſei!"

So warnt Dürer selbst ängstlich vor allzu großer
Ehrfurcht den eignen Regeln gegenüber. Er dient der
Kunst, und durch seine wissenschaftliche Behandlung will
er gewissermaßen ihre Position in den Augen der Welt
verbessern. Sie ist ihm göttlichen Ursprungs, und den
Banausen, „die do ſagen, Kunſt mach hoffärtig", schleu-
dert er mit eigentümlicher Logik den Satz ins Gesicht:
„So wär Niemand hoffärtiger denn Gott, der alle Kunſt beſchaffen
hat" (S. 127, 17 ff.). Aber er will die Hehre nicht zu sehr
in Fesseln legen. Darum ist er frei von jeder Einseitig-
keit. Und er, der ein so inniges christliches Gefühl sein
eigen nennt, schlägt in aller Ruhe vor, die heidnische
antike Kunst selbst bei religiösen Stoffen als brauchbares
Vorbild zu benutzen, und trägt kein Bedenken, die Art,
wie die «Kriechen» den schönsten Mann und das schönste
Weib, Apollo und Venus, gebildet haben, als Muster für
die Darstellung Christi und der Jungfrau Maria zu empfehlen
(S. 133, 31 ff.). Hier spricht der Renaissancemann, der
Freund der Humanisten.

Doch auch die Lehren der Antike sollen den Künstler
nicht binden. Es gibt keinen Kanon der Schönheit „Was
die Schonheit ſei, das weiß ich nit" (S. 130, 19), ruft er ehrlich
aus. Auch das Studium des Häßlichen hat darum sein
Gutes. „Dann niemand würd wol wiſſen, was ein gut Geſtalt

gibt, er wiß dann vor, was Ungestalt geb." Es gibt wohl eine Konvention über das, was wir «schön» nennen, aber allgemeine und ewige Gültigkeit kann sie nicht haben. So gibt es denn nur eine Lehrmeisterin, die uns sicher leiten kann: die Natur! Alle Lehrsätze und technischen Hülfsmittel dienen nur dazu, uns ihr näher zu führen, unser Auge für das Große und Bedeutsame in ihr zu schärfen. Das Bild des Malers soll darum nichts an sich haben, das „die Natur nit leiden kann"; denn „so es der Natur entgegen ist, so ist es bös". Hier ist das Vorbild, dessen Kraft nicht versagt. Selbst wenn einer «Traumwerk», Phantasiegestalten, machen will, mag er „allerlei Creatur durcheinander mischen"; also die Natur gibt auch hier die Grundlage. Sonst aber soll der Künstler die Dinge schaffen, wie er sie wahrnimmt, wie sie ihm charakteristisch erscheinen: „die erwachsen Jugend glatt, eben und volls Leibs, aber das Alter uneben, knorret, gerumpfen, und das Fleisch verzehrt". Und alles, was er ringsum sieht, soll er in sich aufnehmen; so wird er „inwendig voller Figur, und obs müglich wär, daß er ewiglich lebte, so hätt er aus den inneren Ideen, dovan Plato schreibt, allweg etwas Neues durch die Werk auszugießen" (S. 129, 17 ff.). Dann vermag er es, mit schöpferischer Kraft zu gestalten — man denkt an Böcklins Art zu arbeiten, wenn man diese Worte liest —, dann wird „der versammlet heimlich Schatz des Herzens offenbar durch das Werk und die neue Creatur, die einer in seinem Herzen schöpft in der Gestalt eins Dings" — ein herrlicher, unvergänglicher Satz!

So kann der Künstler das Höchste erreichen: er kann aus eigner Macht etwas hervorbringen, wenn auch freilich sein „Vermögen kraftlos ist gegen Gottes Geschöff (Schaffen)". Die einfache Größe und Hoheit der Natur selbst, so klagt Dürer, bleibt dem Strebenden ja doch ewig versagt; die Zeitgenossen haben uns von ihm selbst erzählt, wie er oft genug «bei Betrachtung seiner Bilder seiner Schwachheit geseufzt», wie ihm «das, was er gemalt, nach drei Jahren so mißfiel, daß er es nicht ohne Schmerzen ansehen konnte». Aber kann auch der Künstler der Natur nicht gleichkommen, wie der Mensch Gott nicht gleichkommen kann, so kann er doch tiefer und tiefer in ihre Geheimnisse dringen. Das ist sein Weg, hier ist der ewige Urquell künstlerischer Wahrheit. Freilich, man muß aus diesem Quell zu schöpfen verstehen, muß lernen, aus der unübersehbaren Fülle der Erscheinungen und Einzelzüge zu wählen:

„Dann wahrhaftig steckt die Kunst in der Natur;
wer sie heraus kann reißen, der hat sie".

———

Der Herausgeber nimmt für sich durchaus kein Verdienst in Anspruch. Seine Arbeit der Auswahl und der Sorge um den Text, mag sie auch größer gewesen sein, als es den Anschein hat, kommt nicht in Betracht gegenüber den wissenschaftlichen Leistungen, mit denen Frühere sich um Dürers schriftliches Vermächtnis so erfolgreich bemüht haben. Das Ziel, das es hier zu erreichen galt, war lediglich das: weiteren Kreisen die litterarische Hinterlassenschaft des größten deutschen Künstlers näher zu bringen. Daß ein wirkliches Bedürfnis nach einer solchen handlichen, dem Verständnis des kunstfreundlichen Publikums entgegenkommenden, wohlfeilen Ausgabe längst vorhanden war, wird niemand leugnen, der weiß, daß die bisherigen Veröffentlichungen teils nicht bequem genug zugänglich, teils zu teuer sind, um den Weg aus dem Revier der Fachleute ins Volk zu finden.

Für diejenigen, die sich näher mit den in diesem Büchlein behandelten Dingen beschäftigen wollen, zähle ich hier die wichtigsten älteren Publikationen auf, die für uns ins Betracht kommen:

Campe, Reliquien von Albrecht Dürer. Nürnberg 1828.

v. Eye, Dürers Briefe aus Venedig an Wilibald Pirkheimer. Nach den Originalen auf der Stadtbibliothek zu Nürnberg veröffentlicht. Jahrbücher für Kunstwissenschaft II (1869), S. 201—10.

Thausing, Dürers Briefe, Tagebücher und Reime. Wien 1872.

v. Zahn, Die Dürer-Handschriften des Britischen Museums. Jahrbücher für Kunstwissenschaft I (1868), S. 1—22.

v. Zahn, Dürers Kunstlehre und sein Verhältnis zur Renaissance. Leipzig 1886.

Zucker, Dürers Stellung zur Reformation. Erlangen 1886.

v. Eye, Leben und Wirken Albrecht Dürers. 3. Aufl. 1892.

Dr. K. Lange und Dr. F. Fuhse, Dürers schriftlicher Nachlaſs auf Grund der Originalhandschriften und teilweise neu entdeckter alter Abschriften herausgegeben. Halle a. S., M. Niemeyer. 1893.

Das letztgenannte Buch habe ich durch den Druck hervorgehoben, um auf seine besondere Bedeutung hinzuweisen. In der musterhaften Ausgabe Langes und Fuhses ist zum ersten Male alles vereinigt worden, was handschriftlich von Dürer erhalten ist, während aus den gedruckten, auf den meisten groſsen Bibliotheken vertretenen Büchern vortrefflich gewählte Auszüge hinzugefügt wurden. Ohne diese Ausgabe wäre die vorliegende kaum möglich gewesen, und wenn wir heute in der Lage sind, eine billige und volkstümliche Sammlung von Dürers Schriften vorzulegen, so gebührt der Dank dafür in erster Linie Lange und Fuhse. Ich habe mich, soweit der anders geartete Zweck es gestattete, eng an diese Gesamtausgabe angeschlossen. Vor allem ist die Art, wie sie den Text behandelt, übernommen und ihr Prinzip festgehalten worden: zwar in allen Äuſserlichkeiten die Schreibweise vollständig zu modernisieren, die alten Wortformen jedoch, die der Sprache Dürers erst ihren Charakter geben, streng zu bewahren. Nur in wenigen Fällen sind, einem noch engeren Anschluſs an die heute gültige Orthographie zu Liebe, oder auf Grund der Vergleichung mit den Originaldrucken der Bücher Dürers, geringfügige Änderungen vorgenommen worden; sonst aber wurde der Lange-Fuhsesche Text zu Grunde gelegt, der ohne Zweifel weitaus die beste Lösung für die Publikationen deutscher Quellenschriften des sechzehnten Jahrhunderts darstellt, soweit diese nicht hauptsächlich philologischen Zwecken dienen wollen.

Der Charakter der vorliegenden Volksausgabe bestimmte die ganze Einrichtung des Buches. Die Anmerkungen unter dem Text sollen nur die unmittelbaren Schwierigkeiten bei der Lektüre heben. Die angehängten Erläuterungen bringen dann demjenigen, der näheren Aufschluſs sucht, Auskunft über die wichtigsten Namen und Dinge. Von einer Vollständigkeit dieser Erklärungen konnte natürlich keine Rede sein. Ebenso würde eine Darlegung der handschriftlichen Ueberlieferung in jedem einzelnen Falle sowie eine nähere Begründung, warum der handlichen Form des Büchleins zu Liebe manches weniger Bedeutsame fortgelassen wurde, den Rahmen sprengen, den ich meiner anspruchslosen Arbeit notgedrungen anlegen muſste. Sie muſs nun schon so in die Welt gehen, wie sie hier vorliegt, und wenn es ihr in dieser Gestalt gelingt, ein wenig dazu beizutragen, daſs die Liebe zu Dürer und das Verständnis seines Wesens immer weitere Kreise erfasst, so ist das Ziel erreicht, das sie sich gesetzt hat.

Berlin, Oktober 1904.

M. O.

I.

Familienchronik.

(1524.)

A° 1524 nach Weihnachten in Nürnberg.

Ich, Albrecht Dürrer der Jünger, hab zusammen-
tragen aus meines Vaters Schriften, von wannen er
gewesen sei, wie er herkummen und blieben und geendet
seiglich. Gott sei uns und ihm gnädig. Amen.

A°· 1524.

Albrecht Dürrer der Älter ist aus seim Geschlecht geboren im
Königreich zu Hungern[1]), nit fern von einen kleinen Städtlein, genannt Jula, acht Meil Wegs weit unter Wardein, aus ein Dörf-
lein zunächst darbei gelegen, mit Namen Eytas, und sein Geschlech-
haben sich genährt der Ochsen und Pferd. Aber meines Vaters
Vater ist genannt gewest Anthoni Dürrer, ist knabenweis in das
obgedachte Städtlein kummen zu einem Goldschmied und hat das
Handwerk bei ihm gelernet. Darnach hat er sich verheurath mit
einer Jungfrauen mit Namen Elisabetha, mit der hat er ein
Tochter Catharina und drei Söhn geboren. Den ersten Sohn,
Albrecht Dürrer genannt, der ist mein lieber Vater gewest, der ist
auch ein Goldschmied worden, ein künstlicher reiner Mann. Den
andern Sohn hat er Laszlen[2]) genannt, der war ein Zaummacher.
Von dem ist geboren mein Vetter Niclas Dürrer, der zu Cölln
sitzt, den man nennt Niclas Unger. Der ist auch ein Goldschmied
und hat das Handwerk hier zu Nürmberg bei meinen Vater gelernet. Den dritten Sohn hat er Johannes genannt, den hat er
studiren lassen. Derselb ist darnach zu Wardein Pfarrer worden,
über 30 Jahr lang blieben. Darnach ist Albrecht Dürrer, mein

---

1) Ungarn. — 2) Ladislaus.

lieber Vater, in Deutschland kommen, lang in Niederland geweſt bei den großen Künſtern, und auf die letzt her gen Nürmberg kommen, als man gezählt hat nach Chriſti Geburt 1455 Jahr, an St. Loyentag¹). Und auf denſelben Tag hatte Philipp Birkamer²) Hochzeit auf der Veſten, und war ein großer Tanz unter der großen Linden. Darnach hat mein lieber Vater Albrecht Dürrer dem alten Jeronimus Holper, der mein Ahnherr geweſen iſt, gedient eine lange Zeit, bis man nach Chriſti Geburt gezählt hat 1467 Jahr. Da hat ihm mein Ahnherr ſeine Tochter geben, ein hübſche, gerade Jungfrau, Barbara genannt, 15 Jahr alt, und hat mit ihr Hoch= zeit gehabt acht Tag vor Viti³). Auch iſt zu wiſſen, daß mein Ahnfrau, meiner Mutter Mutter, iſt des Öllingers Tochter von Weißenburg geweſt, hat geheißen Kunigund. Und mein lieber Vater hat mit ſeinen Gemahl, meiner lieben Mutter, dieſe nach= folgende Kinder gezeugt, das ſetze ich, wie er das in ſein Buch geſchrieben hat, von Wort zu Wort:

Es folgen nun die Namen der 18 Kinder mit ihren Paten: 1. Barbara; 2. Jo=hannes; 3. Albrecht (Gevatter war Anton=Koburger [oder Koberger], der berühmte Nürnbergiſche Buchdrucker); 4. Sebald; 5. Hieronymus; 6. Anton; 7. u. 8. Agnes und Margaretha; 9. Urſula; 10. wiederum Hans; 11. wiederum Agnes; 12. Peter; 13. Ka=tharina; 14. Andreas; 15. wiederum Sebald; 16. Chriſtina; 17. zum dritten Male Hans; 18. Karl.

Nun ſind dieſe meine Geſchwiſtrigt, meines lieben Vaters Kinder alle geſtorben, etliche in der Jugend, die andern, ſo ſie erwachſen. Allein leben wir drei Brüder noch, ſo lang Gott will, nämlich ich Albrecht, und mein Bruder Endres⁴), desgleichen mein Bruder Hans, der 3te des Namens, meines Vaters Kinder.

Item dieſer obgemeldt Albrecht Dürrer der Älter hat ſein Leben mit großer Mühe und ſchwerer harter Arbeit zugebracht und von nichten anders Nahrung gehabt, dann was er vor ſich, ſein Weib und Kind mit ſeiner Hand gewunnen hat. Darum hat er gar wenig gehabt. Er hat auch mancherlei Betrübung, An= fechtung und Widerwärtigkeit gehabt. Er hat auch männiglich, die ihm gekannt haben, ein gut Lob gehabt. Dann er hielt ein ehrbar chriſtlich Leben, war ein geduldig Mann und ſanftmütig, gegen jedermann friedſam, und er was faſt⁵) dankbar gegen Gott. Er

---

¹) Tag des h. Elogius; 25. Juni. — ²) Pirkheimer. — ³) 8. Juni 1467. — ⁴) Andreas. — ⁵) war ſehr (feſt).

hat sich auch nicht viel Gesellschaft und weltlicher Freud gebraucht,
er war auch weniger Wort und ward ein gottsfürchtig Mann.

Dieser mein lieber Vater hatt großen Fleiß auf seine Kinder,
die auf die Ehr Gottes zu ziehen. Dann sein höchst Begehren
war, daß er seine Kinder mit Zucht wol aufbrächte, damit sie vor
Gott und den Menschen angenehm würden. Darum war sein täg-
lich Sprach zu uns, daß wir Gott lieb sollten haben und treulich
gegen unsern Nächsten handeln. Und sonderlich hatte mein Vater
an mir ein Gefallen, da er sahe, daß ich fleißig in der Übung zu
lernen was. Darum ließ mich mein Vater in die Schul gehen,
und da ich schreiben und lesen gelernet, nahm er mich wieder aus
der Schul und lernet mich das Goldschmiedhandwerk. Und da ich
nun säuberlich arbeiten kunnt, trug mich mein Lust mehr zu der
Malerei, dann zum Goldschmiedwerk. Das hielt ich meinen Vater
für. Aber er was nit wol zufrieden, dann ihm reut die verlorene
Zeit, die ich mit Goldschmiedlehr hätte zugebracht. Doch ließ er
mirs nach, und da man zählt nach Christi Geburt 1486 an
St. Endrestag¹), versprach mich mein Vater in die Lehrjahr zu
Michael Wohlgemuth, drei Jahr lang ihm zu dienen. In der Zeit
verliehe mir Gott Fleiß, daß ich wol lernete. Aber ich viel von
seinen Knechten mich leiden mußte. Und da ich ausgedient hatt,
schickt mich mein Vater hinweg, und bliebe vier Jahr außen, bis
daß mich mein Vater wieder fodert. Und als ich im 1490 Jahr
hinwegzog nach Ostern, darnach kam ich wieder, als man zählt
1494 nach Pfingsten. Und als ich wieder anheims kommen was,
handelt Hanns Frei mit meinen Vater und gab mir seine Tochter
mit Namen Jungfrau Agnes, und gab mir zu ihr 200 fl. und hielt
die Hochzeit, die was am Montag vor Margarethen im 1494 Jahr²).
Darnach begab sich aus Zufall, daß mein Vater krank ward an
der Ruhr, also daß ihm die niemand stellen mocht. Und da er
den Tod vor seinen Augen sahe, gab er sich willig drein mit
großer Geduld, und befahl mir mein Mutter, und befahl uns göttlich zu leben. Er empfing auch die heiligen Sakrament und verschied christlich, wie ich das in ein andern Buch³) nach der Läng
beschrieben hab, im Jahr 1502 nach Mitternacht vor St. Matthaeus
Abend, dem Gott gnädig und barmherzig sei. Darnach nahm ich

---

¹) Andreastag; 30. November. — ²) 7. Juli 1494. — ³) in einem „Gedenkbuch",
von dem nur ein Bruchstück erhalten ist.

1*

mein Bruder Hannſen 'zu mir, aber den Endreſen ſchickten mir[1]) weg. Darnach zwei Jahr nach meines Vaters Tod nahm ich mein Mutter zu mir, dann ſie hätt nichts mehr. Und da ſie bei mir wohnete, bis daß man zählt 1513 Jahr, da ward ſie an einen Erichtag[2]) frühe tödtlich und jählting krank, darin ſie ein ganz Jahr lang lag. Und von den erſten Tag an über ein Jahr, als ſie krank worden, was an einen Erichtag, am 17. Tag des Mai im 1514 Jahr nach Empfahung des heiligen Sakraments, iſt ſie chriſtlich verſchieden zwo Stund vor Nachts, der ich ſelbſt vorgebett hab. Der allmächtig Gott ſei ihr gnädig.

Darnach im 1521 Jahr, am Sonntag vor Bartholomaei, was der 18. Tag des Auguſtmonats im Zwilling, war mein liebe Schwieger[3]), die Hanns Freyin krank. Darnach am 29. Tag des Herbſtmonats[4]), nach Empfahung der Sakrament, verſchied ſie in der Nacht zu der neunten Stund nach der Nürmberger Uhr. Der allmächtig Gott ſei ihr gnädig.

Darnach als man zählt 1523 Jahr, an unſer lieben Frauen Tag[5]), als ſie in dem Tempel geopfert ward, frühe vor den Garaus[6]) iſt verſchieden Hanns Frey, mein lieber Schwähr, der bei ſechs Jahren krank war, der auch in der Welt gleich unmüglich Widerwärtigkeit erduldet hat, der auch mit den Sakramenten verſchieden iſt. Der allmächtig Gott ſei ihm gnädig.

---

[1]) wir. — [2]) Dienstag. — [3]) Schwiegermutter. — [4]) September. — [5]) 21. November. — [6]) vor dem Morgenläuten.

II.

Briefe.

A) An Willibald Pirkheimer in Nürnberg.

1.

Venedig, 6. Januar 1506.   5

Item ich wunsch Euch viel guter seliger neuer Johr und all der Eueren.

Mein willigen Dienst zuvor, lieber Herr Pirkamer. Vernehmt mein Gesundheit, viel Bessers begehr ich Euch von Gott. Item als Ihr mir verzeichet hant, etlich Perlen und Schtein zu kaufen, [10] sond Ihr wissen, daß ich nix guts oder seins Gelds wert kann bekummen, es ist Alls von den Dewtzschen aufgschnappt. Die auf der Riv[1]) umgahnd, die wöllen denn allweg 4 Geld[2]) doran ge= winnen, wann[3]) sie sind die untreuesten Leut, die do leben. Es bdarf sich keiner keins getreuen Diensts zu ihr keinem versehen. [15] Dorum etlich ander gut Gesellen haben geseit, ich soll mich vor ihn huten, sie bescheißen Dich und Leut, man kauf zu Frankfürt besser Ding zu geringen Geld, denn zu Fenedich. Und der Bücher halben, die ich Euch bestellen sollt, das haben Euch die Imhoff ausgerichtt. Aber bedürft Ihr sunst etwas, das laßt mich wissen, [20] das will ich Euch mit ganzen Fleiß ausrichten. Und wollt Gott, daß ich Euch großen Dienst kunnt than, das wollt ich mit Frenden ausrichten. Wann[3]) ich erkenn, daß ihr mir viel thüt. Und ich bitt Euch, habt Mitleiden mit meiner Schuld, ich gedenk öfter doran denn Ihr. Alsbald mir Gott heim hilft, so will ich Euch [25] ehrberlich zahlen mit großen Dank. Wann ich hab den Tewtzschen zu molen ein Tafel, dovon geben sie mir hundert und zehen Gulden

---

1) auf dem Kai (der Riva). — 2) das Vierfache. — 3) denn. — 4) Denn.

rheinsch, dorauf geht nit 5 fl. Kostung. Die wird ich noch in acht
Tagen verfertigen mit Weißen und Schaben. So will ich sie von
Stund anheben zu molen. Wann sie muß, ob Gott will, ein
Monet noch Osteren auf dem Altar stehn. Das Geld hoff ich,
ein Gott will, alls zu ersporen. Dovon will ich Euch zahlen.
Wann ich gedenk, ich dürf der Mutter noch dem Weib alsbald
kein Geld schicken. Ich ließ der Mutter 10 fl., do ich wegritt, so
hat sie in mittler Zeit 9 oder 10 fl. löst aus Kunst¹), so hat ihr
der Crottziher 12 fl. bezahlt, so hab ich ihr 9 fl. beim Bastian
Imhoff²) geschickt, dovon soll sie den Pfintzing, dem Gartner ihr
Zins 7 fl. bezahlen. So hab ich den Weib 12 fl. geben und hat
13 empfangen zu Frankfurt, ist 25 fl. Gedenk ich, es hab auch
kein Not. Und ob ihr geleicht manglet, so muß ihr der Schwoger
helfen, bis daß ich heimkumm, so [will] ich ihm ehrberlich wieder
zahlen.

Hiemit laßt mich Euch befohlen sein. Datum Fenedich an der
heiling 3 Kung Tag³), im 1506 Johr.

Grüßt mir den Steffen Pawmgartner und ander gut Geselln,
die noch mir fragen.

Albrecht Dürer.

2.

Venedig, 7. Februar 1506.

Dem ehrsamen und weisen Herr Wilbolt Pirkamer zu Nörnberg, meinem lieben (günstigen) Herren.

Mein willigen Dienst zuvor, lieber Herr. Wenn es Euch wol
geht, das gunn ich Euch von ganzem Herzen, wie mir selbs. Ich
hab Euch neulich geschrieben; versich mich, der Brief sei Euch
worden. In mittler Zeit hat mir mein Mutter geschrieben und
mich gescholten, daß ich Euch nit schreib, und mir zu verstehn
geben, wie Ihr ein Unwillen auf mich hant, daß ich Euch nit
schreib, ich soll mich fast⁴) gegen Euch verantworten. Und ist sehr
bekummert, als ihr Sitt ist. So weiß ich mich mit nichten zu verantworten, denn daß ich faul bin zu schreiben, und daß Ihr nit
doheim seid gewest. Aber alsbald ich verstanden hab, daß Ihr doheim seid gewest oder heim hand wollen kummen, do hab ich Euch

---

¹) aus Kunstware, d. h. aus Holzschnitten und Kupferstichen. — ²) durch den
Sebastian Imhoff. — ³) am Tag der heiligen drei Könige. — ⁴) sehr.

von Stund geschrieben, hab auch dem Kastell[1]) dornoch insunderheit
befohlen, er soll Euch mein Dienst sagen. Dorum bitt ich Euch
unterthänlich, Ihr wollt mirs verzeihen. Wann[2]) ich hab kein
anderen Freund auf Erden denn Euch. Ich gib ihm auch kein
Glauben, daß Ihr auf mich zurnt. Wann[2]) ich halt Euch nit
anderst denn für ein Vater. Ich wollt, daß Ihr hie zu Venedich
wärt. es sind so viel ärtiger Geselln unter den Walchen[3]), die sich
je länger je mehr zu mir gesellen, daß es eim am Herzen sanft
sollt than, vernünftig Gelehrt, gut Lautenschlaher, Pfeifer, Ver-
ständig im Gemäl und viel edler Gemut, recht Tugend von Leuten,
und thun mir viel Ehr und Freundschaft. Dorgen[4]) finder auch
die untreuesten verlogen diebisch Böswicht, do ich glaub, daß
sie auf Erdrich[5]) nit lebten. Und wenns einer nit west, so gedächt
er, es wären die ärtigsten Leut, die auf Erdrich wären. Ich
muß ihr je selber lachen, wenn sie mit mir reden. Sie wissen,
daß man solich Bosheit von ihn weiß, aber sie fragen nix dornoch.
Ich hab viel guter Freund unter den Walchen, die mich warnen,
daß ich mit ihren Moleren nit eß und trink. Auch sind mir ihr
viel Feind und machen mein Ding[6]) in Kirchen ab und wo sie es
mügen bekummen. Noch schelten sie es und sagen, es sei nit an-
tikisch Art, dorum sei es nit gut. Aber Sambelling[7]) der hätt
mich vor viel Czentillomen[8]) fast sehr globt. Er wollt geren etwas
von mir haben und ist selber zu mir kommen und hat mich gebeten, ich soll ihm etwas machen, er wolls wol zahlen. Und
sagen mir die Leut alle, wie es so ein frummer Mann sei, daß
ich ihm gleich günstig bin. Er ist sehr alt und ist noch der best
im Gemäl. Und das Ding, das mir vor eilf Jahren so wol hat
gefallen, das gefällt mir itz nüt mehr. Und wenn ichs nit selbs
säch, so hätt ichs keim Anderen gelaubt. Auch laß ich Euch wissen,
daß viel besser Moler hie sind weder[9]) dauffen Meister Jacob ist.
Aber Anthoni Kolb schwer ein Eid, es lebte kein beßrer Moler
auf Erden denn Jacob. Die andern spotten sein, sprechen: wär
er gut, so belieb[10]) er hie. Und heut hab ich erst mein Tafel angefangen zu entwerfen. Wann mein Händ sind so grindig gewest,
daß ich nit arbeiten hab kunnen. Aber ich habs vertreiben lossen.

---

1) Castulus Fugger. — 2) Denn. — 3) Welschen. — 4) Dagegen. — 5) auf
dem Erdreich. — 6) meine Gemälde. — 7) Giovanni Bellini. — 8) Gentiluomini. —
9) als. — 10) blieb.

Hiemit ſind gütig mit mir und zürnt nit ſo bald. Seid ſänftmutig als ich. Jhr wöllt nüt von mir lehren, ich weiß nit, wie es zu-geht. Lieber, ich wollt geren wiſſen, ob Euch kein Buhlſchaft ge-ſtorben wär, etwas ſchier beim Waſſer oder etwas ſolichs *(Zeichnung*
5 *einer Roſe)* oder *(Zeichnung eines Staubbeſens)* oder *(Zeichnung eines Hundes;*
alles Anſpielungen auf Pirkheimers Liebſchaften) Madle, auf daß Jhr ein andre an derſelben Statt brächtt. Ggeben zu Venedich neun Ohr in die Nacht, am Samstag noch Lichtmeß im 1506 Johr. Sagent mein Dienſt Steffen Pawmgartner, Herr Hans Horstorfer und Fol-
10 kamer. **Albrecht Dürer.**

3.

Venedig, 28. Februar 1506.

Mein willing Dienſt zuvor, liebr Herr Pirkamer. Wenn es Uch wol geht, das iſt mir ein große Freud. Wißt auch, daß mir
15 von den Genoden Gottes wol geht und daß ich flugs erbet.[1]) Aber vor Pfingſten getrau ich nit fertig zu werden. Und hab alle meine Täfele verkauft bis an eins. Hab 2 geben um 24 Dukaten und die anderen 3 hab ich geben für die drei Ring, die ſind mir am Schtich[2]) um 24 Dukaten angeſchlagen worden. Aber ich hab
20 ſie gut Geſellen ſehen laſſen, die ſagen, ſie ſeient wert 22 Dukatn. Und als Jhr mir aufſchriebt, etlich Stein zu kaufen, hab ich ge-dacht, ich wöll Euch die Ring ſchicken hie bei[3]) Frantz Jmhoff. Und laßt ſie bei Euch ſehen, die es verſtehnd. Wärn ſie Euch gefällig, ließt ſie ſchätzen, was ſie wert wären; dorfür behielt ſie. Iſt aber
25 Sach, daß Jhrs nit mehr bedürft, ſo ſchickt mirs bei dem nächſten Boten. Wann man will mir hie zu Fenedich einer, der mirs hat helfen antauſchen, um den Schmarall[4]) 12 Dukatn geben und um den Rubin und Demunt[5]) 10 Dukaten geben, daß ich dannoch über zween Dukaten nit verlieren darf. Jch wollt, daß mit Euerem Nutz
30 wär, daß Jhr hie wärt. Jch weiß, Euch wurd die Weil kurz ſein. Wann es ſind viel ärtiger Leut verhanden, recht Künſtner. Und ich hab ein ſolichs Gedräng von Walchen, daß ich mich zu Zeiten verbergen muß. Und die Czentillamen[6]) wollen mir wol, aber wenig Moler. Lieber Herr, Euch läßt Endres Kunhoffer ſein
35 Dienſt ſagen. Er wird Euch itz bei dem nächſten Boten ſchreiben. Hiemit laßt mich Euch befohlen ſein. Und ich befilch Euch mein

---

1) arbeite. — 2) beim Tauſch. — 3) durch. — 4) Smaragd. — 5) Diamant. —
6) Gentiluomini.

Mutter. Mich nimmt das größt Wunder, daß sie mir so lang nit
schreibt. Auch von meinem Weib, ich mein, ich habs verloren.
Auch nimmt mich Wunder, daß Ihr mir nüt schreibt. Hab aber
dannocht Eueren Brief glesen, den Ihr dem Pastian Imhoff habt
uber mich geschrieben. Auch bitt ich Euch, gebt die zween ein=
geschlossen Brief meiner Mütter, und bitt Euch, habt Geduld, bis
mir Gott heim hilft, so will ich Euch ehrberlich bezahlen. Grüßt
mir Steffen Pawmgartner und ander gut Gesellen, und laßt mich
wissen, [ob] Uch Liebs gestorben sei. Lest den Brief noch dem Sinn,
ich hab geeilt. Geben in Venedich am Samstag vor dem weißen
Sunntag im 1506 Johr.

Morgen ist gut beichten.   Albrecht Durer.

4.

8. März 1506.

Mein willigen Dienst zuvor, lieber Herr Pirkamer. Ich schick
Uch hie ein Ring mit eim Saphir, dornoch Ihr mir eilends ge=
schrieben hand. Und ich hab ihn nit ehe mügen zu Wegen bringen.
Wann[1]) ich bin die zween Tag stetigs mit eim guten Gesellen
gangen, den ich verlahnt[2]) hab, zu allen den Goldschmieden
tewtzsch und welsch, die in ganz Fenedich send. Und haben Parun=
gan[3]) gemacht, aber kein gefunden dem geleich um solich Geld.
Wann durch groß Bitt hab ich ihn kauft um 18 Dukaten und
4 Marzell von einem, der ihn selber an der Hand hatt getragen,
der mir ihn zu Dienst geben hatt. Wann[1]) ich gab zu verstehn,
ich wollt mir ihn selber. Und alsbald ich ihn kauft hätt, do wollt
mir ein tewtzscher Goldschmied 3 Dukaten zu Gewinn geben haben,
der ihn bei mir sach. Und dorum hoff ich, er werd Uch wolgefallen.
Wann[1]) Jdermann spricht, es sei ein gefundener Stein, er sei im
Tewtzschland 50 fl. wert. Doch werdt Ihr wol innen, ob sie wohr
sagen oder ligen. Ich versteh mich nüt dorüber. Ich hätt zum
ersten ein Amathysten kauft, vermeinet[4]) von einem guten Freund,
um 12 Dukaten, der hätt mich beschiffen, wann er was nit siebner
wert. Also thätigten doch gut Gsellen dorzwischen[5]), daß ich ihm
den Stein wieder gäb und ein Essen Fisch zahlte. Do was ich
froh und nahm bald mein Geld wieder. Und als mir gut Freund
den Ring gerechnet haben, so kummt der Stein nit viel höher denn

---

1) Denn. — 2) verlohnt. — 3) wir haben Vergleiche (paragone) angestellt. —
4) vermeintlich. — 5) gute Freunde vermittelten es.

um 19 fl. rheinsch. Wann er wiegt ungefähr 5 fl. an Gold, daß
ich dannocht nit über Euer Ziel bin getreten, als Ihr schreibt:
von 15 fl. bis in 20 fl. Aber der anderen Stein hab ich noch nit
künnen kaufen, wann man findt sie selten geleich zusammen. Aber
ich will noch allen Fleiß ankehren. Sie sprechen, daß Ihr im
Tewtzschlant solich schlecht Narrnwerk wolfeiler findt, und sunderlich itz in Franckfurter Meß. Denn im Welschland sie führen solich
Ding alls mit ihn hinaus. Und sunderlich mit dem Jatzingen[1]-
Kreuzle haben sie mein gespott, do ich von 2 Dukaten saget. Dorum schreibt mir bald, wie ich mich dormit halten soll. Ich hab
an eim Ort erfahren ein guts Demuntbündle[2]), weiß noch nit, wie
im Geld. Das will ich Euch kaufen bis auf weiter Geschrift.
Wann die Schmarall sind as teuer als ich all mein Tag ein Ding
gesehen hab. Es mag einer gar leicht ein Emmechtig-Steinle[3])
haben, er achts um 20 oder 25 Dukaten. Ich halt ganz dorfür,
Ihr habt ein Weib genummen. Schaut nun, daß Ihr nit ein
Meister überkummt. Doch seid Ihr weis genug, wenn Ihrs
braucht. Lieber Herr Pirkamer, Endres Kunhoffer, läßt Euch sein
Dienst sagen. Er wird Uch in mittler Zeit schreiben, und bitt Uch,
Ihr wöllt, obs Not wär, ihn gegen den Herren[4]) verantworten,
so er nit zu Badaw[5]) will beleiben. Er spricht, es sei der Lehr
halben ganz nix für ihn. Und bitt Euch, 'zürnt nit, daß ich Euch
die Stein nit all auf dies Mol schick, wann ich habs nit künnen
zu Wegen bringen. Die Gesellen sagen mir auch, Ihr sollt den
Stein auf ein neue Foltg[6]) legen lassen, so säch der Stein noch
als gut. Wann der Ring ist alt und die Folg verdorben. Auch
bitt ich Euch, sprecht zu meiner Mutter, daß sie mir schreib und
daß sie ihr selbs gütlich thu.

Hiemit laßt mich Euch befohlen sein. Geben zu Venedich am
anderen Sunntag in der Fasten im 1506 Jahr. Grüßt mir Euer
Gesind.[7])   Albrecht Dürer.

5.

Venedig, 2. April 1506.

Mein willing Dienst zuvor, liebr Herr. Ich hab am Pfintztag[8])
vor dem Palmtag ein Brief von Uch empfangen und den Schmarall-

---

[1]) Hyazinthen. — [2]) Diamantenschmuck. — [3]) Amethyst. — [4]) Nürnberger Rat.
[5]) Padua. — [6]) Folie; neue Fassung. — [7]) Freundinnen. — [8]) Donnerstag. —

ring[1]), und bin von Stund an gangen zu dem, der mir sie geben
hatt. Der will mir mein Geld dorfür geben, wiewol ers nit geren
thut. Doch hätt er geredt, dorum muß ers halten. Und das wißt
eigentlich, daß die Soylir[2]) daußen Schmarall kaufen und auf
Gwinn hereinführen. Aber die Gesellen haben mir gesagt, daß 5
die andern 2 Ring einer 6 Dukaten wol wert send. Wann sie
sprechen, sie send nett und sauber, daß sie niy Unreins in ihnen
haben. Und sagen, Jhr sollt Euch nit an die Schätzen[3]) kehren, sunder
frogen noch solichen Ringen, wie sie Euchs geben wollen. Und halt
sie doneben, schaut, obs ihn geleich seien. Und alsbald ichs ge= 10
schtochen[4]) hätt, so ich 2 Dukaten verloren wollt haben an den
dreien Ringen, so wollt sie Pernhart Holtzpock von mir kauft haben,
der denn bei dem Stich[5]) gewesen ist. Und sither hab ich Euch ein
Saphirring geschickt durch Hans Jmhoff. Jch mein, er sei Uch
worden. Doselb halt ich ein guten Kauf than hab, wann man 15
wollt mir von Stund Gwinn geben haben. Doch wird ichs wol
von Uch vernehmen, wann Jhr wißt, daß ich solichs niy versteh,
allein den glauben muß, die mir roten. Auch wißt, daß mir die
Moler fast abhold hie sind. Sie haben mich 3 mol für die Herren[6])
genüt[7]), und muß 4 fl. in ihr Schul[8]) geben. Jhr sollt auch wissen, 20
daß ich viel Gelds gewunnen möcht haben, wo ich der Cewyschen
Tafel nit hätt angenummen zu machen. Aber es ist ein große
Erbet doran und ich kann sie vor Pfingsten nit wol ausmachen.
So gibt man mir nit mehr denn 85 Dukaten, so wißt Jhr, das
auf Zehrung geht. Hab auch etlich Ding kauft, hab auch etlich 25
Geld hinuf geschickt, daß ich noch nit viel vor mir hab. Aber
wissent mein Meinung: ich hab im Willen, nit hinaus zu ziehen,
bis daß Gott gibt, daß ich Euch zu Dank künn zahlen und hunder
fl. ubrigs hab. Jch wollts auch leichtlich gewinnen, wenn ich der
Cewyschen Tafel nit hätt zu machen. Wann außerhalb der Moler 30
will mir all Welt wol. Und meins Bruders halb sprecht zu meiner
Mutter, daß sie mit dem Wolgemut red, ob er sein dörft[9]), daß
er ihm Erbet[10]) gäb, bis daß ich kumm, oder bei Anderen daß er sich
behelf. Jch hot ihn geren mit mir gen Fenedich genummen. Wär
mir und ihm nüy geweßt, auch der Sprach halben zu lehren. Aber 35
sie forcht, der Himmel fiel auf ihn. Nun ich bitt Euch, habt selber

---

Aufsehen, es ist verloren mit den Weibern. Redt mit dem Buben, als Ihr wol künnt, daß er lehr und redlich halt, bis ich kumm, und nit ob der Mutter lieg. Wann ich vermags nit Alls, doch will ich mein Bests than. Für mich selbs wär ich unverdorben, aber Viel zu ernähren ist mir zu schwer. Wann Niemand wirft sein Geld weg. Hiemit laßt mich Euch befohlen sein. Und sagent meiner Mutter, daß sie auf das Heiltum[1]) feil laß haben. Doch versich ich mich, mein Weib kumm heim, der hab ich auch alle Ding geschrieben. Ich will auch des Demantbunds nit mehr kaufn bis auf Euer Schreiben. Nächst auch versich ich mich, vor Herbstzeit nit künnen hinaus z'kummen. Wann die Tafel, die auf Pfingsten bereit wird, geht alle auf Zehrung-kaufn und Zahlung. Aber dor-noch was ich gewinn, hoff ich zu behalten. Aber dunkt es Uch ge-roten, so sagents nit. Wann ich wills von Tags zu Tag verzielen[2]), all Tag schreiben, als kumm ich. Doch bin ich wankelmütig. Ich weiß selbs nit, was ich thu. Und schreibt mir schier wieder. Datum am Pfintztag vor dem Palmtag im 1506 Johr.

Albrecht Dürer
Euer Diener.

6.

Venedig, 25. April 1506.

Meinen willigen Dienst zuvor, lieber Herr. Mich wundert, daß Ihr mir nit schreibt, wie Euch der Saphirring gefall, den Uch der Hans Imhoff geschickt hat beim Schon Boten[3]) von Augspurg. Ich weiß nit, ob er Euch worden ist oder nit. Ich bin beim Hans Imhoff gewest, hab ihn geforscht. Sagt er, er mein nit anderst, er soll Euch dann worden sein. Auch ist ein Brief dobei, den ich Euch geschrieben hab. Und ist der Schtein in ein versiegelts Büchsle gemacht und hat eben die Größ, als er hie gezeichet ist, wann ich hab ihn in mein Schreibbuchle gezeichnet. Und hab ihn mit großem Bitt zu Wegen brocht. Wann er ist lauter und nett, und die Ge-sellen sagen, er sei fast gut für das Geld, das ich dorfür hab geben. Er wiegt ungefähr 5 fl. rheinsch, und hab dorfür geben 18 Du-katen und 4 Marzell. Und wenn er verloren wurd, so wurd ich halb unsinnig. Wann er ist schier für 2 mol so viel geschätzt worden, als ich dorfür geben hab. Man wollt mir auch von

---

1) Heiligtums-Fest; Ostermesse. — 2) versäumen. — 3) durch den Boten Schön.

Schtund an Gewinn geben haben, do ich ihn kauft hätt. Dorum, lieber Herr Pyrkeymer, frogt den Hans Imhoff, daß er den Botn forsch, wo er mit dem Brief und Büchsle hinkummen sei. Item der Bot ist vom jungen Hans Imhoff geschickt worden am elften Tag Marzi. Hiemit seind Gott befohlen und laßt Euch mein Mutter befohlen sein. Sprecht, daß sie mein Bruder zum Wolgemut thu, auf daß er erbet und nit erfaul. Allzeit Euer Diener. Lest noch dem Sinn, wann ich hab eilends itz wol 7 Brief zu schreiben — ein Theil geschrieben. Mir ist leid für Herr Lorentz, grüßt ihn und Steffen Paumgartner. Geben zu Fenedich im 1506 Johr an Sant Marx Tag.

Schreibt mir bald wieder, wann ich hab dieweil kein Ruh. Endres Kunhofer ist todtlich krank, itz ist mir Botschaft kummen.

Albrecht Dürer.

7.

Venedig, 18. August 1506.

Grandissimo primo homo de mundo. Voster servitor el schiavo Alberto Dürer disi[1] salus suum magnifico Miser Willibaldo Pircamer. Mi fede, el aldi[2] volentire cum grando pisir[3] voster sanità e grondo hanor[4] el mi maraveio[5]), como el possibile star uno homo cusi vu[6] contra tanto sapientissimo Tiraisbuli[7] milites. Non altro modo nisi una gracia de dio. Quando mi leser voster litera de questi strania fisa de catza[8]), mi habe tanto paura el para mi uno grando cosa. Aber ich halt, daß die Schottischen Euch auch gefurcht hand. Wann Ihr secht auch wild, und sunderlich im Heiltum, wenn Ihr den Schritt Hüpferle gand. Aber es reimt sich gar übel, daß sich solich Landsknecht mit Zibeta[9] schmieren. Ihr wollt auch rechter Seidenschwanz werden und meint, wenn Ihr nun den Huren wolgefallt, so sei es ausgericht. Wenn Ihr doch als ein lieblich Mensch wärt as ich, so thät es mir nit Zoren. Ihr hand as viel Buhlschaft, und wenn Ihr ein itliche nun[10] einmol sollt brauten, Ihr vermochtets in eim Monet und länger nit zu verbringen. Item ich dank Uch, daß Ihr mit meinem Weib mein Sach also zum Besten geredt hand. Wann ich

---

1) dice. — 2) io udii. — 3) piacere. — 4) onore. — 5) meraviglio.
6) come voi. — 7) Thausing erläutert: tiranni buli = Tyrannen, Raufbolde.
8) ebendas.: strane bestiacce = gräuliche Fratzen. — 9) Parfüm, das von der Zibethkatze gewonnen wird. — 10) nur.

erkenn viel Weisheit in Euch beschlossen. Wenn Jhr nun als
sänfmütig wärt als ich, so hätt Jhr all Tugend. Auch dank ich
Euch Alls, das Jhr mir zu gut thät, wenn Jhr mich allein un-
geheit[1]) ließt mit den Ringen. Gefallens Euch nit, so brecht ihn
den Kopf ab und werfts ins Scheißhaus, als der Peter Weisbecher
spricht. Was meint Jhr, daß mir an eim solichem Dreckwerk lieg?
Jch bin ein Czentilam zu Fenedich worden. Auch hab ich wol
vernummen, daß Jhr wol reimen künnt. Jhr wärt gut zu unseren
Geigeren hie, die machns so lieblich, daß sie selbs weinen. Wollt
Gott, daß unser Rechenmeisterin sollt horen, sie weinet mit. Auch
noch Euerem Befelch will ich meinen Zoren nochlaffen und mich
tapfrer haltn weder mein Gewohnheit ist. Aber in 2 Monden
kann ich nit hinaus kummen, wann ich hab noch nit, daß ich mich
kunn hinausschickn, als ich Euch denn vor geschrieben hab. Und
dorum bitt ich Euch, ob die Mutter zu Euch käm Leihens halb,
wollt ihr 10 fl. leihen, bis mir Gott hinaushilft. So will ichs
Euch zu Dank alls gar ehrberlich mit einander zahlen. Jtem das
vitrum ustum[2]) schick ich Euch mit dem Boten. Und die 2 Teppich
will mir Anthoni Kolb auf das hubschst, breitest und wolfeilest
helfen kaufen. So ich sie hab, will ich sie dem jungen Jmhof
geben, daß er sie Euch einschlage. Auch will ich sehen noch den
Kranchsfederen, ich hab noch keine gfunden. Aber Schwanenfederen,
domit man schreibt, der sind ihr viel. Wie wenn Jhr ein Weil
derselben auf die Hüt stecket? Auch hab ich ein Buchdrucker gefrogt,
der spricht, er wiß noch nix Griechisch, das in Kurz sei ausgangen.
Was er aber erfahr, das will er mich wissen laffen, daß ich Euchs
schreibn müg. Jtem laßt mich wissen, was Papiers Jhr meint,
das ich kaufen soll. Wann ich weiß kein subtillers denn als wir
doheim kauft hand. Jtem der Historien halben sieh ich nix Be-
sunders, das die Walchen machen, das sunders lustig in Euer
Studiren wär. Es ist umer das und das ein. Jhr wißt selber
mehr weder[3]) sie molen. Jtem ich hab Euch kurzlich geschrieben
bei Boten Kantengyßerle[4]). Jtem ich west auch geren, wie Jhr
noch mit dem Kuntz Jmhoff eins werdt. Hiemit laßt mich Euch
befohlen sein. Saget mir unserem Prior mein willig Dienst.
Sprecht, daß er Gott fur mich bitt, daß ich bhüt werd, und sunder-

---

1) ungeschoren. — 2) gebranntes Glas. — 3) als. — 4) durch den Boten Kannengießer.

lich vor den Franzosen[1]). Wann ich weiß nix, das ich itz ubeler
fürcht, wann schier idermann hat sie. Viel Leut fressen sie gar
hinweg, daß sie also sterbn. Auch grüßt mir Steffen Pawmgarten,
Herr Lorentz, all unser Buhlen und die in Gut noch mir fragen.
Datum Fenedig 1506 am 18 Augusti.   Albertus Durer
                        Norikorius cibus[2]).

. . . Item ich hab im Willen, wenn der Kung[3]) ins Welschland will, ich woll mit ihm gen Rom.

8.

Venedig, 8. September 1506.

Hochgelehrter, bewährt Weiser, vieler Sproch Erfahrner, bald
Verständiger aller fürbrochten Lügen und schneller Erkenner rechter
Wohrheit, ehrsamer hochgeachter Herr Wilbolt Pirkamer! Euer
unterthäniger Diener Albrecht Dürer günnt Euch Heil, große und
wirdige Ehr. *Cu diavulo tanto pella tzansa, chi tene pare*[4]). *Io
vole denegiare cor voster*, daß Ihr werdt gedenken, ich sei auch
ein Redner von 100 *Partite*[5]). Es muß ein Schtuben mehr denn
4 Winkel haben, dorein man die Gedächtnus-Götzen setzt. Ich
voli mein *caw*[6]) nit domit *impazare*[7]). Ich will Euchs *recomandare*,
wann ich glaub, daß nit so *multo* Kämmerle im Kopf sind, daß
Ihr [nit] in iedlichs ein bizele[8]) behaltt. Der Markgrof word nit
so lang Audienz geben. 100 Artikel und iedlicher Artikel 100 Wort
brauchen eben 9 Tag 7 Schtund 52 Minutn, ahn die *suspiri*[9]), der
hab ich noch nit gerechnet. Dorum werdt Ihrs auf einmol nit
reden werden, es wollt sie verlängen[10]), wies Cettels Red[11]). Item
allen Fleiß hab ich ankehrt mit den Ceppichen, kann aber kein
breiten ankummen. Sie sind all schmal und lang. Aber noch hab
ich all Tag Forschung dornoch, auch der Anthoni Kolb. Ich hab
Pernhart Hirsfogell Eueren Gruß geseit. Hätt er Uch wiederum
entboten sein Dienst. Und er ist ganz voll Betrübtnuß, wann sein
Sunh ist ihm geschtorben, der ärtigst Bub, den ich all mein Tag
gesehen hab. Item der Narrnfederle kann ich keins bekummen.
O, wenn Ihr hie wärt, was wurd Ihr hübscher welscher Lands-

---

[1]) Franzosenkrankheit. — [2]) civis. — [3]) König; Maximilian I — [4]) con dia-
volo tanto per la ciancia, che te ne pare = zum Teufel, so viel für das
Geschwätz, als Euch beliebt. — [5]) Abteilungen. — [6]) capo, Kopf. — [7]) impacciare,
vollpfropfen. — [8]) bissele. — [9]) ohne die Seufzer. — [10]) langweilen. — [11]) die Rede
eines Capfs.

knecht finden! Wie gedenk ich so oft an Euch! Wollt Gott, daß
Ihrs und Kuntz Kamerer sollten sehen. Do haben sie Runckan[1])
mit 218 Spitzen, wo sie ein Landsknecht mit anrühren werden, so
schtirbt er, wann sie sind all vergifft. Hei, ich kann wol thon,
will ein welscher Landsknecht [werden]. Die Fenedier machen
groß Volk[2]), desgleichen der Pobst, auch der Kung von Frankreich.
Was draus wird, daß weiß ich nit. Denn unsers Künigs spott
man sehr. Item wünscht mir Steffen Pawmgartner viel Glücks,
mich kann nit verwundern, daß er ein Weib hat genummen.
Grüßt mir den Porsch, Herr Lorentzen und unser hübsch Gesind,
als auch Euer Rechenmeisterin, und dankt mir Eurer Schtuben,
daß mich grüßt hat. Sprecht, sie sei ein Unflot. Ich hab ihr ol-
baumen Holz lassen führen von Fenedich gen Awgspurg, da laß
ichs liegen, wol 10 Centner schwer. Und sprecht, sie hab sein nit
wollen erwarten, *pertzo el sputzo.*[3]) Item wißt, daß mein Tafel
sagt *(hier ist die Zeichnung eines Gesichts eingeschoben)* sie wollt ein Dukaten drum geben, daß Ihrs sächt. Sie sei gut und schon[4]) von Farben.
Ich hab groß Lob dordurch überkummen, aber wenig Nutz. Ich
wollt wol 200 Dukaten der Zeit gewunnen habn, und hab groß
Erbet[5]) ausgeschlagen, auf daß ich heim müg kummen. Und ich
hab auch die Moler all geschtillt[6]), die do sagten, im Stechen wär
ich gut, aber im Molen weßt ich nit mit Farben umzugehn. Itz
spricht iderman, sie haben schoner Farben nie gesehen. Item
mein franzosischer Mantel läßt Euch großen und mein welscher
Rock auch. Item mich dunkt, Ihr schtinkt von Huren, daß ich
Euch hie schmeck. Und man sagt mir hie, wenn Ihr buhlt, so
gebt Ihr fur, Ihr seid nit mehr denn 25 Johr alt. O ja, multi-
plizirts, so hab ich Glauben dran. Lieber, es sind so leichnam
viel[7]) Walchen hie, die eben sehen wie Ihr, ich weiß nit, wie es
zugeht. Item der Herzog und der Patriarch haben mein Tafel
auch gesehen. Hiemit laßt mich Eueren befohlen Diener sein. Ich
muß währlich schlafen, wann es schlägt eben 7 in der Nacht.
Wann ich hab auch itz dorvor geschrieben dem Prior zu den
Augustineren, meinem Schwäher, der Crittrichin und meinem
Weib, und sind schier eitel Bogen voll. Dorum hab ich geeilt.
Lests noch dem Sinn. Ihr werdt Euch sein wol besseren mit

---

1) Senfenspieße. — 2) ziehen viele Truppen zusammen. — 3) perciò il puzzo,
daher der Gestank. — 4) schön. — 5) Arbeit. — 6) Zum Schweigen gebracht. —
7) schrecklich viel.

furchten zu reden.[1]) Viel guter Nacht und Tag auch. Geben zu Venedig an unser Frauen Tag im September.

Item Ihr dürft meinem Weib und Mütter nix leihen, sie haben itz Gelds genug.

Albrecht Dürer.

9.

Venedig, 23. September 1506.

.... Große *legressa*[2]) hab ich empfangen in Euerem Brief, der mir anzeugt das überschwänglich Lob, so Ihr von Fürsten und Herren habt. Ihr müßt Uch ganz verkehrt haben, daß Ihr so sänft seid worden. Es würd mir gleich anthan[3]), so ich zu Euch wird kummen. Auch wißt, daß mein Tafel fertig ist, auch ein ander *quar*[4]), desgleichen ich noch nie gemacht hab. Und wie Ihr Euch selbs wolgefallt, also gib ich mir hiemit auch zu verstehn, daß bessers Mariabild im Land nit sei. Wann all Künstner loben das, wie Euch die Herrschaft. Sie sagen, daß sie erhabner leblicher Gemäl nie gesehen haben. Item Euer Öl, dornoch Ihr geschrieben hant, schick ich Euch beim Kannengisser Boten[5]). Auch das gebrennt Glas, das ich Euch beim Ferber Boten[6]) geschickt hab, versich mich, es sei Euch auch worden. Item der Teppich halb hab ich noch kein gekauft, wann ich kann kein viereckten zu Weg bringen. Wann sie sind all schmal und lang. Wollt Ihr derselben haben, so will ich sie geren kaufen, dorum laßt michs wissen. Auch wißt, daß ich noch auf das allerlängst in 4 Wochen fertig wird. Wann ich hab etlich zu kunterfetten, den ichs zugeseit hab. Und von deswegen, daß ich bald kumm, so hab ich, sither mein Tafel fertig ist, über 2000 Dukaten Erbet[7]) ausgeschlagen, das wissen all die um mich wohnen. Hiemit laßt mich Euch befohlen sein. Ich hätt Uch noch viel zu schreiben, so ist der Bot wegfertig. Ich hoff, ob Gott will, bald selbs bei Euch zu sein und neue Weisheit von Uch zu lernen. Pernhart Holzpock hat mir groß Ehr von Uch geseit, ich halt aber, er thu es dorum, das Ihr sein Schwoger itz seid worden. Aber keins thut mir zörner[8]), denn daß sie sagen,

---

[1]) Ihr werdet Euch daburch in der Kunst bessern, mit Fürsten zu reden. —
[2]) alegrezza, Vergnügen, Freude. — [3]) Es wirbs mir gleich antun. — [4]) quadro, Gemälde. — [5]) durch den Boten Kannengießer. — [6]) durch den Boten Färber. — [7]) Arbeit. — [8]) nichts ärgert mich mehr als daß.

Jhr wärt hübſch, ſo würd ich ungeſchaffen[1]). Es möcht mich un=
ſinnig machen. Jch hab mir ſelbs ein grau Hor gefunden, das
iſt mir vor lautrer Armüt gewachſen und daß ich mich alſo ſtenter[2]).
Jch mein, ich ſei dorzu geb[orn], daß ich übel Zeit ſoll haben.
5 Mein franzoſiſcher Mantel, die Huſſeck und der braun Rock laſſen
Uch faſt grüßen. Aber geren w[ürd] ich ſehen, was Euer Stuben
künn, daß ſie ſich als hoch bricht[3]).
Datum 1506 Johr am Mittwoch nach Matthaei.

Albrecht Dürer.

10

10.

Venedig, Mitte Oktober 1506.

Um daß ich weiß, daß Jhr wißt mein willig Dienſt, thut nit
not, Euch dorvon zu ſchreiben. Aber inbelich nöter[4]), Euch zu er=
zählen die große Freud, ſo ich hab in der großen Ehr und Ruhm,
15 die Jhr durch Euer mannlich Weisheit glehrter Kunſt erlangt.
Deſtmehr ſich zu verwunderen, ſo ſelten in jungem Körpel oder
ger nimmer desgleichen erfunden würd. Aber es kummt von
ſundrer Gnod Gottes, eben wie mir. Wie iſt uns beeden ſo wol,
ſo wir uns gut gdunken, ich mit meiner Tafel und Jhr *cum
20 roster* Weisheit. So man uns glorifizirt, ſo recken wir die Häls
über ſich und glaubens. So ſteht etwan ein boſer Lecker dorhinter,
der ſpott unſer. Dorum glaubt nit, wenn man Euch lobt. Wann
Jhr ſeid alls[5]) ganz und gar unärtig, daß Jhrs nit glaubt. Mich
gedunkt geleich, ich ſäch Euch vor dem Markgrofen ſtehn und wie
25 Jhr lieblich redt. Thut eben, as wenn Jhr um die Roſentalerin
buhlt, alſo krümmt Jhr Euch. Jch vermerk auch wol, do Jhr den
nächſten Brief hant geſchrieben, daß Jhr ganz voll Hurenfreud
ſeid geweſen. Jhr ſollt Euch nun — — ſchämen deshalb daß Jhr
alt ſeid und meint, Jhr ſeid als hübſch. Wann das Buhlen ſteht
30 Euch an, wie des groß zottechten Hunds Schimpf[6]) mit dem jungen
Kätzle. Wenn Jhr alſo fein ſänft wärt wie ich, ſo hätt ich
Glauben doran. Aber ſo ich Burgermeiſter wird, will ich. Euch
auch ſchmähen, wie Jhr dem frummen Zameſſer und mir mit
dem Luginsland thut. Jch will Euch einmol einſchließen und zu
35 Euch than die Rech., die Roſ., die Gart. und die Schutz. und Por.
und noch viel, der ich nit ſagen will Kurz halben. Die müſſen

---

[1]) dann wäre ich ja garſtig. — [2]) ſtentare, plagen. — [3]) daß ſie ſo übermütig
iſt. — [4]) ungleich nötiger. — [5]) alſo, ſo ſehr. — [6]) ſcherzhaftes Spielen.

Euch verschneiden. Aber man frogt mehr noch mir weder[1] noch
Euch. Als Ihr denn selbs schreibt, wie Huren und frumm Frauen
noch mir frogen. Ist ein Zeichen meiner Tugend. So mir aber
Gott heim hilft, weiß ich nit, wie ich mit Euch leben soll Eurer
großen Weisheit halben. Aber froh bin ich Eurer Tugend und
Gutigkeit halben. Und Euer Hund werdens gut haben, daß Ihrs
nimmer lahm schlagt. Aber so Ihr so groß geacht doheim seid,
werdt Ihr nimmer auf der Gassen mit eim armen Maler türen
reden[2], es wär Euch ein große Schand *cum pultron de pentor*[3].
— O lieber Herr Pirkamer, eben itz, so ich Euch in guter Frolig-
keit schreiben, so bläst man Feuer und brinnen[4] 6 Häuser bei
Peter Pender, und ist mir ein wülln Euch verbrunnen, dorfür hab
ich erst gester 8 Dukaten geben. Also bin ich auch im Schaden.
Es ist viel Romer[5] hie von Feuer.

Item als Ihr schreibt, ich soll bald heimkummen, will ich auf
das erst kummen, so ich kann. Wann ich hab vor Zehrung[6] müssen
verdienen. Ich hab bei 100 Dukaten ausgeben um Färble und
anders. Ich hab auch zween Teppich bestellt, die würd ich morgen
zahlen. Aber ich hab sie nit wolfel kunnen kaufen. Die will ich
einschlahen mit meinem Dinglich[7]. Und als Ihr schreibt, ich soll
bald kummen, oder Ihr wollt mirs Weib kristiren[8], ist Euch un-
erlaubt, Ihr brautt sie denn zu Tod. Item wißt auch, daß ich
hätt fürgenummen tanzen zu lehren, und ging 2mol auf die Schul.
Do müßt ich dem Meister 1 Dukaten geben, do kunnt mich kein
Mensch mehr hinaufbringen. Ich wollt wol alles das verlehrt
haben, das ich gewunnen hätt, und hätte dannocht auf die Letz
nix kännt. Item *vitrum ustum* wird Euch bringen Färber Bot.
Item ich kann nindert[9] erfahren, daß man etwas Neus griechisch
gedruckt hätt. Auch will ich Euch einschlahen ein Ries Euers
Papiers. Ich hätt gemeint, der Kepler hätt sein mehr. Aber die
Federle hab ich nit kunnen ankummen, die Ihr geren hott. Aber
sunst hab ich weiße Federle kauft. Auch so ich die groenen an-
kumm, so will ichs auch kaufen und mit mir bringen. Item Steffen
Pawmgartner hat mir geschrieb, ich soll ihm 50 Korner zu eim
Paternoster kaufen Karniol. Die hab ich schon bestellt, aber

---

theuer. Ich hab sie nit großer kunnen ankummen[1]) und ich wil
ihms bei dem nächsten Boten schicken. Item ich thu Euch zu
wissen auf Euer Begehren, wenn ich kummen woll, donoch sich
mein Herren wissen zu richten. Ich bin in 10 Tagen noch hie fertig.
5 Dornoch wurd ich gen Polonia[2]) reiten um Kunst willen in heim-
licher Perspectiva, die mich einer lehren will. Do wurd ich ungefähr in 8 oder 10 Tagen aufsein, gen Fenedig wieder zu reiten.
Dornoch will ich mit dem nächsten Boten kummen. O, wie wird
mich noch der Sunnen frieren, hie bin ich ein Herr, do-
10 heim ein Schmarotzer. Item laßt mich wissen, wie das alt
Kormerle zu brauten[3]) sei, daß Ihr mirs als wol günnt. Ich hätt
Euch noch viel zu schreiben, ich will aber schier selbs bei Euch sein.
Geben zu Fenedich, ich weiß nit an was Tag des Monets, aber
ungefähr 14 Tag noch Michahelis im 1506 Johr.
15. Albrecht Dürer.

Item wenn laßt Ihr mich wissen, ob Euch auch Kind geschtorben sind? Auch habt ihr mir einmol geschrieben, Joseff
Rumell hab des — Tochter genummen, und schreibt mir nit, wes.
Wie weiß ich, wie Ihrs meint. Hätt ich mein Tüch wieder. Ich
20 furcht nun mein Mantel sei auch verbrunnen. Erst wurd ich unsinnig. Ich soll Ungeluck haben. Es ist mir innerhalb in 3 Wochen
ein Schuldner mit VIII Dukaten entlofen.

B.   An Jakob Heller.

1.

25 Nürnberg, 28. August 1507.
Mein willige Dienst zuvor, lieber Herr Heller. Euer gitlich
Zuschreiben hab ich mit Freuden empfangen. Aber wisset, daß ich
jetzthero lang beschweret bin mit dem Fieber, deshalben ich etlich
Wochen an Herzog Friedrichs von Sachsen Arbeit verhindert bin
30 worden, das mir zu großen Nachtheil ist kommen. Aber jetzt wird
doch sein Werk gar verstreckt, dann es mehr dann halb gemacht
ist. Darum hobt Geduld mit Eurer Tafel, die ich nach geschloffner
Arbeit, wann obbemeldter Fürst verfertigt wird, von Stund an
machen und mich befleißen [will], als ich Euch hie zusagte. Und
35 wiewoln ich sie noch nit angefangen hab, so hab ich sie doch vom

---

[1]) bekommen. — [2]) Bologna. — [3]) zu lieben.

Schreiner gelöst und das Geld geben, so Ihr mir geben habt.
Davon hat er ihme nichts wollen lassen abbrechen, wiewoln mich
gedunkt, sei doran nit so viel verdient. Und hab sie zu einem Zu-
bereiter gethan, der hat sie geweißt[1]), gefärbet, und wird sie die
ander Wochen vergulden[2]). Hab noch bishero nichts wollen darauf
nehmen, bis ich sie anfang zu malen, das denn das nächste, liebts
Gott, nach des Fürsten Arbeit sein soll. Dann ich fang nit gern
zuviel mit einander an, uf daß ich nit verdrossen werde. So hat
der Fürst kein Bitt, daß ich sein und Euer Tafel mit einander hätt
machen mögen, als ich mir fürnahm. Aber noch zu einem guten
Trost wisset, also viel mir Gott verleicht nach meinem Vermögen,
will ich noch etwas machen, das nit viel Leut können machen.
Hiemit viel guter Nacht. Geben in Nurmberg am Tag
Augustini 1507.   Albrecht Dürer.

2.

Nürnberg, 19. März 1508.

Lieber Herr Jakob Heller. Wisset daß ich in 14 Tagen fertig
werde mit Herzog Friedrichs Arbeit. Nachfolgend will ich Euer
Arbeit auch anfangen zu machen, und auch kein ander Gemäl
machen, bis daß sie fertig, als dann mein Gewohnheit. Und sonderlich will ich Euch das mittler Blatt mit meiner eignen Hand
fleißig malen. Aber nichts desto minder seind die Fliegel auswendig entworfen, das von Steinfarb wird, habs auch untermalen
lassen, also habt Ihr die Meinung[3]). Ich wollt, daß Ihr meines
gnädigen Herrn Tafel sähet. Ich halt davor, sie wurde Euch wol
gefallen. Ich hab schier ein ganz Jahr daran gemacht und wenig
Gewinns daran. Wann mir wird nit mehr dann 280 Gulden
rheinisch dafür, verzehrts Einer schier darob. Und darum sag ich,
so ich Euchs nit zu sondern Gefallen thäte, sollte mich Niemand
uberreden, daß ich etwas Verdingts machte. Denn ich versaum
mich an Bessern dadurch. Hiemit schick ich Euch das Maß von
der Tafel, die Läng und Breite. Viel guter Nacht. Geben zu
Nurmberg andern Sonntag in der Fasten A° 1508.

                                    Albrecht Dürer.

---

[1]) grundiert. — [2]) nämlich die Rahmenleisten. — [3]) also wollt Ihrs ja haben.

3.

Nürnberg, 24. August 1508.

Lieber Herr Jakob. Ich hab Euer Schreiben nähren[1]) wol
empfangen, darin Euer Meinung vernommen, daß ich Euer Tafel
gut soll machen, das ich dann von mir selbst im Sinn hab zu thun.
Sollt daneben wissen, wieweit sie bracht ist. Die Fligel seind auswendig von Steinfarben ausgemalt, aber noch nit gefürneißt,
und innen seind sie ganz untermalt, daß man darauf anfang auszumalen, und] das Capus[2]) hab ich mit gar großem Fleiß entworfen mit langer Zeut, auch ist es mit 2 gar guten Farben
unterstrichen, daß ich doran anfange zu untermalen. Das ich hab
in Willen, so ich Euer Meinung verstehen wird, etlich 4 oder 5
und 6 mal zu untermalen, von Reinigkeit und Beständigkeit wegen,
wie auch des besten Ultermarin doran malen, das ich zu Wegen
kann bringen. Es soll auch kein ander Mensch kein Strich doran
malen dann ich, dorum wurde ich viel Zeut darauf legen. Darum
ich mich verstehe, Ihr werdt Euch nit kümmern lassen, und hab
mir furgenommen, Euch zu schreiben mein furgenommene Meinung,
daß ich Euch solches Werk um die Fertigung der hundert und 30 fl.
rheinisch nit kann verstrecken[3]), Schadens halb. Dann ich muß
viel einbüßen und Zeut verlieren. Aber also was ich Euch zugesagt hab, das will ich Euch ehrbarlich halten. Wollt Ihrs nit
höcher haben dann um das verdingt Geld, so will ich sie machen,
daß sie dannoch gar viel besser soll sein weder der Lohn ist. Wollt
ihr mir aber zweihundert Gulden geben, so will ich mein furgenommene Meinung verstrecken. Und wenn man mir fürbaß
400 fl. gäb, so will ich keine mehr machen. Denn ich weiß kein
Pfenning, das ich daran gewinne, dann es geht gar lange Zeut
darüber. Darum laßt mich Euer Meinung wissen, und so ich ver-
nimm Euer Meinung, dann so will ich von dem Imhoff 50 fl.
empfangen. Denn ich hab noch kein Geld darauf eingenommen.
Hiemit hab ich mich Euch befohlen. Wißt hierneben, daß ich all
mein Tag kein Arbeit hab angefangen zu machen, daß mir selbst
baß gefällt weder Euer Blatt, das ich so mal. Ich will auch kein
ander Arbeit thun, bis daß ichs ausmach. Mir ist nur leid, daß
mich der Winter so bald uberfällt. Werden die Tag kurz, daß

---

[1]) Euer letztes Schreiben. — [2]) Caput, Mitteltafel. — [3]) ausführen.

Einer nit viel kann machen. Noch Eins muß ich Euch bitten. Das Mariabild, daß Ihr bei mir habt gesehen, bitt ich Euch, ob Ihr bei Euch einen wißt, der einer Tafel darf, daß Ihr ihms anbietet. So man recht Leisten dazu macht, wäre es ein hübsche Tafel. Dann Ihr wißt, daß sie rein ist gemacht. Ich will sie Euch wolfeil geben. So ichs einem machen sollt, nähm ich nit unter 50 fl., weiln sie aber gemacht ist, möcht sie mir im Haus schadhaft werden. Darum wollt ich Euch Gewalt geben, daß Ihr sie wolfeil gäbt um 30 fl. Aber ehe ichs unverkauft ließ, ich gäbs um 25 fl. Mir ist wol viel Speis doruber gangen. Viel guter Nacht. Geben zu Nurmberg am Tag Bartlmäi 1508.

Albrecht Dürer.

4.

Nürnberg, 4. November 1508.

Lieber Herr Jacob Heller. Ich hab Euch zum Nächsten ein ehrbare unverweisliche Meinung geschrieben, dessen Ihr Euch in Zorn beklagt gegen meinem Schwager, auch hören lassen, ich verkehre[1]) meine Wort. Hab auch desgleichen seithero vom Hanßen Imhoff Euer Schreiben empfangen, darin ich billiger Befremdung nehme wegen meines vorigen Brief. Dann Ihr zeuht mich, Euch werde mein Zusagen nit gehalten. Bin solches von männiglichen vertrogen[2]), dann ich halt mich, daß ich auch andern redlichen Leiten gemäß bin, schätze ich. Weiß auch wol, was ich Euch zugeschrieben und gesagt habe. Und Ihr wißt, daß ich Euch in meines Schwagern Haus nit wollte zusagen, etwas Guts zu machen, aus der Ursach, daß ichs nit kann. Aber das verwilligt ich mich, Euch etwas zu machen, das nit viel Leut können. Solchen bestimmten Fleiß hab ich uf Euer Tafel gelegt, das mich dann verursacht hat, Euch den vorbemeldeten Brief zu senden. Auch weiß ich, daß, so die Tafel gefertigt wird, all Kunstler groß Gefallen darob werden nehmen. Sie wird unter 300 fl. nit geschätzt. Ich wollt der versprochenen Geld nit 3[3]) nehmen, wieder eine dergleichen zu machen. Denn ich versaum mich, buße ein und verdiene Undank um Euch. Wißet, daß ich nimm die allerschönesten Farben, so ich haben mag. Mir gebührt allein dazu für 20 Dukaten Ultermarin, ohne die ander

---

[1]) verdrehe. — [2]) Habe mich solcher Dinge von keinem zu versehen (bin solcher Dinge von jedem verschont). — [3]) nicht das Dreifache.

Koftung. Verfiehe mich wol, wann die Tafel einsmal fertig wird,
Ihr werdet felber fogen, daß Ihr hibfcher Ding nie gefehen habt·
Und getraue auch das mittler Blatt von Anfang bis zum End
unter 13 Monaten nit auszumalen.   Ich will auch kein andere
5 Arbeit thun, bis das fie fertig wird, wiewol es mir zu großem
Nachtheil kommt.   Denn was meint Ihr, das ich darob verzehre?
Ihr nähmet nit 200 fl., daß Ihr mich koftfrei hieltet.   Gedenkt oft
Euers Schreibens Materien halben!   Sollt Ihr 1 P.¹) Ultramarin
kauft haben, Ihr hättets mit 100 fl. kaum zeugt.   Dann ich kann
10 kein fchöne Unz unter 10 oder 12 Dukaten kaufen.   Und darum,
lieber Herr Jacob Heller, ift mein Schreiben nit fo gar aus der
Weis, als Ihr meint.   Und hob auch damit mein Zufagen nit ge=
brochen.   Ihr ziecht mich auch wieder an, ich foll Euch zugefagt
haben, daß ich Euch machen foll die Tafel mit dem allerhöchften
15 Fleiß, fo ich kann.   Das hab ich freilich nit gethan, ich fei dann
unfinnig geweft.   Denn ich getrauet mirs, fie in meinem ganzen
Leben kaum zu fertigen.   Dann mit dem großen Fleiß kann ich
ein Angeficht in einen halben Jahr kaum machen.   So hat je die
Tafel fchier 100 Angeficht ohne Gewand und Landfchaft und ander
20 Ding, die daran feind.   Es wäre auch nie erhört worden, auf einen
Altar folch Ding zu machen.   Wer wollt es fehen?   Aber alfo
glaub ich, hab ich Euch gefchrieben: die Tafel zu machen mit guten
oder befondern Fleiß, der Zeut halber, die Ihr mir verziecht²).
Halt Euch auch dafür, ob ich Euch hätte zugefagt zu halten, das
25 Ihr felbft erkennte mein Schad wäre, Ihr wurdet das nit begehren.
Aber nichts defto minder, Ihr thut ihm, wie Ihr wollt, fo will
ich Euch halten, was ich Euch zugefagt hab.   Dann ich will, fofern
ich kann, von jedermann ohne Nachred fein.   Hätte ich Euch aber
nit zugefagt, ich wüßte wol, was ich thun follte.   Und darum hab
30 ich Euch antworten miffen, daß Ihr nit gedenkt, ich hab Euer
Schreiben nit verlefen.   Aber ich hoffe, fo die Tafel einsmals fertig
wird und Ihr fie fecht, alle Sach werd beffer.   Darum habt Ge=
duld.   Dann die Tag fein kurz, fo läßt fich das Ding, als Ihr
wißt, nit eilen.   Dann es ift viel Arbeit und wills auch nit min=
35 dern, hoff uff das Zufagen, das Ihr meinem Schwager zu Franck=
fort gethan habt.   Item Ihr dörft nach keinem Kaufmann trachten
zu meinen Mariabild.   Dann der Bifchof zu Preßlau hat mir

---

¹) ein Pfund. — ²) zugebt.

72 fl. dafür geben, habs wol verkauft. Laßt mich Euch befohlen
sein. Geben zu Nürmberg im 1508 Jahr am Samstag nach Aller=
heiligen Tag.   Albrecht Dürer.

5.

Nürnberg, 21. März 1509.

Lieber Herr Jacob Heller. Ich hab Euer Schreiben wol ver=
lesen. Und Ihr sollt wissen, daß ich seithero nach Ostern stetig
und streng an Euern Blatt mal, getrau auch solches Blatt vor
Pfingsten nit zu enden. Dann ich hab auf ein einig Ding[1]) große
Miehe gelegt. Ich weiß Euch nit viel davon zu schreiben, allein
ich versiehe mich, Ihr werdet selbst sehen, was für Miehe ich dar=
auf lege. Habt auch nit Sorg der Farb halb. Dann ich hab uber
24 fl. Wert Farb darauf vermalt. Und so sie nit schön seind, ge=
denk ich wol, Ihr werdets anderstwo nit schöner finden. Denn ich
leg je großen Fleiß und lange Zeit darauf, wiewoln es mir un=
gewinnlich und versäumlich ist. Ihr sollt mir auch bei rechter
Wahrheit und rechten Treuen glauben, daß ich nit desgleichen mehr
ein Blatt wollt machen unter fl. 400. Und darum, ob mir von
Euch wird, das ich begehrt hab, so ist bei der langen Zeit mein
Kost und Zehrung mehr dabei. Ihr mögt abnehmen, wie ge=
winnlich ich stehe. Aber solche Miehe will ich nit abrechnen, Euch
und mir zu Ehren ans End zu kommen, da es von vielen Kunst=
lern gesehen wird, die Euch vielleicht zu verstehen werden geben,
ob sie meisterlich sei oder bös. Darum habt Geduld die kurze
Zeut, dann die Tafel ist nach unten gar ausgemacht, allein sie ist
nit gefirneißt. Und oben ist noch etlichen Ding von Kindlein[2])
auszumachen. Und ist mein große Hoffnung, Ihr werdet ein Ge=
fallen darob haben. Ich glaub auch, es mag vielleicht etlichen
Kunstreichen nit gefallen, die ein Bauerntafel dafür nähmen.
Dornach frag ich nit, mein Lob begehr ich allein unter
den Verständigen zu haben. Und so Euchs Martin Heß loben
wird, so mögt Ihr desto besser Glauben daran haben. Ihr mögt
auch unter etlichen Gesellen[3]) fragen, die sie gesehen haben.
Werden Euch wol berichten, wie sie gestaltt sei. Und so Ihr sie
sächt und Euch nit gefiel, will ich selbsten die Tafel behalten.
Dann man hat mich sehr gebeten gehabt, ich soll das Blatt zu

---

1) auf jede Einzelheit. — 2) Engel. — 3) Freunden.

kaufen geben, Euch ein anders machen. Aber es sei weit von mir,
ich will Euch gar ehrbarlich halten, was ich Euch geredt hab.
Halt Euch auch für einen redlichen Mann, hab Hoffnung uf Euer
Schreiben, hab auch kein Zweifel, mein großer Fleiß werde Euch
daran gefallen. Hiemit was ich Euch weiß zu dienen, dorin will
ich geflissen sein. Datum Nurmberg 1509 am Mittwoch nach
Lätare. Albrecht Dürer.

6.

Nürnberg, 10. Juli 1509.

Lieber Herr Jacob Heller. Aus Euerm Schreiben, Hanßen
Imhoff gethan, hab ich Euren Unwillen darum, daß ich Euch die
Tafel bishero nit geschickt hab, vernommen. Das mir doch leid
ist, dann ich Euch bei guter Wahrheit zuschreiben mag, daß ich
für und für streng an der Tafel gearbeitt, auch sonsten kein andere
Arbeit unter Handen gehabt hab. Und mag sein, ich hätte sie
vorlangsten ausgemacht, wo ich davon hätte eilen wollen. Hab
aber vermeint, Euch mit großem Fleiß Gefallen und mir ein Ruhm
zu erlangen. Ist es nun anderst gerathen, das ist mir leid. Und
als Ihr ferners schreibt, wo Ihr mir die Tafel nit verdingt hättet,
solls nimmer geschehen, daß ich auch die Tafel behalten möge,
darauf gib ich Euch diese Antwort: wo ich dieser Tafel Schaden
sollt leiden, damit ich Euer Freundschaft behalte, wollte ich das
thun. Dann dieweilen Euch die Sach gereuen und Ihr in mich
setzt, die Tafel zu behalten, das nimm ich an, will auch solches
gern thun. Denn ich darum 100 fl. mehr weiß zu genießen dann
Ihr mir darum geben hätt. Dann ich wollte fürbas hin nit vier-
hundert Gulden nehmen, wieder eine der gemäß zu machen. Hab
darauf die hundert Gulden, so ich erst vom Hannß Imhoff empfangen, alsbald wiedergeben. Aber er hats ohne Euer Vorwissen
nit wiedernehmen wollen. Demnach mögt Ihr denselben oder der
Euch gefällt schreiben, die 100 fl. zu empfachen, will ichs ihme
alsobalden entrichten. Sollt also dieser Tafel halb keinen Schaden
oder Reuen haben. Mir ist Euer guter Will viel lieber dann die
Tafel. Damit allezeit was Euch lieb ist, dorinnen Euer williger
Diener.

Datum Nurmberg am Erichtag Margarethae 1509.

Albertus Dürer.

7.

Nürnberg, 24. Juli 1509.

Lieber Herr Heller. Euer Schreiben an mich gethon hob ich verlesen. Und als Ihr schreibt, sei Euer Meinung nit geweft, daß Ihr mir die Tafel habt wollen auffagen, dazu sag ich, daß ich Euer Meinung nit wissen kann. Aber dieweil Ihr schreibt, wo Ihr die Tafel nit gefriemt[1]) hätt, wollt Ihr die nit mehr andingen, und daß ich die behalten soll, wie lang ich wolle, kann ich anderst nit gedenken, dann das Euch die Sach gereuet hat, darauf ich Euch dann in meinem nächsten Brief Antwort geben hab. Aber auf Anhalten Hanßen Imhoff, auch angesehen, daß Ihr die Tafel an mich gefriemt, auch daß ich lieber wollte, daß dieselbig zu Frankfort als anderstwo stunde, hab ich Euch verwilligt, diese folgen zu laffen um hundert Gulden näher[2]) als ich die wol anwerten möcht. Dann wiewoln Ihr mir erftlich um 130 fl. angedingt, ift Euch doch bewußt, was ich Euch und Ihr mir nachfolgend geschrieben habt. Und wollte bald, ich hätte die, wie sie mir angedingt ift worden, ausgemalt. Wollt in einem halben Jahr sein fertig worden. Aber angesehen Euer Vertröstung, auch daß ich Euch damit hab dienen wollen, hab ich nun länger denn ein Jahr daran gemacht und ob[3]) 25 fl. Ultramarin darein vermalt. Und mag Euch bei guter Wahrheit sagen, was Ihr mir für diese Tafel gebt, daß ich mein Eigen daran einbüßen möge. Eins gewinnen und drei verzehren, möcht ich nit lang zufommen[4]). Dieweiln ich nun weiß, daß Ihr meines Schadens zuvor so groß nit begehrt, und ich uf das Minft 100 fl. mehr denn von Euch daraus zu lösen weiß, bin ich erbietig, Euch die Tafel fürderlich zu schicken. Und wo Euch die gefällt und Ihr es zu Dank annehmen wollt, auch erkennen mögt, daß sie des Gelds wol und mehr wert ift weder 200 fl., das ich dafür begehr. Wo Euch aber dies mein Erbieten, so Ihr die besichtigt habt, nit annehmlich noch gefällig sein wollt, daß Ihr mir alsdann diese Tafel wieder zu Frankfort zustellen wollt. Weiß ich die, wie obgeschrieben stehet, zuminft 100 fl. höcher zu bringen, hoff aber, wann Ihr die bekommen, werdet solich mein Erbieten zu Dank annehmen. Will sie darauf fleißig einmachen. Mögt Ihr mittler Zeit Euer Meinung Hanßen Imhoff zu verstehen geben, und so mir derselb dies von

---

1) beftellt. — 2) weniger. — 3) über. — 4) durchführen.

Euertwegen zuſagt, will ich ihme die Tafel von Stund an uber=
antworten. Und wo ich mich nit verſähe, Euch damit dankfölligen
Willen zu erzeigen, wißte ich wol größern Nutz damit zu ſchaffen.
Aber Euer Freundſchaft iſt mir lieber dann ein ſolch klein Geld.
⁵ Hoff aber, Ihr ſollt uber das meines großen Schadens nit be=
gehren, da Ihr des minder dann ich notdurftig ſeid, damit ſchafft
und gebiett. Gegeben zu Nurmberg am Wein=Erichtag vor Jacobi.

Albrecht Dürer.

8.

¹⁰ Nürnberg, 26. Auguſt 1509.

Mein willig Dienſt zuvor, lieber Herr Jacob Heller. Auf
Euer nächſt Zuſchreiben ſchick ich Euch die Tafel wol eingemacht
und nach Notdurft verſehen. Hab ſie Hanßen Imhoff uberantwortt,
der hat mir noch hundert Gulden geben. Und glaubt mir bei
¹⁵ meiner Treu, daß ich dannoch mein eigen Geld damit einbüße,
ohne das daß ich auch mein Zeut, die ich dorin ufgewandt, ver=
ſaumt hob. Man hat mir auch dreihundert Gulden hier zu
Nurmberg darum geben wollen. Dieſelben 100 fl. hätten mir auch
wol gethan, wann ich ſie Euch nit zu Gefallen und Dienſt ge=
²⁰ ſchickt hätte. Dann Euer Freundſchaft zu behalten achte ich höher
denn 100 fl. Ich hab auch lieber dieſe Tafel zu Franckfortt dann
an keinem andern Ort in ganz Teitſchland. Und ob Ihr ver=
meint, ich thue unbillig, daß ich Euch die Bezohlung nit frei in
Euern Willen geſetzt habe, iſt darum geſchehen, daß Ihr durch
²⁵ Hannß Imhoff habt geſchrieben, daß ich die Tafel ſo lang behalten
möge als ich wolle. Sonſten hätte ichs gern in Euch geſtellet, ob
ich gleich noch größern Schaden gelitten hätte. Ich bin aber in
der Hoffnung zu Euch, ob ich Euch etwas verſprochen hätte zu
machen um 10 fl. und mich koſtet dasſelbige 20 fl., Ihr werdet ſelbſt
³⁰ meines Schadens nit begehren. Alſo bitte ich Euch, ſeid beniegig¹),
daß ich die 100 fl. minder von Euch nimm, dann ich dafür hätte
mögen haben. Und ich ſag Euch, daß man ſie gleichſam mit Ge=
walt von mir hat haben wollen. Denn ich hab ſie mit großem
Fleiß gemalt, als Ihr ſehen werdt. Iſt auch mit den beſten
³⁵ Farben gemacht, als ich ſie hab mögen bekommen. Sie iſt mit
guter Ultramarin unter=, uber= und ausgemalt, etwa 5 oder 6 mal.

---

¹) zufrieden.

Und da sie schon ausgemacht war, hab ich sie dornach noch zwie=
fach übermalt, uf daß sie lange Zeit währe. Ich weiß, da Ihr
sie sauber haltt, daß sie 500 Jahr sauber und frisch sein wird.
Dann sie ist nit gemacht als man sonst pflegt zu machen. Darum
laßt sie sauber halten, daß man sie nit berühre oder Weihwasser
darauf werfe. Ich weiß, sie wird nit geschändt, es sei dann, daß
es mir zu Leid geschehe. Und ich halt davor, sie werde Euch wol=
gefallen. Mich soll auch niemand vermögen, ein Tafel mit so
viel Arbeit mehr zu machen. Herr Jörg Tausy hat sich vom ihme
selbst erboten, in der Maß, Fleiß und Größ dieser Tafel ein Maria
bild zu machen, in einer Landschaft. Davon wolle er mir geben
fl. 400. Das hab ich ihme glatt abgeschlagen, dann ich mißte zu
einem Bettler darob werden. Dann gmeine Gmäl will ich ein
Jahr ein Haufen machen, daß niemand glaubte, daß möglich wäre,
daß ein Mann thun möchte. An solchen mag man etwas ge=
winnen. Aber das fleißig Kleiblen gehet nit von Statten. Darum
will ich meines Stechens auswarten. Und hätte ichs bishero ge=
than, so wollte ich uf den heitigen Tag 1000 fl. reicher sein. Wißt
auch, daß ich uf mein eignen Kosten zum mittlern Blatt ein neue
Leisten hab lassen machen, die mich mehr dann 6 fl. kostt. Und
hab die alten davon gebrochen, dann der Schreiner hatte sie grob
gemacht. Aber ich hob sie nit beschlagen, dann Ihr habts nit
haben wollen. Und es wäre gar gut, daß Ihr die Band uf=
schrauben ließt, uf daß sichs Gmäl nit erschellete[1]). Und so man
die Tafel setzen will, so laßt die Tafel 2 oder 3 Zwerchfinger[2])
uberhangend machen, so ist sie vor Glanz gut zu sehen. Und komm
ich etwa uber 1 Jahr 2 oder 3 zu Euch, so mußt man die Tafel
abheben, ob sie wol dürr[3]) wäre worden. So wollt ich sie von
neuem mit einem besondern Fürneis, den man sonst nit kann
machen, uf ein neues uberfirneissen, so wird sie aber 100 Jahr
länger stehen dann vor. Laßt sie aber sonsten niemand mehr
furneissen, dann alle andere Fürneis sind gelb, und man wurde
Euch die Tafel verderben. Daß ein Ding, daran ich viel mehr
denn ein Jahr gemacht hätte, verderbt sollt werden, wäre mir
selbsten leid. Und so Ihr sie ufthut, seid selbsten dabei, daß sie
nit schadhaft werde. Geht fleißig damit um, dann Ihr werdet
selbst von Euern Malern und fremden hören, wie sie gemacht sei.

---

[1]) daß das Bild nicht reiße. — [2]) Querfinger, Fingerbreit. — [3]) trocken.

Und grießt mir Euern Maler Martin Heßen. Mein Hausfrau läßt
Euch bitten um ein Trinkgeld, das steht zu Euch. Ich zeuch Euch
nit höher an[1]). Hiemit will ich mich Euch befohlen haben. Und
lest nach dem Sinn, ich hab geeilt. Datum Nurmberg am Sonntag nach Bartlmaei 1509.   Albrecht Dürer.

9.

Nürnberg, 12. Oktober 1509.

Lieber Herr Jacob Heller. Ich höre gern, daß Euch mein
Tafel gefällig ist, auf daß ich mein Miehe nit vergebens angelegt
hab. Bin auch frohe, daß Ihr der Bezahlung zufrieden seid, und
billig. Dann 100 fl. hätte ich mehr darum haben mögen weder
Ihr mir geben habt. Doch wollte ich nit, ich hätte sie Euch dann
gelassen. Dann ich hoffe Euer Freundschaft dadurch zu behalten
unten an den Orten[2]). Mein Hausfrau hat Euch fast dankt. Euer
Verehrung, das Ihr geschenkt habt, will sie Euertwegen tragen.
Auch dankt Euch mein junger Bruder der zweier Gulden, so Ihr
ihme zum Trinkgeld geschenkt hab. Hiemit dank ich Euch selbst
auch aller Ehren. Da Ihr mir schreibt, wie Ihr die Tafel zieren
sollt, schick ich Euch hiemit ein wenig gezeichnet mein Meinung,
wann sie mein wäre, wie ich sie wollt machen[3]). Doch mögt Ihr
thun, was Ihr wollt. Hiemit viel selige Zeut. Datum 1509 am
freitag vor Galli.   Albrecht Dürer.

C. An Christoph Kreß.

Nürnberg, 30. Juli 1515.

Lieber Herr Kreß. Erstlich bitt ich Uch, wöllt mir an Herr
Stabius erfahrn, ob er mir in meiner Sach gegen Kaiserliche
Majestät etwas gehandelt hab, und wie die Sach steh, sölchs mir
bei dem nächsten, so Ihr meinem Herren schreibt, mit zu wissen than.
So aber Herr Stabius nichts gehandelt hätt in meiner Sach,
und daß · ihm mein Will zu erlangen zu schwer wär, so bitt ich
Uch denn, als meinen günstigen Herren, mit Kaiserlicher Majestät
zu handlen, wie Ihr van Herr Casper Nützell unterricht und
van mir gebeten seid.

---

1) ich schraube Euch nicht höher hinauf. — 2) in den Ortschaften da unten. —
3) fassen, rahmen.

Auch nämlich zeigt Kaiserlicher Majestät an, daß ich Kaiserlicher Majestät drei Johr lang gedient hab, das Mein mit eingebüßt, und wo ich mein Fleiß nicht dargestreckt hätt, so wär das zierlich Werk zu keim solichem End kummen. Bitt darauf Kaiserliche Majestät, mich dorum mit den hundert Gulden zu belohnen, wie Ihr dann dasselb wol wißt zu than.

Item wißt auch, daß ich Kaiserlicher Majestät außerhalb des Triumphs sunst viel mäncherlei Visirung gemacht hab.

Hiemit laßt mich Euch befohlen sein.

Item, wenn Ihr verstündt, daß Stabius etwas in meiner Sach ausgerichtt hätt, so thät nit Not, daß Ihr auf dies Mal meinerhalben weiter handlet. **Albrecht Dürer.**

D. An den Rat der Stadt Nürnberg.

1.

Nürnberg, 27. April 1519.

Fürsichtigen ehrbern und weisen gönstigen lieben Herrn.

Euer Ehrberkeit tragen gut Wissen, daß ich auf nächstgehaltnen Reichstag bei Römischer Kaiserlicher Majestät, unserm allergnädigsten Herren hochlöblicher Gedächtnus, nit ohn sunder Mühe und Fürdrung erlangt, daß mir Ihr Kaiserliche Majestät für mein fleißige Arbeit und Mühe, die ich von Ihrer Majestät wegen etwo lange Zeit gebraucht, zweihundert Gulden rheinsch van gemeiner Stadt Nörnberg jährlich gefallender Stadtsteuer gnädiglich verschafft und des Ihrer Majestät Geschäft und Befelch, mit derselben gewohnlichen Handzeichen unterzeichent, zugeschickt, dorfür auch notdorftiglich quittirt hat laut der Quittanzen, so ich versiegelt behändig hab. Nun bin ich zu Eurer Ehrberkeit je der unterthänigen hohen Zuversicht, dieselb werde mich als ihren gehorsamen Burger, der viel Zeit in Kaiserlicher Majestät als unser aller rechten Herrn Dienst und Arbeit und doch ahn große Belohnung zubracht und domit andern seinen Nutz und Vortheil merklich versaumt hat, gönstlich bedenken und mir sölche zweihundert Gulden auf Kaiserlicher Majestät Geschäft und Quittung itzo folgen lassen, domit ich doch meiner gehabten Mühe, Arbeit und Fleiß, wie auch Kaiserlicher Majestät Gemüte ahnzweifelich geweft ist, ziemliche Ergetzung und Erstattung haben mög. So bin ich dargegen urbütig, wo Euer Ehrberkeit sölcher zweihundert Gulden halben van einem

zukünftigen Kaiser oder König angefordert oder der sunst je nit
geroten[1]) wollten und wurdens wollen van mir haben, daß ich
Euer Ehrberkeit und gemeine Stadt in solchem entheben und
dorum zu Gewißheit und Unterpfand mein Behausung unter der
5 festen am Eck gelegen, so meins Vaters seligen gewest ist, einsetzen
und verpfänden will, domit Euer Ehrberkeit des keinen Nochtheil
odr Schaden tragen müge. Das will ich um Euer Ehrberkeit als
mein gönstig gebietend Herren ganz willig verdienen.

      Euer Weisheit   williger Burger
10   Albrecht Dürer.

2.

Nürnberg, Oktober 1524.

Fürsichtig ehrber und weis insonders gönstig Herren.

    Ich hab lange Jahr her durch mein merklich Mühe und
15 Arbeit vermittelst göttlicher Verleihung bis in tausend Gulden
rhenisch erobert und zu Wegen gebracht, die ich nun gern wiederum
zu meiner Unterhaltung anlegen wollt. Wiewol ich nun weiß,
daß Euer Ehrberkeit Gebrauch dieser Zeit nit ist, viel Zins zu
vor einen Gulden um zweinzig[2]) zu verkaufen, wie es auch hievor
20 andern Perschonen, als ich berichtt würd, in gleichem Fall abgeschlagen ist, derhalben ich auch Beschwerden trag, Euer Ehrberkeit hierin anzusuchen, bewegt mich doch mein Notdorft, fürnehm-
lich aber die sunder günstig Neigung, die ich bei Euer ehrbern
Weisheit gegen mir idesmals gespürt hab, auch die nachfolgeten
25 Ursachen, Euer Ehrberkeit hierin bittlich anzulangen. Und nämlich
so wissen Euer Weisheit, wie gehorsam, willig und geflissen ich
mich bisher in allen Euer Weisheit und gemeiner Stadt Sachen
allemal erzeigt und vor andern vieln sondern Perschonen des Rats
und in der Gemeine allhie, wo sie meiner Hilf, Kunst und Arbeit
30 bedürft, mehr umsunst dann um Geld gedient. Hab auch, wie ich
mit Wohrheit schreiben mag, die dreißig Johr, so ich zu Haus ge-
sessen bin, in dieser Stadt nit um funfhundert Gulden Arbeit, das
je ein Gerings und Schimpflichs und dannacht van demselben nit
ein Fünftheil Gewinnung ist, gemacht, sunder alle mein Armut,
35 die mir weiß Gott sauer ist worden, um Fürschten, Herrn und

---

anber fremde Personen verdient und erarnt[1]), also daß ich allein
dieselben mein Gewinnung van den Fremden in dieser Stadt verzehr. So wissen Euer Ehrberkeit sunders Zweifels, daß mich
weiland Kaiser Maximilian hochlöblicher Gedächtnus aus eigner
Bewegnus Kaiserlicher Mildigkeit um mein vielfältige geleistte
Dienst vor Johrn in dieser Stadt frei[2]) setzen wölln. Des ich aber
auf Anregen etlicher meiner Herrn der Ältern, die van Rats wegen
derhalben mit mir gehandelt, denselben meinen Herrn zu Ehrn
und zu Enthaltung ihrer Begnadungen, Gebräuch und Gerechtig-
keitn gutwillig abgestanden bin. Item so haben mich die Herrschaft zu Venedig vor neunzehen Jahrn bestellen und alle Jahr
zweihundert Dukaten Provission geben wöllen. Desgleichen hat
mir der Rat zu Antorff[3]) bei kurzer Zeit, als ich im Niederland
war, alle Johr dreihundert Philippsgulden Besoldung geben, mich
bei ihnen frei setzen, mit einem wolerbauten Haus verehren und
darzu an beeden Ortn alles das, so ich der Herrschaft machet,
insunders bezahln wölln. Welchs Alles ich aus sonder Lieb und
Neigung, so ich zu Euer ehrberen Weisheit, auch dieser ehrbern
Stadt als meinem Vaterland getragen, abgeleint und mehr er-
wählt hab, bei Euer Weisheit in einem ziemlichen Wesen zu
leben, dann an andern Orten reich und groß gehalten zu werden.
Und ist demnach an Euer Ehrberkeit mein ganz dienstlich Bitt, die
wöllen alle sölche Ursachen gönstlich bedenkn und mir zu gut diese
tausend Gulden, die ich bei anderen tapfern Gesellschaften[4]) allhie
und anderswo wol unterzubringen weßt, und doch am liebsten bei
Euer Weisheit wissen wöllt, annehmen und aus sonder Gunst mir
fünfzig Gulden jahrlich verzinsen, auf daß ich samt meinem Weib
die beede nun alle Tag alt, schwach und unvermüglich werden
wöllen, derster ein ziemlicher Haushalten[5]) zur Nötdorft haben und
doraus Euer ehrber Weisheit, Gunst und Neigung wie bisher
spürn mügen. Das will ich um Euer Ehrberkeitn alles meins
Vermügens zu verdienen willig erfunden werden.

Euer Weisheit williger gehorsamer Burger

Albrecht Dürer.

---

[1]) ererntet. — [2]) steuerfrei. — [3]) Antwerpen. — [4]) Handelsgesellschaften. —
[5]) ein bequemeres Auskommen.

3.

Anfang Oktober, 1526.

Fürsichtig ehrber weis lieb Herren. Dieweil ich vorlängst
geneigt wär geweft, Euer Weisheit mit meinem kleinwirdigen
5 Gemäl zu einer Gedächtnus zu verehren, hab ich doch solchs aus
Mangel meiner geringschätzigen Werk unterlassen müssen, dieweil
ich gewüßt, daß ich mit denselben vor Euer Weisheit nit ganz wöl
hätt mügen bestehn. Nachdem ich aber diese vergangen Zeit ein
Tafel gemalt und darauf mehr Fleiß dann ander Gemäl gelegt
10 hab, acht ich Niemand wirdiger, die zu einer Gedächtnuß zu behalten, dann Euer Weisheit. Derhalb ich auch dieselben hiemit
verehr, unterthänigs Fleiß bittend, die wölle diese mein kleine
Schenk gefällig und günstlich annehmen und mein gönstig lieb
Herren, wie bisher ich allweg gefunden hab, sein und beleiben.
15 Das will ich mit aller Unterthänigkeit um Euer Weisheit zu verdienen geflissen sein.

Euer Weisheit
unterthäniger
Albrecht Dürer.

20 E. An Georg Spalatin.

Nürnberg, Anfang 1520.

Dem ehrwirdigen hochgelehrten Herren Geörgen Spalentinus,
meines genädigsten Herren Herzog Fridrichen Kürfürschten Capellan.

Hochwirdiger lieber Herr, mein Dankfagung hab ich vor in
25 dem kleinen Brieflein gesetzt, do ich nit mehr dann Euer klein
Zettele las. Nachfolget, do das Säcklein, do das Büchlein eingebunden was, umkehrt ward, fund ich erst den rechten Brief dorin,
in dem ich vernummen hab, daß mir mein genädigster Herr die
Büchlein Luteri selb zuschickt. Deshalb bitt ich, Euer Ehrwird
30 wollent seinen Kürfurschtlichen Genaden mein unterthänige Dankbarkeit noch dem Höchsten anzeigen, und sein Churfürschtliche
Genaden in aller Unterthänigkeit bitten, daß er ihm den loblichen
Doctor Martin Luther befohlen laß sein, van christlicher Wahrheit
wegen, doran uns mehr leit, dann an allen Reichtumen und Ge-
35 walt dieser Welt; das dann Alls mit der Zeit vergeht, allein die
Wohrheit beleibt ewig. Und hilft mir ·Gott, daß ich zu
Doctor Martinus Luther kumm, so will ich ihn mit Fleiß

kunterfetten und in Kupfer stechen, zu einer langen Ge=
dächtnuß des christlichen Manns, der mir aus großen
Ängsten geholfen hat. Und ich bitt Euer Wirden, wo Doctor
Martinus etwas neus macht, das teutzsch ist, wollt mirs um mein
Geld zusenden.

Item als Ihr mir schreibt um die Schutzbücklein Martini,
wissent, daß ihr keins mehr verhanden ist. Man drückt sie abr
zu Awgspurg. So sie fertig werden, will ich Euch der zuschicken.
Aber wissent, daß dies Büchlein, wiewols hie gemacht ist, auf den
Kanzlen für ein Ketzerbüchlein, das man verbrennen soll, verrufen
ist worden, und verschmählich widr den geredt, ders ohnunder=
schrieben aus hat lassen gehn. Es hats auch Doktor Eck, als man
sagt, öfflich zu Ingelstett verbrennen wollen, wie des Docter Rew=
leyns[1]) Büchlein geschehen ist etwen.

Item ich schick meinem genädigsten Herren hiemit drei Drück
van eim Kupfer, das ich gestochen hab aus seiner Begehr des noch
meinem gnädigsten Herren Mentz[2]). Hab seiner Churfürstlichen
Gnaden das Kupfer[3]) zugeschickt mit 200 Abdrucken, ihn mit ver=
ehrt, dorgegen sich sein Churfürstliche Gnaden genädiglich gegen
mir gehalten hat. Dann seine Churfürstliche Gnaden hat mir ge=
schenkt 200 fl. an Gold und 20 Elln Damast zu ein Rock. Hab
das also mit Freuden und Dankbarkeit angenummen, und sonderlich
zu der Zeit, do ich notig[4]) bin gewest. Dann Kaiserliche Majestät
loblicher Gedächtnuß, der mir zu früh verschieden ist, hat mich
gleichwol aus Genad versehen auf mein viel gehabte lange Mühe,
Sorg und Erbeit. Aber die hunder Gulden, mein Leben lang alle
Johr von der Stadtsteuer aufzuheben, die ich dann jährlichs bei
Kaiserlicher Majestät Leben hab aufgehebt, der wöllen mir mein
Herren[5]) itz nit reichen. Muß also in meinen älteren Tagen
manglen und mein lange Zeit, Mühe und Erbet an Kaiserlicher
Majestät verloren haben. Dann so mir abgeht am Gesicht und
Freiheit der Hand, würd mein Sach nit wol stehn. Das hab ich
Euch als meinem vertrauten günstigen Herren nit verhalten wollen.
Ich bitt Euer Ehrwird, so sich mein genädigster Herr der Schuld
mit den Hirsgweihen versehen will, daß Ihr mir dieselben wollt
einmahnen, auf daß etwas Schons van Horneren kumm. Dann

---

[1]) Reuchlin. — [2]) Kardinal Albrecht von Brandenburg, Kurfürst von Mainz. —
[3]) den „kleinen Kardinal“. — [4]) in Verlegenheit. — [5]) der Nürnberger Rat.

ich will zween Leuchter doraus machen. Auch schick ich hiemit zwei gedrückte Kreuzle[1]), find in Gold geschtochen, und eins für Euer Ehrwird. Sagent mir mein willig Dienst dem Hirsfeld und dem Albrecht Waldner. Hiemit, Eurer Ehrwird, befelcht mich getreulich meinem genädigsten Herren, dem Kurfurschten

williger Albrecht Durer
zu Nochnberg.

F. An Kurfürst Albrecht von Brandenburg.

Nürnberg, 4. September 1523.

Dem hochwirdigestn Fürschten und Herren, Herrn Albrechten, des heiligen Schtuhls zu Rom Priester, Cardinal, Erzbischof zu Mentz und Magdenburg, Primas in Germanien ꝛc., Markgrafen zu Brandenburg ꝛc., Churfürschten ꝛc., meinem genädigsten Herrn.

Hochwirdigster durchläuchtigster hochgeborner Fürscht und Herr. Mein ganz unterthänig willig Dienst send Euern Churfürschtlichen Gnaden mit allem Fleiß voran bereit. Gnädigster Herr, auf Euer Churfürstlichen Gnaden Schreiben und Begehrn hab ich Euer Gnaden Befelch noch gehandelt mit dem Illuministn Nicklos Glockenthan des Meßbuchs halben. Aber er hats noch nicht gefertigt und saget mir, er hätt noch sieben großer Materien mitsamt sieben der größten Buchstaben zu machen. Auch wollt er mir kein Zeit stimmen, wenn sie fertig sölltn werden. Saget, wo man ihm nit weiter Geld wollt schicken, so müßt er aus Not Nahrung halben Euer Gnaden Arbeit liegen lassen und ander Arbeit machen. Dann er hätt kein Zehrung im Haus. Hab dorauf weiter nit mit ihm kunnen handeln, dann daß ich ihn auf das Höchst gebeten, er wölle auf das fürderlichst doran machen. Ich hab heuer bei Zeit, eh ich krank ward, Euer Churfürstlichen Gnaden ein geschtochen Kupfer, darauf Euer Gnaden conterfet Angesicht[2]), mitsamt fünfhundert Abdrücken zugeschickt. Dovan sind ich in Euer Churfürstlichen Gnaden Schreiben kein Meldung. Fürcht zweier Ding, erstlich, daß sölch Conterfet Euer Churfürstlichen Gnaden vielleicht nit gefällig sei. Wär mir gar Leid, wo ich mein Fleiß nit wol zubracht hätt. Das ander gedenk ich, ob sölchs Euern Gnaden nit worden wär. Bitt dorauf Euer Churfürstlichen Gnaden

---

[1]) den „Degenknopf Kaiser Maximilians". — [2]) den „Großen Kardinal".

gnädige Antwort, und will mich hiemit Euern Churfürschtlichen
Gnaden als meinem gnädigſtn Herrn in allerunterthäniger Dienſt-
barkeit befohlen haben.

Euer Churfürſchtlichen Gnaden

ganz unterthäniger

Albrecht Dürer zu Nörnberg.

G. An Frey in Zürich.

Nürnberg, 6. Dezember 1523.

Mein günſtiger liebr Herr Frey. Mir iſt das Büchlein, ſo Ihr
Herrn Farnphulr und mir zuſchickt, worden. So ers geleſen hat,
ſo will ichs dornoch auch leſen. Aber des Affentanz halben, ſo Ihr
begehrt Euch zu machen, hab ich den hiemit ungeſchickt aufgeriſſen.
Dann ich hab lang kein Affen geſehen. Wollt alſo vergut haben.
Und wöllt mir meine willige Dienſt ſagen Herren Zwingle, Hans
Lowen, Hans Urichen und den anderen meinen günſtigen Herren.

Euer unterthäniger

Albrecht Dürer.

Theilent dies füff Stücklen unter Uch, ich hab ſunſt niz Neus.

H. An Niklas Kratzer.

Nürnberg, 5. Dezember 1524.

Dem ehrbern und achtbarn Herrn Niclas Kratzer, künglicher
Majeſtät in Engenland Diener, meinem gönſtigen Herrn und Freund.

Mein ganz willig Dienſt zuvor, lieber Herr Nicolae. Euer
Schreiben, daß mir zukummen, hab ich mit Freuden geleſen. Hör
geren, daß es Euch wol geht. Ich hab mit Herrn Wilbolt
Birkamer Euernthalben van dem Inſtrament geredt, daß Ihr begehrt zu haben. Der läßt Euch ein ſolchs machen und würd
Euchs mitſamt einen Brief zuſchicken. Aber Herr Hanſen Ding,
der verſchieden iſt, des Ding iſt alls zerriſſen[1]) worden, weil ich
im Sterben[2]) aus bin geweſen. Kann nit erfahren, wo es hinkummen ſei. Alſo iſt es auch gangn mit des Stabius Dingen.
Iſt in Öſterreich alls verzügt[3]) worden, kann Euch weiter niz
dovan Beſcheid geben. Item als Ihr mir zuſaget, ſo Ihr Weil

---

[1]) verſtreut. — [2]) als er (Herr Hans) ſtarb. — [3]) geraubt.

möchtt haben, wollt Ihr den Euklide in Tewtzsch bringen, wollt
ich geren wissen, ob Ihr etwas doran gemacht hätt. Item des
christlichen Glaubens halben müß wir in Schmoch und Fahr[1])
stehn, dann man schmächt uns, heißt uns Ketzer. Aber Gott verleich uns sein Gnad und stärk uns in seinem Wort, dann wir
müssen Gott mehr gehorsam sein denn dem Menschen. So ist es
besser, Leib und Gut verlorn, dann daß van Gott unser Leib und
Seel in das hellisch Feuer versenkt würd. Dorum mach uns Gott
beständig im Guten und erleucht unser Widerpart, die armen
elenden blinden Leut, auf daß sie nit in ihrem Irrsal verderben.
Hiemit seid Gott befohlen. Ich schick Euch zwei Angesicht vam
Kupfer gedrückt, Ihr werdt sie wohl kennen. Van neuen Mährn
ist zu dieser Zeit nit gut zu schreiben, aber es sind viel böser An-
schläg verhanden. Es würd allein der Wille Gottes geschehen.

Euer Weisheit

Albrecht Dürer.

---

[1]) Gefahr.

III.

Reime.

(1509 und 1510).

Jesus Maria 1509.

Also spricht Albrecht Dürer, Maler, der in seinen
Kupferstichen das Zeichen führt ⌘.

Ein tdliche Seel, die do ewiglich soll leben, die wird erquickt
in Jesu Christo, der da ist aus zweien Substanzen in einer Person
Gott und Mensch, der allein durch die Gnad geglaubt und durch
natürlich Vernunft nimmermehr verstanden würd.

A. Erste Reimversuche.

Die ersten Reimen, die ich macht in obbemeldetem Jahr, der
waren zween, hätt einer so viel Silben als der ander, und ich
meinet, ich hätts wol troffen, als hernach steht:

Du aller Engel Spiegel und Erlöser der Welt,
    Dein große Marter sei für mein Sünd ein Widergelt.

Den las Wilibaldt Pirckamer und spottet mein und sagt, kein
Reim sollt mehr dann 8 Silben haben. Do hub ich an und machet
die nachfolgenden 18 Reimen, welche mit acht Silben:

Mit großer Begier, Ehr und Lob
    Bitte ich Gott um die acht Gob:

Oder also:

Mit allem Fleiße darnach streb,
    Daß dir Gott die acht Weisheit geb:
Billig wird der ein weis Mann gnennt,
    Den Reichtum und Armut nit blendt.

Der Mann pflegt auch großer Weisheit,
  Der Wolluft und Trauren gleich treibt[1]).
Auch ift der ein faft weifer Mann,
  Der Ehr und Schand gleich tragen kann.
5 Wer fich erkennt und Übel lat[2]),
  Der Mann ift auf der Weisheit Pfad.
Wer für Rach Erbarmd[3]) feim Feund thut,
  Des Weisheit verjagt die Hellnglut[4]).
Wer Teufels Anfechtung erkennt,
10 Der befteht fie, dem Gott Weisheit fendt.
Wer in Allem fein Herz rein bhält,
  Der hat der Weiheit Kron erwöhlt.
Und wer Gott ganz recht liebend ift,
  Der ift ein frommer weifer Chrift.

15 Das Obgemeldt gefiel Herrn Wilibald Pirckamer aber nit. Da
bat ich Lafarus Spengler, daß er mir den Sinn in Reimen machet.
Do thät er, als hernach gefchrieben ftehet:

  Wer um Gott diefe Gnad erwürbt.
    Fährt wohl ohn Zweifel, fo er ftirbt:
20 Der wird ein weifer Mann gefpürt,
  Den Gold und Armut nicht verführt.
Dem zähl ich auch groß Weisheit zu,
  Dem Fried und Trauren bringt gleich Ruh.
Dem ift groß Weisheit zugethan,
25 Der Ehr und Schand gleich tragen kann.
Wer fich erkennt und Übels meidt,
  Der hat fich mit Vernunft bekleidt.
Welch Mann fein Freund erbarmen thut,
  Der hat für Bös erwöhlt das Gut.
80 Der hat des Teufels Lift gefeilt[5]),
  Dem Gott hat Weisheit mitgetheilt.
Wer fein Herz allweg rein behält,
  Dem hat fich Weisheit zugefellt.
Und wer Gott von Herzen liebend ift,
85 Der hat die höchfte Weisheit Fieft[6]).

---

[1]) trägt. — [2]) läßt.. — [3]) ftatt Rache Erbarmen. — [4]) Höllenglut. — [5]) ge-
bändigt. — [6]) erkoren.

B. Lazarus Spenglers Spottgedicht auf Dürer.

So er mir das Obbemeldt geben hatte, da schickt er mir bei
Herrn Wilibaldt Pirckamer das nachfolgend Gedicht:

> Wiewol viel Sachen sich begeben,
> Die unser Gwohnheit widerstreben   5
> Und deshalb zu verwundern stehn,
> So mag ich doch nit wohl umgehn,
> Euch einen Handel zu entdecken,
> Der euch zu lachen wird bewecken.
> Und ist darum also gethan: 10
> Ihr kennt ohn Zweifel einen Mann,
> Hat krauses Haar und einen Bart,
> Der ist aus angeborner Art
> Ein Maler je und allweg gewesen.
> Und dorum daß er schreibn und lesen   15
> Zwo Ellen und ein viertel[1]) kann,
> Vermeint er sich zu unterstahn,
> Die Kunst der Schreiberei zu treiben,
> Hat angefangen Reimen schreiben.
> Das will ihm doch nit gleich anstahn,   20
> Und möcht ihm wol also ergahn,
> Wie auf ein Zeit eim Schuster bschach.
> Do er eins Malers Bild ansach,
> Das er hätt an die Sonnen gestellt,
> Sprach er: das Bild mir wolgefällt,   25
> Allein die Schuh sind ungestalt.
> Der Meister, der solchs hätt gemalt,
> Do er das in der Still vernahm,
> Den Mangel er dem Bild benahm,
> Laint das alsbald ans vorig End[2]).   80
> Da kam den andern Tag gerennt
> Der Altreuß[3]), so es vor hätt gsehn,
> Der macht sich breit und thät sich blähn.
> Und als er aber sah das Gmäl,
> Redt er: „Es hat noch einen Fehl,   85

---

[1]) ein bißchen. — [2]) Lehnte es darauf an dieselbe Stelle. — [3]) Schuster.

Am Rock die Falten sind nit recht,
  Die ein ist krumm, die ander schlecht".
Der Maler hörts und sprach zum Schuster:
  „Das ist mir doch ein seltsam Muster,
Daß du vermeinst ein Schneider sein,
  Schuhmachen ist das Handwerk dein.
Das und kein anders sollt du brauchen!"
  Mit dem that er von dannen dauchen.
Also sag ich auch diesem Mann,
  So er das Malerhandwerk kann,
Daß er dann bei demselben bleib,
  Damit mans Gspött nit aus ihm treib.
Dann so ein Schneider Pelz wollt machen,
  Ich glaub, des würd ein jeder lachen.

C. Dürers Spottgedicht auf Spengler, als Antwort auf das Vorige.

Do ich das empfing von Lasarus Spengler, macht ich ihm das nachfolgend Gedicht darauf:

Es ist zu wissen in der Frist,
  Daß ein Schreiber zu Nürmberg ist,
Meiner Herren[1]) gar ein wert Mann,
  Darum das er Missiv[2]) schreibn kann.
Der vermeinet die Leut zu schmitzen
  Und zu verdrucken mit sein Witzen,
Als er mir zu Gespött hat than,
  Da ich hab Reim gefangen an
Für mich zu schreiben von acht Weisen,
  Die mein Spruch fast thät preisen.
Nachdem ihm das nit gefiel,
  Macht er von mir ein Fasnachtsspiel,
Darin er mich gleich achten thut
  Dem Altreußen im breiten Hut,
Der des Appelli Gmäl urtheilt,
  Daß er ihm ein Sau anseilt[3])

---

[1]) dem Rate. — [2]) Sendschreiben. — [3]) eine Sau anseilen; etwas anhängen.

Die hat mir der Schreiber heimgetrieben,
　　Meint, ich wär wol ein Maler blieben.
Do hab ich mir fürgenummen
　　Und will noch nit gar erstummen,
Noch etwas zu lernen, das ich vor nit kann,　　5
　　Darum straft mich kein weiser Mann.
Dann wer allweg auf eim Ding blieb,
　　Und nimmermehr kein anders trieb,
Dem bscheh[1]) als jem[2]) Notari,
　　Der wohnt auch in unser Stadt hie.　　10
Der hätt ein einig Form[3]) schreiben gelehrt[4])
　　Und weitr keins andern nie begehrt.
Zu dem kamen zween ander Mann
　　Und wollten ein Finstrament[5]) han.
Und do er schrieb bis auf ihr Namen,　　15
　　Der erst hieß Götz, der ander Rosenstammen,
Das nahm den Schreiber fast Wunder,
　　Und sprach zu iglichem bsunder:
Lieber Freund, du bist nicht recht bericht,
　　Der Namen find ich in mein Form nicht.　　20
Frantz und Fritz seind mir bekannt,
　　Dann ich hab ihr vor nie kein anderst gnannt.
Also thät er die zween von ihm treiben
　　Und kunnt ihnen kein Finstrament schreiben.
Also blieb er auf seiner Geigen.　　25
　　Des boten sie ihm Spottfeigen.
Darum daß mir desgleichen nit widerfahr,
　　Thut not, daß ich Lernung nit spar,
Und daß ich Fleiß darzu thu,
　　Dann die Zeit ist noch fruh.　　30
Dann was zu Nesteln werden soll,
　　Brennt frühe, das empfindt man wol.
Und will ich nit allein schreiben,
　　Sonder auch Arzenei treiben.
Dann es wird wunderlich zu merken,　　35
　　Des Malers Arzenei soll stärken.

---

1) geschähe. — 2) jenem. — 3) Formular. — 4) gelernt. — 5) Instrument, Dokument.

Drum hört, was euch solcher Arzt lehrt
Viel guter Stuck, das Gesundheit mehrt:
Ein kleines Tröpflein reiner Laugen
Ist gesund zu thun in die Augen.
5 Und wer fast scharf gehörn wöll,
Der thu in die Ohren Mandelöl.
Auch wer da hat ein stinkends Maul,
Dem ist die Leber im Bauch faul.
Doch wer gut weiß Zähn will haben,
10 Der laß ihms oft mit Bims schaben.
Und welchem sein Arschloch oft blut,
Dafür ist Spiegler Damis[1]) fast gut.
Wer des Zipperleins los will sein,
Der trink Wasser für starken Wein.
15 Und wer gesund Bein will behalten,
Der soll kein Block standling[2]) spalten.
Aber so du lang willst leben,
Mußt Du oft für Milch Dreck geben[3]).
Darum, wer hundert Jahr alt wird,
20 An dem ist mein Rat wol gespürt.
Dannoch will ich Reimen machen,
Sollt der Schreiber noch mehr lachen.
Spricht der haarig bartet Maler
Zu dem spöttigen Schreiber.

25 ### D. Reime an Konrad Merkel.
Jesus Maria 1510 ♄.

Conradt Merkel, Maler zu Ulm, gar mein guter Freund,
schrieb mir ein gar fröhlichen Brief. Damit er mich zu Gelächter
bewegt, zog er an, er hätt gar ein irrig Gemüt[4]), das die Gelehrten
30 zu Ulm künnten nit auflösen. Nun vernehm er, ich wär gar ein
weiser Mann, ich sollt ihn von solcher Phantasei erledigen. Und
wär das der Handel: er hätt kürzlich ein Tafel auf ein Altar gesetzt, nun käm Jedermann darfür und spräch: „Ei, wie stehet auf
dem Altar so ein schöne Tafel!" Darum, so ich die Tafel gesetzt
35 hab, wie kann sie dann stehn? Darauf hab ich ihm die untern
Reimen in einem Brief zu anderer Geschrift gesetzt und gesandt:

---

[1]) ein Medikament. — [2]) im Stehen. — [3]) Milch verdauen. — [4]) einen Wahn.

Seit Ihr mich weis acht und fürgebt,
    Das unfrer Vernunft widerstrebt
Eurer gesetzten Tafel halb,
    Die „stehn" gnannt wird von manchem Kalb,
Darauf Ihr von mir wissen wollt,   5
    Wie ich von solchem reden sollt,
„Niedergesetzt" odr „aufgestellt",
    Darauf mir itzt ein solchs zufällt:
So allein auf Ärs gfessen wird
    Und stehn auf Füßen sich gebührt,   10
So werden all die Unrecht haben,
    Die Tafel „setzen" „standen" sagen,
Darum der keines mag nit sein.
    Derhalb trinkt guten kühlen Wein,
Der im Selcklein[1]) sei gewachsen,   15
    So habt Ihrs besser dann die Sachsen.
Die müssen saures Bier trinken,
    Das macht eim Maul und Arsch stinken.
Also will ich mich beschließen,
    Das laßt Euch nit fast verdrießen.   20
Dann mit nicht ich keim Theil zufall[2]),
    Darum fragt Andre auch um Wahl.
Nun thut mir auch fürbaß sagen,
    Was ich Euch nochmols will fragen.
Von feren kam ein Mann gangen,   25
    Mit einer Lammshaut umfangen.
Zu dem kamen zwei andre Mann,
    Die hätten Krieg gefangen an.
Der erst sagt: sein Kleid ist ein Fell.
    Der ander sprach: nein, uf mein Seel,   30
Sein Kleid ist gemacht von Leder.
    Wann ich verstanden von Euch han,
Welcher seim Wort gnug hab gethan,
    Und was sein Kleid sei gewesen,
Das will ich fürwahr gern lesen.   35
    Damit wunsch ich Euch ein neu Jahr
    Mit Glück und Heil, das werd Euch wahr.

---

[1]) nicht ganz aufgeklärt; vielleicht verlesen oder verschrieben statt Feltlein = Veltlin. — [2]) Ich kann mich nicht für das eine oder andere entscheiden.

E. Von der bösen Welt.

Das hab ich gemacht von der bösen Welt:
Wer aller Welt will obliegen
    Und kann ihm selbst nit ansiegen,
Wie aller Welt bös Stuck zu aller Frist
    Zeiget, daß nichts Guts an ihm ist.
Das ist eins bösen Menschen Sitt,
    Daß er kein Bös mit Gut vertritt[1]),
Wie ein idlich bös zornig Mann
    Nie läßt ungrochen, wenn er kann.
Er will allweg der Herre sein
    Und achtt auch seinen Nächsten klein.
Er sucht allweg mit ganzem Fleiß,
    Wie er sein Herrn unter sich reiß.
Ein Böser kann kein Straf leiden,
    Die Bösen soll jeder meiden,
Dann sie greifen d' Leut gröblich an
    Und wolln das von keim andern han.
Gar leicht wirst von eim Bösen gschmächt,
    Und er thut dir allzeit unrecht.
Ein bös Mensch thut allzeit denken,
    Daß er der Leut Ehr thu kränken.
Ein bös Mensch sucht allweg Arglist
    Wider den, des Tugend über ihn ist.
Der Bös thut mit der Wahrheit liegen[2]),
    Auf daß er dich möge betriegen.
Das ist des Bösen Gewohnheit,
    Daß er sich freut ins Nächsten Leid.
Sie sind auch vermessen frevel
    Und vernichten gute Ding schnell.
Ihr klein Gattung sie groß machen,
    Achten gering andrer gut Sachen.
Der Bös ist ruhmrediger Wort
    Und thut oft im Herzen ein Mord.
Er stellt sich aber gar fast gut
    Und hat heimlich Bös in seim Mut.

---

[1]) vergilt. — [2]) lägen.

Er spricht: „es bringt mir großen Schmerzen
  Anderer Leut falsche Herzen",
Und stellt sich, als hab er Mitleiden,
  Und ist doch untreur dann die Heiden.
Ein Böser verbürgt sein Bosheit   5
  Unter dem Schein der Grechtigkeit.
Ein bös Mensch bfleißt sich solcher Sach,
  Wie er jedermann uneins mach.
Und so er ein sicht das Gut than,
  Das zeucht er ihm auf argen Wahn¹).   10
Der bös Mensch spricht falsche Urteil,
  Sein Herz ist selten Freuden geil.
Dann so er Untugend verbringt,
  So schreit er vor Bosheit unsinng,
Und hat kein größer Freud auf Erden,   15
  Dann so all Menschen uneins werden.
Der Bös breitt aus des Nächsten Sünd,
  Er vertrieb gern Gott, wann er künnt.
Der Bös macht ihm selbst groß Unruh
  Und ist geizig, unkeusch darzu.   20
Mit Willen er viel Leut betrübt
  Und freut sich, so man bös Ding übt.
Ihm ist auch kein bös Ding zuviel,
  Er allem Guten ein Widerspiel.
Der Bös mag die Wahrheit nit hörn,   25
  Und hindert, wo man Guts will lehrn.
Der bös Mensch viel Ehren begehrt
  Und ist ihr doch keiner nicht wert.
Ein böser Mensch redt allweg aus Neid
  Und ihm²) selbst nichts nit unrecht geibt³).   30
Bös Leut thun Mord, Brand, Raub und Nahm⁴),
  Sie machen auch viel blind und lahm.
Gute Ding sehens für bös an,
  Und das Bös wollen sie nit lan.
Und so sie der bös Willn bestaht⁵),   35
  So folgen sie kein guten Rat.

---

¹) rechnet er ihm als Wahn an. — ²) sich. — ³) gibt. — ⁴) Wegnahme; Raub. — ⁵) ergreift.

Sie wollen auch kein Antwort hörn
Und begehrn gute Sinn zu verstörn.
Auch so man ihnn sagt von Christglauben,
So hören sie ihn als die Tauben.
Sie haben dem Teufel lang zugehorcht,
Das dringt sie[1]) von der Gottesforcht.
Der Bös läßt gering all gut Ding,
Und das Bös thut er gar jähling.
Steht auch nit bei der Grechtigkeit,
Thuts ein Andrer, so ists ihm leid.
Und der Bösheit sind noch gar viel,
Die ich nit all sagen will.
Unmüglich wärs mir auch zu than,
Darum will ichs hierinnen lan.
Welcher bei Bösen wohnen muß,
Der trags duldig, es ist sein Buß.
All bös Menschen soll man fliehen
Und vom Bösen sich abziehen.
Wer bei Bösen wohnt unverletzt,
Den kein Scheidwasser nit fretzt[2]).
Wer bei schön Frauen nackend leid[3])
Und überwindt sich selbst mit Streit,
Daß sein Herz kein Bewegnuß geit[4])
Wer unrechtlich wird geschlagen
Und kann das mit Fraiden tragen,
Wer den lieb hat, der ihm bös thut,
Der hat eins frommen Mannes Mut.
Also spricht hie Albrecht Dürer:
Wer ganz bös ist, der ist Guts leer.

F. Von bösen und guten Freunden.

Darnach macht ich den von bösen und guten Freunden.
Wer in Nöten von seim Freund weicht
Und sich leichtlich seins Freunds verzeicht[5]),
Wer nit mit Fleiß zu Herzen liest,
Welcher sein recht treuer Freund ist,

---

[1]) drängt sie fort. — [2]) ätzt. — [3]) liegt. — [4]) gibt. — [5]) sich von seinem Freunde leicht verzieht, von ihm abläßt.

Und wer allzeit Recht will haben
  Und seins Freunds Nutz will vertragen[1]),
Wer allweg mit jedermann zürnt
  Und hergeht, als sei er gehürnt,
Ist ein solcher ein gwaltig Mann,
  Wer kann da sein und ihm recht than?
Denn wer stets bgehrt, Knie zu biegen,
  Daß man sich vor ihm soll schmiegen,
Ist besser, ein solchen zu meiden,
  Dann mit Betrübnuß von ihm leiden.
Dann welcher dein guter Freund ist,
  Der braucht gegen dir kein Arglist,
Daß er dir nichts in übel kehrt
  Und dir doch allweg Übels wehrt,
Auch dich nimmer mit nöten[2]) lat
  Und in Anfechtung für dich staht.
Der auch allzeit Mitleiden trägt,
  So du mit Trauren bist bewegt,
Und der dich nimmer gringer achtt,
  Dann er sich allweg selber macht.
Solchen Freund halt fleißig in Ehrn
  Und laß dich mit nicht von ihm kehrn.

G. Die sieben Betstunden.

Darnach macht ich die sieben Tagzeit:
Das sind die sieben Tagezeit,
  Darin Christus auf Erden leidt.

Zu Metten-Zeit[3]).
Des Vaters ewige Weisheit
  Die göttlich Menschheit Christi leidt.
Ward verkauft den falschen Juden,
  Die viel groß Lügn auf ihn luden.
Um Mettenzeit ward er gfangen,
  Menschlich Natur hätt groß Bangen.
All sein Jüngren und Bekannten
  Ihrn Glauben all von ihm wandten.

5
10
15
20
25
30
35

---

[1]) verringern. — [2]) nötigen; vergewaltigen. — [3]) Frühmette.
Albrecht Dürer.

Allein Maria, die rein Maid
Was[1]) bständig in ihrm Herzenleid.

Zu der Prim-Zeit.

Der Herr ward für Pilato gführt
5 Und mit viel falscher Zeugschaft grührt.
Er ward gar unrechtlich geschlagen,
Das thät Christus duldig tragen.
Auch ward der edl Herr ganz verspeit,
Als das der Prophet gschrieben geit[2]).
10 Ihm ward verbunden sein Angsicht,
Und sprachen: Jesus, uns bericht,
Welcher dich do hob geschlagen,
Das sollt du uns hie weissagen.

Zu der Terz-Zeit.

15 Merk hie auf zu der dritten Stund,
Wie alle Juden schreien thund:
Kreuzig ihn, kreuzig ihn, bald eil!
Ihn führt Pilatus an eim Seil,
Spöttlich bekleidt mit Purpurgwand,
20 Und zeigt auf ihn mit seiner Hand:
Sehet den Menschen in der Dornkron,
Wie sehr ich ihn gegeißelt hon.
Das hülf nit, sein Kreuz er selbst trug,
Von Üblen litt er groß Unfug.

Zu der Sext-Zeit.

25 An das Kreuz er genagelt ward,
Das thät seim edlen Leichnam zart
So schmerzlich weh, und sprach aus Pein:
Mich dürstt! Da gaben sie für Wein
30 Ihm zu Trank Essig und Gallen.
Die Juden trieben schmählichs Kallen[3])..
Den Schächern ward er gleich geachtt,
Der link Schächer spott sein und lacht,
Und der ander thät Gnad begehrn,
35 Des was ihn Jesus bald gewährn.

----

[1]) war. — [2]) gibt. — [3]) lärmen.

Zu der Non-Zeit.

Zu der neunten Stund der Herr starb,
  Sein Tod uns ewigs Lebn erwarb.
Er befalch seim Vater die Seel
  Und fuhr gewaltiglich in die Hell.   5
Daraus fuhrt er all die Seinen
  Uud erlöst sie aus den Peinen.
Ein Ritter sein Seiten durchstach,
  Der Sunnen Schein man nimmer sach.
Und kam ein großes Erdbiden¹),   10
  Daß Todten von Gräbern schieden.

Zu Vesper-Zeit.

Der Herr ward gnummen z' Vesperzeit
  Vom Kreuz und für sein Mutter gleit²).
Die Kraft und Stärk verborgen lag   15
  In Gottes Gmüt denselben Tag.
O Mensch, merk mit Fleiß diesen Tod,
  Ein Ärznei für die größten Not.
O Maria, reine Jungfrau,
  Herr Symeonß Schwert do anschau.   20
Hie leit die große Kron der Ehrn,
  Die all unser Sund thut verzehrn.

Zu Complet-Zeit.

Joseph von Armathya kam,
  Nicodemum er mit ihm nahm.   25
Von den ward der edl Herr begrabn,
  Durch den wir ewigs Leben habn,
Mit wolriechenden Würzen gut,
  Als das der Jüden Gwohnheit thut.
Darum sind diese Ding gethan,   30
  Daß all Propheten wahr gseit han.
Den Tod betracht in deim Herzen
  Allweg mit fast³) großem Schmerzen.

---

¹) Erdbeben. — ²) gelegt. — ³) sehr.

Ein Gebet.

O allmächtiger Herr und Gott,
   Die groß Marter, die glitten hot
Jesus, dein eingeborner Suhn,
   Damit er für uns gnug hat thun,
Die btrachten wir mit Innigkeit.
   O Herr, gib mir wahr Reu und Leid
Uber mein Sünd und besser mich,
   Des bitt ich ganz mit Herzen dich.
Herr, du hast Überwindung thon,
   Drum mach mich theilhaft des Siegs Kron.

H. Kleine Reime.

Darnach macht ich die nachfolgenden 6 Reimen:
   Wer Gott fürchtt ob allen Dingen,
   Dem kann nimmermehr mißlingen.
Wem da genügt an dem, das er hat,
   Der ist fast reich gnug und wird satt, wo er gaht.
Dem ist auch wol zu aller Frist,
   Dem sein Seel und Leib gsund und unbschwert ist.

Darnach macht ich die 2 Reimen, aus Ursach einer
betrübet mich viel¹), dem ich treu was und mich viel Guts
zu ihm versach:
   Dem Freund magst wol mit Ehrn meiden,
   Von dem du allweg mußt leiden.

Darnach macht ich die 6 Reimen von eim gebornen
Narren:
   Welche Mutter ein Narren gebiert,
   Die hat wol die Seeligkeit grührt.
Dann dieweil er auf Erden leben thut,
   So hat man von ihm Fraid und Mut.
So er aber stirbt und wegfährt,
   Davon wird Keim sein Trauren gemehrt.

---

¹) weil mich einer sehr betrübte.

Darnach macht ich die 6:

Mancher meint, er kenn jedermann,
  Der sich doch selbst nit kennen kann.
Wer seiner Zung nit Meister ist,
  Der redt übel zu aller Frist.
Welchen bedunkt, er könn fast viel,
  Der scheußt[1]) nahend zum Narrenziel.

Darnach macht ich die 2:

Gen kein Freund sollt dich merken lan,
  Daß du sein Gunst nit mehr wollst han.

Darnach macht ich die 6:

O bis gegrüßt, du Kreuz Jesu,
  Wer dich nit glaubt, der findt kein Ruh.
Ich bitt dich, steh mir bei allzeit
  Wider die Welt, Fleisch und Teufels Streit.
Und hilf mir in der letzten Not,
  So mich scheidet der bitter Tod.

Darnach macht ich die 6:

Wann du hast ein verkauften Knecht,
  Würd er getauft, so ist nit recht,
Daß er länger verbunden sei,
  Du sollt ihn ledig lassen frei.
Laß dich zahlen mit guter Gunst,
  Und nit nimm ein sein Dienst umsunst.

Ein jeder kehr vor seinem Thor
  Er findt ja Kot genug davor.

J. Von Lebensweisheit.

Darnach macht ich den:

Wer recht bescheiden woll werden,
  Der bitt Gott drum hie auf Erden.
Welcher nit von meiner Lehr weicht,
  Dem würd sein Herz, Sinn und Mut leicht.

---

[1]) schießt.

Und würd allweg in Frieden stahn
  Gegen ihm selbs und jedermann.
Offnen niemand dein Heimlichkeit,
  Auf daß dir nit bring Reu und Leid.
Dann man findt also geschrieben:
  Wenig Menschen sind stet blieben.
Des Menschen Gmüt ist wandelbar,
  Begehrst du Fried, nach meim Rat fahr,
All bös Nachred vermeid mit Fleiß,
  Auf daß du drum erwerbest Preis.
Fürkumms[1]) auch an andern Leuten,
  Die Übls vom Nächsten thun deuten.
Solchs stillt deins Herzen Grimmigkeit
  Und treibt von dir all Haß und Neid.
Und thut auch die Hörer lehren,
  Daß sie dein Sach in gut kehren.
Gmeßner ziemlicher Red fleiß dich,
  Nit fahr die Leut an frevenlich,
Und noch Bedunken sag kein Ding,
  Red auch nit unbesinnt jächling,
Daß niemand davon bleidigt werd,
  Und halt dich guter sänfter Bärd[2]),
Die dein schlechte[3]) Meinung anzeig.
  Bleib bei der Wahrheit und nit leug,
Und erzeig dich nimmer aus List
  Anderst weder[4]) daß dein Herz ist.
Dann du betrügst dich selbs und Gott
  Und würst vor den Menschen zu Spott.
Du sollt niemand schnell urtheilen
  Seine Werk und ihm anseilen[5])
Rachselig Gedanken und Zorn,
  Und gedenk: ich thu vielleicht morn[6])
Ein bösers Werk weder das ist.
  Domit verjagst des Teufels List.
Deim Zorn sollt du kein Statt geben,
  Du habst dich dann bsunnen eben,

---

1) Verhindre es. — 2) Gebärde. — 3) schlichte. — 4) als. — 5) anhängen. —
6) morgen.

Ob du ganz rechtlich zürnen sollt.
   Das ist dir nützer dann groß Gold.
Nit verantwort schnell all Sachen,
   Willt du dir ein gruht Herz machen,
Leid und geduld ein kleine Zeit,
   Bis etwan für dich Antwort geit
Ander oder es sich selber[1]),
   Darin gwinnst du groß Glimpf und Ehr,
Mehr denn daß du groß Mühe hättest
   Und dich feindlich darum blähtest.
Darum wo du hörst ein Zweien[2])
   So häng dich an kein Parteien,
Und kannst du kein Mittel[3]) finden,
   So beleib nun fern do hinten.
Hüt dich vor demselben Übel,
   Daß d' nit ertrinkst im Badkübel.
Du sollt allwegen Mitleid tragen,
   Wo die Menschen Beschwerd klagen.
Hab allweg lieb Gerechtigkeit,
   Wo sie nit gschicht, das sei dir leid.
Laß dir kein Ding so nahend gehn,
   Dardurch du dir selber machst Pen[4]).
Und verlaß nit die Bscheidenheit,
   So überwindt dich kein Herzleid.
Dann wo du dich redlich willt wehrn,
   So kann kein Ding dein Herz versehrn.

---

[1]) bis dich etwa ein anderer verantwortet oder es sich von selbst aufklärt. —
[2]) Entzweiung. — [3]) Mittelweg. — [4]) Pein.

IV.

Tagebuch der Reise in die Niederlande.

(1520 und 1521.)

a) Von Nürnberg bis Antwerpen.

Anno 1520.

5   Um Pfingstag nach Chiliani[1]) hab ich, Albrecht Dürer, uf mein
Verkost und Ausgeben mich mit meim Weib von Nürnberg hinweg
in das Niederland gemacht. Und do wir desselben Tags auszogen
durch Erlang[2]), do behauseten wir zu Nachts zu Baiersdorff und
10 verzehrten daselbst 3 *Æ.* minder 6 *₰.* Dornach sind wir den nächsten
am Freitag gen Forcham[3]) kommen, und gab do um Geleit 22 *₰.*
Von dannen fuhr ich gen Bamberg und schenkte den Bischof ein
gemalt Marienbad, unser Frauen Leben, ein Apocalypsin und für
ein Gulden Kupferstück[4]). Der lud mich zu Gast, gab mir ein
15 Zoll- und drei Fürderbrief[5]) und löset mich aus der Herberg, do
ich bei einen Gulden verzehret hab. Item ich hab dem Fuhrmann[6]) 6 fl. an Gold geben, der mich von Bamberg gen Franckfurth führet. Item Meister Lauz Benedict und Hans, Maler,
haben mir den Wein geschenkt. 4 *₰* für Brod, mehr 13 *₰* zu Letz[7]).
20 Also fuhr ich von Bamberg gen Eltman und zeiget mein Zollbrief, do ließ man mich fahren zollfrei. Und von dannen fuhren
wir für Zeil[8]). In mittler Zeit gab ich aus 21 *₰.* Darnach kam
ich gen Haßfurth und wies mein Zollbrief, do ließ man mich zollfrei fahren. Ich hab 1 fl. ins Bischofs von Bamberg Kanzlei
25 geben. Dornach kam ich gen Theres ins Kloster und zeuget mein
Zollbrief, do ließ man mich auch fahren. Darnach fuhren wir gen

---

[1]) 12. Juli 1520. — [2]) Erlangen. — [3]) Forchheim. — [4]) Kupferstiche. — [5]) einen
Zollbefreiungs- und drei Empfehlungsbriefe. — [6]) Fährmann; Dürer fuhr den Main
und Rhein zu Schiff hinunter. — [7]) Abschiedstrunk oder Trinkgeld. — [8]) an Zeil vorbei.

Rhein[1]). Da lag ich über Nacht und verzehrt 1 tt. Von dannen
fuhren wir gen Mayenburg[2]) und weißete mein Zollbrief, da ließ
man mich zollfrei fahren. Darnach komen wir gen Schweinfurth,
do lud mich Doktor Rebart, und er gab uns Wein ins Schiff.
Man ließ mich auch zollfrei fahren. 10 ₰ für ein gebraten Huhn.
18 ₰ in die Kuchen[3]) und dem Kind. Darnach fuhren wir gen
Volkach und zeuget mein Zollbrief, und fuhren aber[4]) weg und
kamen gen Schwarzach, do lagen wir über Nacht und verzehreten
22 ₰. Und am Montag waren wir früh auf und fuhren für Cettel-
bach und kamen gen Kizing und wies mein Zollbrief, do ließ man
mich fahren, und ich verzehret 37 ₰. Und fuhren darnach für
Sulzfeldt gen Prait[5]), und zeuget mein Zollbrief, do ließ man mich
fahren. Und fuhren für Frickenhausen gen Ochsenfurth, do wies
ich mein Zollbrief, do ließ man mich auch fahren. Und kamen gen
Eufelstorff[6]), von dannen gen Haidensfeldt[7]) und von dannen gen
Würzburg. Da zeugt ich meinen Zollbrief, also ließen sie mich
fahren. Darnach fuhren wir gen Erlaprunn, do lagen wir über
Nacht und verzehrten 22 ₰. Von dannen fuhren wir für Rezbach
und Zellingen und kamen gen Carstatt[8]), do wies ich mein Zollbrief, do ließ man mich fahren. Von dannen fuhr ich gen Myna[9]),
da aßen wir zu Morgen und verzehrten 22 ₰. Auch wies ich mein
Zollbrief, und sie ließen mich fahren. Darnach fuhren wir gen
Hochstätt[10]), wies mein Zollbrief, do ließen sie mich fahren. Und
kamen darnach gen Lohr, do wies ich auch mein Zollbrief, do
ließen sie mich fahren. Darnach kamen wir gen Neuenstadt und
wiesen unsern Brief, do ließen sie uns fahren. Auch hab ich 10 ₰
ausgeben für Wein und Krebs. Darnach kamen wir gen Roten-
felß, do wies ich mein Zollbrief, also ließen sie mich fahren, und
da logen wir über Nacht und verzehrten 20 ₰. Und am Mittwoch
frühe fuhren wir weg und für Sant Ecarius[11]) und kamen gen
Heudenfeldt[12]), von dannen gen Trieffenstain. Darnach kamen wir
gen Homburg, do zeigte ich mein Zollbrief, do ließ man mich
fahren. Darnach kamen wir gen Wertheim, und zeiget mein Zollbrief, do ließ man mich ziehen, und ich verzehret 57 ₰. Darnach

---

[1]) nicht aufgeklärt; vielleicht Unter-Euerheim. — [2]) Mainberg. — [3]) Trinkgeld.
— [4]) wieder. — [5]) Marktbreit. — [6]) Eibelstadt. — [7]) Heidingsfeld. — [8]) Carlstadt. —
[9]) Gmünden. — [10]) Hofstetten. — [11]) wohl ein Kloster, dessen Schutzherr der heilige
Eucharius war. — [12]) Heidenfeld.

fuhren wir gen Prozel[1]), do wies ich mein Zollbrief, do ließ man
mich fahren. Darnach fuhren wir für Freudenwerg[2]), do wies ich
aber mein Zollbrief, da ließ man mich fahren. Darnach kamen
wir gen Miltenberg, da blieben wir über Nacht und verzehreten ...
5 Auch wies ich mein Zollbrief, da ließ man mich ziehen, und ich
verzehret 61 ₰. Darnach kamen wir gen Klingenberg und wies
mein Zollbrief, da ließ man mich fahren. Und kamen für Werdt[3]),
von dannen für Obernburg und von dannen gen Oschenpurg[4]),
da wies ich mein Zollbrief, da ließ man mich fahren, und ich ver=
10 zehret do 52 ₰. Von dannen fuhren wir gen der Selgenstadt, von
dannen gen Steinheim, do wies ich mein Zollbrief, do ließ man
mich fahren. Und wir lagen bei Johansen über Nacht, der sperret
uns die Stadt auf und war uns gar freundlich, da gab ich aus
16 ₰. Also fuhren wir am Freitag frühe gen Kesselstadt, da zeigte
15 ich mein Zollbrief, do ließ man mich fahren. Darnach kamen wir
gen Franckfurth und zeiget aber mein Zollbrief, da ließ man mich
fahren. Und ich verzehret 6 Weißpfenning und anderthalben
Heller, und den Buben gabe ich 2 Weißpfenning, und zu Nachts
verzehret ich 6 Weißpfenning. Auch schenket mir Herr Jacob
20 Heller den Wein in die Herberg.

Und ich hab mich verdingt mit meinem Gut von Franckfurth
gen Menz[5]) zu fahren um 1 fl. und zween Weiß ₰. Mehr hab ich
dem Buben geben 5 Franckfurther Heller, so haben wir zu Nachts
verzehret Vjjj[6]) Weißpfenning. Also fuhr ich im Früheschiff von
25 Franckfurth am Sonntag gen Menz, und kamen in mittel Weg gen
Höst[7]), da wies ich mein Zollbrief, da ließ man mich fahren. Auch
verzehrt ich do acht Franckfurther ₰. Von dannen fuhren wir gen
Menz. Aber hab ich ausgeben 1 Weiß ₰ auszuladen[8]). Mehr
14 Franckfurther Heller dem Schiffknecht. Mehr 18 ₰ für die
30 Gürtel. Mehr hab ich mich aufgedingt ins Cölner Schiff, mich
mit meim Ding um jjj fl. Auch hab ich zu Menz verzehret
xvjj Weiß ₰. Item Peter Goldtschmidt, ihr Wardein[9]), hat mir
zwo Flaschen Wein geschenkt. So hat mich Veith Farnpühler ge=
laden, aber sein Wirt wollt kein Zahlung von ihm nehmen, sondern
35 selbst mein Wirt sein. Und sie beweisten mir viel Ehr.

---

¹) Prozelten. — ²) Freudenberg. — ³) Wörth. — ⁴) Aschaffenburg. — ⁵) Mainz.
⁶) acht. — ⁷) Höchst. — ⁸) für das Ausladen. — ⁹) Münzwardein, Münzpräfer.

Also schied ich von Menz, do der Mayn in Rhein lauft, und
es war am Montag nach Magdalenae[1]). Auch gab ich um Fleisch
ins Schiff 10 Heller und für Eir und Birn 9 Heller. Auch hat mir
da geschenkt Leohnhardt Goldschmidt den Wein und Vögel ins
Schiff, auf Cöln zu kochen. Auch hat mir Meister Jobsten Bruder 5
ein Flaschen mit Wein geschenkt, auch haben mir die Maler
2 Flaschen mit Wein geschenkt ins Schiff. Darnach kamen wir gen
Erlfelt[2]), do wies ich mein Zollbrief, do nahm [man] kein Zoll.
Darnach kamen wir gen Rüdifsheim. Auch hab ich 2 Weiß ₰ ein-
zuladen geben. Darnach kamen wir gen Ernfels[3]), da wies ich 10
mein Zollbrief, da mußt ich 2 fl. an Gold geben, doch daß ich in
2 Monaten ein Ledigbrief brächt, so wollt mir der Zöllner die 2 fl.
an Gold wiedergeben. Darnach kamen wir gen Pacharach, da
mußt ich mich verschreiben, daß ich mich in 2 Monaten verzollen
wollte, oder ein Ledigbrief bringeu. Darnach kamen wir gen 15
Kaw[4]), do zeigte ich aber mein Zollbrief, aber er wollt mich nit
fürtragen[5]), ich mußt mich des vorigen gleichen verschreiben. Darnach hab ich Xj Heller ausgeben. Darnach kamen wir gen Sanct
Gewer[6]), da wies ich mein Zollbrief, do fraget mich der Zöllner,
wie man mich gehalten hätt. Do saget ich, würde ihm kein Geld 20
geben. Ich hab geben 2 Weiß ₰ dem Boten. Darnach kamen wir
gen Papart[7]) und wies mein Zollbrief an der trierischen Zoll, do
ließ man mich fahren. Allein ich mußt anzeugen mit ein Schriftle
unter meinem Signet, daß ich nit gemeine Kaufmannswaar führet,
und er ließ mich willig fahren. Darnach kamen wir gen Lohn- 25
stein[8]), und wies mein Zollbrief, do ließ mich der Zöllner frei,
aber er bat mich, daß ich ihn gegen meinem gnädigsten Herren
von Menz versprach[9]). Er schenket mir auch ein Kannen mit
Wein, dann er kannt mein Weib wol und freuet sich, mich zu sehen.
Darnach kamen wir gen Engers und wies mein Zollbrief, das ist 30
trierisch, do ließ man mich frei fahren. Ich saget auch, ich wollte
es meinem Herren von Bamberg rühmen. Darnach kamen wir gen
Andernach, und wies mein Zollbrief, do ließ man mich frei fahren.
Und ich verzehret do 7 Heller, mehr 4 Heller. Also fuhr ich an
Sct. Jacobstag frühe von Andernach gen Linz. Von dannen 35

---

[1]) 23. Juli 1520. — [2]) Elfeld. — [3]) Ehrenfels. — [4]) Kaub. — [5]) mich nicht
durchtragen; mir nichts nützen. — [6]) St. Goar. — [7]) Boppard. — [8]) Lahnstein. —
[9]) für ihn fürspräche bei.

fuhren wir gen Pun¹) an Zoll, do ließ man mich aber frei fahren.
Darnach kamen wir gen Cöln. Und im Schiff verzehret 'ich Vjjjj
mehr 1 Weiß ₰ und 4 ₰ um Obs. Zu Cöln hab ich ausgeben
7 Weißpfenning auszuladen und den Schiffknechten 14 Heller. Und
5 den Niclasen, meinen Vettern, hab ich geschenkt mein schwarz ge-
fütterten Rock, mit Sammet verbrämet, und seinem Weib ein
Gulden geschenkt. Item zu Cöln hat mir der Hieronymus Focker²)
den Wein geschenkt. Auch hat mir der Jan Chrosenpeck den
Wein geschenkt. Auch hat mir mein Vetter Niclas den Wein ge-
10 schenkt. Auch hat man uns ein Collation³) im Barfüßerkloster
geben, und der ein Münch hat mir ein Fazalet⁴) geschenket. Mehr
hat mir Herr Johann Großerpecker 12 Maß des besten Weins geschenkt. Auch hab ich ausgeben jj Weiß ₰ mehr 8 Heller für das
Bürschlein. Mehr hab ich zu Cöln verzehrt jj fl. mehr 14 Weiß ₰,
15 und 10 Weißpfenning zu binden⁵), 3 ₰ für Obs. Mehr hab ich
geben 1 Weiß ₰ zu Letz und ein Weiß ₰ den Boten.

Darnach fuhren wir an St. Pantaleonis Tag von Cöln in ein
Dorf, das heißt Postorff⁶), do logen wir über Nacht und verzehrten
3 Weißpfenning. Und fuhren am Sonntag frühe gen Rüding⁷),
20 da aßen wir zu Morgens und verzehrten 2 Weißpfenning und 3 ₰,
mehr 3 ₰. Darnach kamen wir gen Freyenaltenhofen⁸), da lagen
wir über Nacht und verzehrten do jjj Weiß ₰. Darnach fuhren
wir am Montag früh auf Frelndorff⁹) und kamen für Gangolff¹⁰)
das Städtlein und aßen zu Morgens in einem Dorf, das heißt
25 Süsterhyln¹¹), und verzehreten zween Weiß ₰ 2 Heller, mehr
1 Weiß ₰, mehr jj Weiß ₰. Darnach fuhren wir gen Zitta¹²), ein
feins Städtlein, von dannen gen Stocken, das ist lüttisch, da hätten
wir ein hübsche Herberg und blieben do über Nacht und verzehrten da 4 Weißpf. Und als wir über die Maas gefahrn warn,
30 machten wir uns am Erichtag frühe auf und kamen gen Merten
Lewbehen, da aßen wir zu Morgen und verzehrten jj Stüber, und
gab ein Weiß ₰ um ein jung Huhn. Darnach fuhren wir über
die Heiden weiter und kamen zum Stoßer, da verzehreten wir
jj Stüber und lagen do über Nacht. Darnach führn wir am Mitt-
35 woch frühe gen Merpeck¹³), do kauft 'ich für 3 Stüber Brod und

---

¹) Bonn. — ²) Fugger. — ³) Collatione, Frühstück, Imbiß. — ⁴) Fazzoletto,
Taschentuch. — ⁵) packen. — ⁶) Büsdorff. — ⁷) Rödingen. — ⁸) Frei-Altenhoven. —
⁹) Freelenberg. — ¹⁰) Gangelt. — ¹¹) Süsterseel. — ¹²) Sittard. — ¹³) West-Meerbeck.

Wein, und fuhren bis zu der Brantenmühl¹), da aßen wir zu
Morgens und verzehrten 1 Stüber. Darnach fuhren wir bis gen
Eulenberg²), do lagen wir über Nacht und verzehrten 3 Stüber
2 ₰. Darnach fuhren wir am Pfingstag frühe gen dem Creuz³),
do aßen wir zu Morgens und verzehrten jj Stüber. Darnach fuhren
wir gen Antorff⁴).

b) In Antwerpen.

Do kam ich in die Herberg zum Jobst Planckfelt, und den=
selben Abend lud mich der Focker Factor⁵) mit Namen Bernhart
Stecher, gab uns ein köstlich Mahl, aber mein Weib aß in der
Herberg. Und dem Fuhrmann hab ich für unser 3 Person⁶) zu
führen geben 3 fl. an Gold und den Staber hab ich geben von
Gütern zu fahren —. Item am Samstag nach St. Peters Ketten=
feuer führt mich mein Wirt in des Burgermeisters Haus zu An=
torff, neugebauet, über die Maß groß und fast⁷) wol geordnet,
mit überschwänglichen schönen großen Kammern, und der viel, ein
köstlich gezierten Churn, ein übergroßen Garten, in Summa ein
solch herrlich Haus, dergleichen ich in allen teutschen Landen nie
gesehen hab. Auch ist ein ganze neue Gassen, fast lang, dardurch
man von beeden Orten zu seinem Haus gehet, das ihm zu Lieb,
auch durch sein Steuer⁸), gemacht ist. Item dem Boten hab ich
3 Stüber geben. 2 ₰ um Brot, 2 ₰ für Cinten. Und am Sonn=
tag, was auf Sanct Oswaldt=Tag, da luden mich die Maler auf
ihr Stuben mit meinem Weib und Magd und hätten alle Ding
mit Silbergescherr und andern köstlichen Gezier und überköstlich
Essen. Es waren auch ihre Weiber alle do. Und do ich zu Tisch
geführet ward, do stund das Volk auf beeden Seuten, als führet
man einen großen Herren. Es waren auch unter ihnen gar trefflich
Personen von Namen, die sich all mit tiefen Neigen auf das Aller=
demütigste gegen mir erzeugten. Und sie sagten, sie wollten alles
das thun, als viel möglich, was sie weßten, das mir lieb wäre.
Und als ich also bei verehrt saß, da kam der Herrn von Antorff
Ratsbot mit zweien Knechten und schenket mir von der Herren von
Antorff wegen 4 Kannen Wein, und ließen mir sagen, ich soll hie=

---

¹) Branthoek. — ²) Uylenberg. — ³) op ten Kruys. — ⁴) Antwerpen. — ⁵) Der
Vorsteher der Fuggerschen Faktorei. — ⁶) Dürer, seine Frau und seine Magd Susanna.
— ⁷) sehr. — ⁸) Beisteuer.

mit von ihnen verehret sein und ihren guten Willen haben. Des sagte ich ihnen unterthänigen Dank und erbot meine unterthänige Dienst. Darnach kam Meister Peter, der Stadt Zimmermann, und schenket mir zwei Kannen Wein mit Erbietung seinen willigen Dienst. Also daß wir lang fröhlich bei einander waren, und spat in die Nacht da beleitten[1]) sie uns mit Windlichtern gar ehrlich heim und baten mich, ich soll ihren guten Willen haben und an= nehmen und sollt machen, was ich wollt, darzu wollen sie mir all behülflich sein. Also dankte ich ihnen und legt mich schlafen.

Auch bin ich geweßt ins Meister Quintines Haus. Aber bin ich gewesen auf ihren großen drei Schützplätzen. Ich hab gessen ein köst= lich Mahl mit dem Staiber[2]). Aber ein ander Mahl mit dem Factor von Portugal, den hab ich mit dem Kohln conterfeit. Mehr hab ich meinem Wirt conterfet. Item Jobst Planckfelt, der hat mir geschenkt ein Zinken weiß Korelln[3]). Zwei Stüber um Butter geben. 2 Stüber den Schreinern geben in der Maler Zeughaus. Item mein Wirt hat mich geführt in der Maler Werkstätt zu An= torff, im Zeughaus, do sie dem Triumph zurichten, dardurch man den König Carl sollt einführen[4]). Dasselbige Werk ist lang jjjj hundert Bögen, und ein jeglicher 40 Schuh lang, und wird auf beeden Seiten der Gassen aufgemacht, hübsch geordnet, zweier Gaden[5]) hoch, darauf würde man die Kammerspiel[6]) machen. Und dies kost zu machen, von Schreinern und Malern, 4000 fl. Auch wird man das Alls voll darzu brämen[7]), und dies Ding ist alles überköstlich gemacht. Item hab abermal mit dem Portugales[8]) gessen. Auch hab ich einmal mit den Alexander Imhoff gessen. Item Sebaldt Fischer hat mir zu Andorff abkauft 16 kleiner Passion pro 4 fl. Mehr 32 großer Bücher pro 8 fl. Mehr 6 gestochene Passion pro 3 fl. Mehr 20 halb Bogen aller Gattung gleich durch= einander pro 1 fl., der hat er für 3 fl. genommen. Mehr für ein Ort[9]) und 5 fl. Viertelbögenle, allweg 43 pro 1 fl. Für ein Ort und 5 fl. der großen Bogen aller Gattung, gleich 8 Bogen pro 1 fl., ist zahlt. Item meinem Wirt hab ich zu kaufen geben auf ein Tüchlein ein gemalt Marienbild um 2 fl. rheinisch. Item zum andern Mal hab ich den Felix Lautenschlager conterfeit. 1 Stüber

---

[1]) begleiteten. — [2]) Lorenz Staiber. — [3]) einen Ast weißer Korallen. — [4]) die Straßendekoration zum Einzug Karls V. — [5]) Stockwerke. — [6]) Aufführungen. — [7]) verbrämen. — [8]) Portuglesen, f. o. Z. 13. — [9]) Viertelgulden.

um Birn und Brod. jj Stüber den Bader. Mehr hab ich 14 Stüber für 3 Täfelein[1]) geben. Mehr 4 Stüber zu weißen, darvon zu bereiten. Mehr hab ich einmal geffen mit Alexander, Goldschmied. Mehr einmal mit dem Felix. Einmal hat Meister Joachim mit mir geffen. Mehr sein Knecht[2]) einmal. Ich hab ein Visirung mit halben Farben den Malern gemacht. Mehr hab ich ein fl. zu Zehrung genommen. Ich hab die vier neuen Stück-lein[3]) dem Peter Wolffgang geschenkt. Mehr hat mit mir Meister Joachims Knecht geffen. Ich hab Meister Joachim für 1 fl. Kunst[4]) geschenkt, darum daß er mir sein Knecht und Farb geliehen hat. Und sein Knecht hab ich für 3 A. Kunst geschenkt.

Item dem Alexander, Goldschmied, hab ich geschickt die vier neuen Stuck. Ich konterfeit mit dem Kohln diese Genoveser[5]) mit Namen: den Tomasin Florianus Romanus, von Lucca bürtig, und des Tomasins zween Brüder mit Namen Viencenz und Gerhartus, alle drei Pumbely[6]). So oft hab ich mit dem Tomasin geffen: jjj jjj jjj jjj[7]). Mir hat der Rentmeister geschenkt ein leinen Kindsköpfel[8]). Mehr ein calacutisch hülzen Wehr[9]) und der röhren leichten Hölzer eines[10]). Auch hat mir der Tomasin geschenkt ein geflochten Hut von Holder-kernen[11]). Aber hab ich einmal geffen mit dem Portugaler. Auch hab ich des Tomasins ein Bruder geschenkt für 3 Gulden gestochner Kunst. Mehr hat mir Herr Erasmus geschenkt ein spaniolenes Mäntele und 3 conterfettisch Mann[12]). Mehr hat mir des Toma-sins Bruder geschenkt für 3 fl. gestochener Kunst ein Paar Hand-schuh. Aber einmal hab ich conterfet Vicentium, Camasinus Bruder. Auch hab ich geschenkt Meister Augustin Lumbarth die 2 Theil imagines[13]). Auch hab ich den Wahlen[14]) mit der krummen Nasen conterfet mit Namen Opitius. Item mein Weib und mein Mägd-lein haben einen Tag in Herr Comasins Haus geffen. Das sind 4 mal. Item unser Frauen Kirchen zu Untorff ist übergroß, also daß man viel Amt auf einmal darinnen singt, daß keins das ander irrt. Und haben alldar köstlich Stiftung, do sind bestellt die besten Musici, die man haben mag. Die Kirch hat viel andächtiges

---

[1]) Holztafeln zum Malen. — [2]) Malergehilfe. — [3]) Kupferstiche. — [4]) Holz-schnitte und Kupferstiche. — [5]) Genuesen. — [6]) Bombelli. — [7]) hier im Mskr. 12 Striche. — [8]) Bild eines Kinderkopfes auf Leinwand. — [9]) indisches Holzschild. — [10]) Bambusrohr. — [11]) Hollunderkernen. — [12]) Männerporträts. — [13]) die Holzschnitte „Imagines coeli". — [14]) Welschen.

Gottesdienst und Steinwerk und sonderlich einen hübschen Thurn. Auch bin ich gewesen in der reichen Abtei zu St. Michael, die haben von Steinmaßwerk die köstlichste Porkirchen[1]) als ich je gesehen habe, auch ein köstlich Gestühl in ihrem Chor. Und zu Antorff sparen sie kein Kostung in solchen Dingen, dann do ist Gelds genug. Ich hab conterfet Herren Nicolaum, ein Astronomus, der wohnet bei dem König von Engeland, der mir in viel Dingen fast förderlich und nutzlich ist gewesen. Er ist ein Teutscher, von München bürtig. Mehr hab ich conterfet des Tomasins Tochter, Jungfrau Suten genannt. Item der Hans Pfaffroth hat mir ein Philippsgulden geben, darum daß ich ihn mit dem Kohln conterfet hab. Aber hab ich mit dem Tomasin einmal gessen. Einmal hat mich geladen meines Wirts Schwäher, auch mein Weib. Mehr hab ich zween schlecht Gulden gewechselt um 24 Stiber zu Zehrung. Mehr hab ich ausgeben 1 Stüber zu Trinkgeld, daß man mich ein Tafel[2]) hat lassen sehen[3]).

Item ich hab gesehen am Sonntag nach unser lieben Frauen Tag Himmelfahrt den großen Umgang von unser Frauen Kirchen zu Antorff, do die ganze Stadt versammlet was von allen Handwerken und Ständen, ein jeglicher nach sein Stand auf das köstlichs bekleidet. Es hätt auch ein jeglicher Stand und Zunft ihr Zeichen, darbei man sie können[4]) möcht. Da waren auch in den Unterschieden[5]) getragen groß köstlich Stangenkerzen und ihr altfränkisch lang silbern Posaunen. Do waren auch auf teutsch viel Pfeifer und Crummelschlager. Das ward alls hart[6]) geblasen und rumorisch gebraucht. Also sahe ich in der Gassen zeilweis[7]) weit von einander gehn, also daß ein große Breiten darzwischen war, aber nahend aufeinander: die Goldschmied, Maler, Steinmetzen, Seidensticker, Bildhauer, Schreiner, Zimmerleut, Schiffer, Fischer, Mezger, Ledrer, Tuchmacher, Bäcken, Schneider, Schuster und allerlei Handwerker und mancher Handarbeiter und Händler zu der Nahrung dienstlich. Desgleichen waren do die Krämer, Kaufleut und aller Sorten ihrer Helfer. Darnach kamen die Schützen der Büchsen, Bogen und Armbrüster, desgleichen die Reisigen und Fußgänger. Dornach kam eine große Schor der Herren Amtleut. Darnach ging ein ganze Rott sehr

---

1) Empore. — 2) Gemälde. — 3) heute noch in Antwerpen üblich. — 4) erkennen.
5) Abzeichen. — 6) kräftig. — 7) reihenweise.

tapferer Leute, herrlich und köstlich bekleidet. Aber vor ihnen gingen alle Orden und etliche Stifter in ihren Unterschieden, gar andächtig. Es war auch in dieser Prozeß gar ein große Schaar der Wittwen, die sich mit ihrer Hand nähren und ein besonder Regel halten[1]) all mit weißen leinen Tüchern, darzu gemacht, von dem Haupt bis auf die Erd bedeckt, gar sehnlich[2]) zu sehen. Darunter sahe ich gar tapfere Personen. Und die Dumherren von unser Frauen Kirchen mit aller Priesterschaft, Schulern und Köstlichkeit gingen zu hinterst. Do trugen 20 Personen die Jungfrau Maria mit dem Herren Jesu auf das köstlichst geziert, zu Ehren Gott dem Herren. Und in diesen Umgang war gar viel freudenreichs Dings gemacht und gar köstlich zugerichtt. Dann do führet man viel Wagen, Spiel[3]) auf Schiffen und andern Bollwerk. Darunter was der Propheten Schaar und Ordnung, darnach das neu Testament, als: der englisch Gruß[4]), die heiligen 3 König auf großen Kameelthieren und auf andern seltsamen Wundern reitend, gar artig zugerichtt, auch wie unser Frau in Egypten fleucht, fast andächtig, und viel ander Ding, hie um Kurz willen unterlassen. Auf die Letzt kam ein großer Drach, den führet S. Margareth mit ihren Jungfrauen an einer Gürtel, die was forder[5]) hübsch. Der folget nach S. Georg mit seinen Knechten, gar ein hubscher Kürisser[6]). Auch ritten in dieser Schaar, gar zierlich und auf das köstlichs bekleidet, Knaben und Mägdlein auf mancherlei Landsitten zugerichtt, anstatt mancherlei Heiligen. Dieser Umgang von Anfang bis ans End, ehe er für unser Haus ging, währet mehr dann zwo Stunde. Also war des Dings so viel, daß ichs in ein Buch nit kunnte beschreiben, und laß es also hierbei verbleiben.

Item ich bin zu Antorff ins Fockern Haus gewest, das er neu gar köstlich mit eim sondern Thurn, weit und groß, mit ein schönen Garten gebauet hat, und hab seine hübsche Hengst gesehen. Item der Tomasin hat meinem Weib geschenkt 14 Elln guten dicken Haraß zu einer Höcken[7]) und dritthalb Ellen halben Atlas zu unterfüttern. Ich hab den Goldschmieden eine Visirung gerissen von Frauenkopfbündlein[8]). Item der Factor von Portugal hat mir

<hr>

[1]) Beghinen. — [2]) rührend, — [3]) jedenfalls kostümierte Gruppen. — [4]) Verkündigung des Engels vor Maria. — [5]) gar sehr. — [6]) Kürassier, geharnischter Reiter. — [7]) kapuzenartiger Mantel. So lesen Lange und Fuhse; die Handschriften haben „Höll“. — [8]) Frauenkopfschmuck.

den Wein in die Herberg geschenkt, portugalisch und französisch.
Item der signor Ruderisco von Portugal hat mir geschenkt ein
Fäßlein voll eingemachten Zucker, allerlei Sorten, darinnen mehr
ein Zuckerkanden-Schachtel, mehr zwo groß Schüssel voll Zucker-
penet[1]), Marzipan und allerlei anders Zuckers und etlich Zucker-
rohr, wie sie wachsen. Dargegen hab ich sein Knecht 1 fl. zu
Trinkgeld geben. Mehr hab ich zu Zehrung gewechselt ein
schlechten Gulden um 12 Stüber. Item die Säulen zu Sanct
Michael im Kloster an der Pfarrkirchen in Antorff sind all von
einem Stuck des schwarzen schönen Goldsteins gemacht. Ich hab
von Antorff aus geschickt und geschenkt bei[2]) Herr Gillgen, König
Carls Thürhüter, den guten Bildschnitzer mit Namen Meister
Conrad, desgleichen ich kein gesehen hab, der dienet des Kaisers
Tochter, Frau Margareth: S. Hieronymus im Gehais[3]), die
Melancholie, die drei neuen Marien, den Antonium und die Veronicam. Und ich hab Meister Gilgen geschenkt ein Eustachium und
ein Nemesin[4]). Item ich bin schuldig meinem Wirt 7 fl. 20 Stüber
1 Heller, was am Sonntag vor Bartholomaei. Item vor Stuben
und Kammer und Bettgewand soll ich ihm ein Monat geben 11 fl.
Auf ein neues bin ich mit meinem Wirt eines worden am 20. Tag
im Augusto, ist gewesen am Montag vor Bartholomaei, daß ich
mit ihn eß und über das Mahl 2 Stüber geb, und das Trinken
sonderlich zahlete. Aber mein Weib und Magd mögen heroben in
der oberen Kuch essen. Ich hab dem Factor von Portugal geschenkt ein kleines geschnittenes Kindlein[5]). Mehr hab ich ihm
geschenkt ein Adam und Eva, den Hieronymum im Gehais, den
Herculem, den Eustachium, die Melancholie, die Nemesin. Darnach
auf den halben Bogen drei neue Marienbild, die Veronicam, den
Antonium, die Weihnachten und das Kreuz. Darnach die besten
aus den Viertelbogen, der sind 8 Stucklein. Darnach die drei
Bücher: unser lieben Frauen Leben, Apocalypsin und dem großen
Passion, darnach den klein Passion und den Passion in Kupfer,
das ist alles wert 5 fl. Ebenso viel hab ich auch geschenkt signor
Ruderigo, den andern Portialese[6]). Der Ruderigo hat meinem Weib
geschenkt ein klein grünen Papagei.

---

[1]) Zuckerpenat; fester Honig. — [2]) durch Vermittlung des. — [3]) Gehäus. —
[4]) alles Kupferstiche. — [5]) eine kleine Holzskulptur. — [6]) Portugiesen.

c) Ausflug nach Mecheln und Brüssel. — Zweiter Aufenthalt in Antwerpen.

Item am Sonntag nach Bartholomaei bin ich von Antorff mit Herr Tomasin gen Mechel gefahren, da logen wir über Nacht, do lud ich Meister Conrad und ein Maler mit ihm zu Nachtessen. Und dieser Meister Conrad ist der gut Schnitzer, den Frau Margareth hat. Von Mechel führen wir durch das Städtlein Wißwort[1]) und kamen gen Prüssel am Montag zu Mittag. Dem Boten hab ich 3 Stüber geben. Ich hab mit meinen Herren zu Prüssel gessen. Auch einmal gessen mit Herr Bonysius, und hab ihm ein Passion in Kupfer geschenkt. Item ich hab dem Markgrafen Hansen zu Prüssel mein Fürderbrief geben, den mein Herr von Bamberg geschrieben hat, und hab ihm ein in Kupfer gestochenen Passion geschenkt, mein dabei zu gedenken. Mehr hab ich einmal mit meinen Herren von Nurnberg gessen. Ich hab gesehen zu Prüssel im Rathhaus in der gulden Kammer die 4 gemalten Materien[2]), die der groß Meister Rudier gemacht hat. Ich hab gesehen ins Königs Haus zu Prüssel hinten hinaus die Brunnen, Labyrinth, Thiergarten, daß ich lustiger Ding, mir gefälliger, gleich einen Paradies, nie gesehen hab. Item Erasmus[3]) heißt das Männlein, das mir beim Herrn Jacob Bonisius mein Supplication[4]) gestellet hat. Item zu Prüssel ist ein fast köstlich Rathaus, groß und von schöner Maßwerk gehauen, mit einem herrlichen durchsichtigen Churn. Ich hab Meister Conrad zu Prüssel beim Licht in der Nacht conterfet, der meiner Herren Wirt ist gewesen. Auch hab ich Doktor Lamparters Sohn zu derselben Zeit mit dem Kohln conterfet und die Wirtin.

Auch hab ich gesehen die Ding, die man dem König aus dem neuen gulden Land[5]) hat gebracht, ein ganz guldene Sonnen, einer ganzen Klafter breit, desgleichen ein ganz silbern Mond, auch also groß, desgleichen zwo Kammern voll derselbigen Rüstung, desgleichen von allerlei ihrer Waffen, Harnisch, Geschutz, wunderbarlich Wahr[6]), seltsamer Kleidung, Bettgewand und allerlei wunderbarlicher Ding zu manniglichem Brauch, das do

---

1) Vilvorde. — 2) Bilder. — 3) selbstverständlich nicht Erasmus von Rotterdam. — 4) Gesuch wegen der Pension von 100 Gulden, deren Weitergewährung Dürer von Karl V. erlangen wollte. — 5) Mexiko. — 6) Wehr.

viel schöner anzusehen ist dann Wunderding. Diese Ding sind alle
köstlich gewesen, daß man sie beschätzt um hunderttausend Gulden
wert. Und ich hab aber all mein Lebtag nichts gesehen, das mein
Herz also erfreuet hat als diese Ding. Dann ich hab darin
gesehen wunderliche künstliche Ding und hab mich ver-
verwundert der subtilen Ingenia der Menschen in
fremden Landen. Und der Ding weiß ich nit auszu-
sprechen, die ich do gehabt hab. Ich hab sonst viel schöner
Ding zu Prüssel gesehen, und sonderlich hab ich do gesehen ein
groß Fischbein, als hätt man das zusammengemäuert von Quader-
stücken, das war einer Klafter lang und fast dick, wiegt bei
15 Centner und hat einen solchen Furm, wie hie gemalt stehet,
und ist dem Fisch hinten am Kopf gestanden. Ich bin auch in des
von Nassau[1]) Haus gewest, das so köstlich gebaut und also schön
geziert ist. Wieder hab ich jj mal gessen mit meinen Herrn. Item
Madama Margaretha, die hat zu Prüssel nach mir geschickt und
mir zugesagt, sie woll meine Fürderin sein gegen König Carl, und
hat sich sonderlich ganz tugendlich gegen mir erzeugt. Hab ihr
mein gestochnen Passion geschenkt, desgleichen ein solchen ihrem
Pfenningmeister[2]) mit Namen Jan Marnix, und hab ihn auch mit
dem Kohln conterfet. Ich hab zwei Stüber für ein Büffelringlein
geben. Mehr 2 Stüber geben von Sanct Lucas Tafel aufzusperren.
Item als ich bin gewest in des von Nassau Haus, do hab ich
gesehen das gut Gemäl in der Kapellen, das Meister Hugo gemacht
hat. Und hab gesehen die zween hübschen großen Saal und alle
Köstlichkeit in dem Haus allenthalben, auch das groß Bett, do
50 Menschen mügen innen liegen. Und ich hab auch den großen
Stein gesehen, den das Wetter neben dem Herrn von Nassau in
dem Feld hat niedergeschlagen. Dies Haus leit hoch, daraus ist
das schönst Aussehen, darob sich zu verwundern ist. Und ich glaub
nit, daß in allen teutschen Landen desgleichen sei. Item Meister
Bernhart hat mich geladen, und hat ein solch köstlich Mahl zugerichtt, daß ich nit glaub, daß erzeugt sei mit 10 fl. Darzu haben
sich von ihn selbs geladen, mir gut Gesellschaften zu leisten: der
Frau Margareth Schatzmeister, den ich conterfet hab, und des
Königs Hofmeister mit Namen de Meteni, und der Stadt Schatzmeister mit Namen von Puscleidis. Den schenket ich ein Passion

---

[1]) Graf von Nassau. — [2]) Schatzmeister.

in Kupfer gestochen, und er hat mir wieder geschenkt eine schwarze spanische Taschen, 3 fl. wert. Und Erasmo Roterodamo hab ich auch ein Passion geschenkt, in Kupfer gestochen. Item dem Erasmo[1] hab ich in Kupfer gestochen ein Passion geschenkt, der ist Panisius Secretarius. Der Mann zu Antorff, der mir das Kindsköpflein geschenkt hat, der heißt Lorenz Stärck. Item hab Meister Bernhart, der Frau Margarethae Maler, mit dem Kohln conterfeit. Ich hab den Erasmum Roterodamum noch einmal conterfet. Ich hab dem Lorenz Stercken geschenkt ein sitzenden Hieronymum nnd die Melancholei. Ich hab meiner Wirtin Gevatterin conterfet. Item 6 Person haben mir nichts geben, die ich zu Prüssel hab conterfet. Ich hab ausgeben für jj Büffelhörner 3 Stüber, 1 Stüber für zween Eulenspiegel[2].

Also bin ich am Sonntag nach S. Gilgentag mit Herr Tomasin gen Mecheln gefahren und hab Urlaub von Herrn Hans Ebner genommen. Und er hat vor die Zehrung, so lang ich bei ihm bin gewest, nichts wollen nehmen 7 Tag. Von des Hans Geuders wegen hab ich 1 Stüber ausgeben. Ein Stüber hab ich des Wirts Knecht zu Letz[3] geben. Und zu Mechel hab ich mit der Frau von Neukirchen zu Nacht gessen. Und bin von Mechelen früh am Montag gen Antorff gefahren. Und ich aß frühe mit dem Portugaleser, der schenket mir drei Porcolona[4], und der Ruderigo schenket mich etlich Federn, calecutisch Ding. Ich hab 1 fl. verzehrt. 2 Stüber hab ich dem Boten geben. Ich hab der Susanna kauft ein Höcken pro 2 fl. 1 Ort. Mein Weib hat geben für ein Waschschaff[5], für ein Blasbalg und für ein Schüsselnapf, mein Weib vor Pantöffel und für Holz zu kochen und Kniehosen, auch für ein Sittichhaus[6] und für zween Krüg und zu Trinkgeld 4 fl. rheinisch. So hat sonst mein Weib ausgeben um Essen, Trinken und allerlei Notdurft 21 Stüber. Nun bin ich am Montag nach Aegidi wieder zu Jobst Planckfelter eingezogen und hab diese eingezeichnete Mal gessen: jjj jjj jjj jjj jjj jj. Item dem Niclas, des Thomasins Knecht, geben 1 Stüber. Ich hab 5 Stüber. für das Leistlein[7] geben, mehr ein Stüber. Mein Wirt hat mir geschenkt eine indianische Nuß[8], mehr ein alt türkische Geisel.

---

[1] dem Schreiber Erasmus, f. o. S. 67, Z. 20. — [2] Eulenspiegelbücher. — [3] Trinkgeld. — [4] Porzellangefäße. — [5] Waschbecken. — [6] Papageikäfig. — [7] Rahmen. — [8] Kokosnuß.

Aber habe ich von neuen diese Mal mit dem Tomasin geffen
jjj jjj jjj jjj j.

Item die zween Herrn von Rogendorff haben mich geladen.
Ich hab einmal mit ihnen geffen, und ich hab ihn ein Wappen
groß auf ein Holz geriffen, daß mans schneiden mag. Ich hab
ein Stüber verschenkt. Mein Frau hat ein Gulden gewechselt
zu Zehrung um 24 Stüber. Ich hab zwei Stüber zu Trinkgeld geben. Ich hab einmal geffen ins Fockers Haus mit
dem jungen Jacob Rehlinger. Aber einmal hab ich mit ihm
geffen. Item mein Weib hat aber ein Gulden um 24 Stüber gewechselt zu Zehrung. Ich hab meins Herrn Herzog Friedrichen
Pfalzgrafen Diener, Wilhelm Hauenhut, geschenket einen gestochnen
Hieronymum und die zween neuen halben Bögen, die Maria und
Anthoni. Item mehr hab ich geschenkt Herr Jacob Panifio ein
guts gemaltes Veronicae Angsicht, ein Euftachius, Melancholei
und ein sitzenden Hieronymum, S. Antonium, die 2 neuen Mariens-
bilder und den neuen Bauren. So hab ich geschenkt sein Schreiber,
dem Erasmo, der mir die Supplication gestellet hat, ein sitzenden
Hieronymum, die Melancolei, den Antonium, die 2 neuen Marienbild, den Bauren, und ich habe ihm auch 2 kleine Marienbilder
geschickt, und das alles, das ich ihn geschenkt hab, ist wert vjj fl.
Ich hab Meister Marx, Goldschmied, ein Passion in Kupfer geschenkt, er hat mir sonst jjj fl. zu lösen geben. Mehr hab ich ans
Kunst gelöst 3 fl. 20 Stüber. Dem Hönigen, Glaser, hab ich geschenkt 4 kleine Stücklein in Kupfer. Ich hab mit Herr Bonifins
geffen: jjj. Ich hab 4 Stüber geben für Steinkohln und schwarze
Kreuden. Ich hab 1 fl. 8 Stüber für Holz geben, mehr 3 Stüber
ausgeben. Die Mal hab ich mit meinem Herrn von Nürnberg
geffen: jjj jjj jjj j.

Item Meister Dietrich, Glasmaler, hat mir die rot Farb ge-
schickt, die man zu Antorff in den neuen Ziegelsteinen findt.
Item ich hab Meister Jacob von Lübeck geconterfeiet mit dem
Kohln, der hat meinem Weib einen Philippsgulden geschenkt.
Ich hab aber ein Philippsgulden gewechselt zur Zehrung. Der
Frau Margareth hab ich geschenkt ein sitzenden in Kupfer ge-
stochenen Hieronymum. Ich hab ein Holzpassion verkauft um
12 Stüber, mehr 4 Stüber ein Adam und Eva. Item der Felix,
Hauptmann und Lautenschlager, hat mir abkauft ein ganzen
Kupferdruck und ein Holzpassion, mehr ein Kupferpassion, 2 halb

Bögen, 2 Viertelbögen, um 8 Goldgulden, so hab ich ihm geschenkt
ein ganzen Kupferdruck. Ich hab Herrn Panisius mit dem Kohln
conterfeit. Item der Ruderigo hat mir noch ein Papagei geschenkt,
und sein Buben hab ich 2 Stüber zum Trinkgeld geben. Ich hab
Johann von den Winckel, Posauner, geschenkt ein klein Holzpassion,
einen Hieronymum im Gehais und ein Melanchelei. Ich hab
6 Stüber um ein Paar Handschuh geben. Ich hab 5 Stiber um
ein Meerruthen[1]) geben, und Georg Schlauterspach hat mir eine
solche geschenkt, kost 6 Stüber. Ich hab einmal mit Wolff Haller,
der Focker Diener[2]), gessen, do er mein Herren von Nürnberg geladen hätt.

Item hab aus Kunst gelöst 2 Philippsfl. 6 Stüber. Aber
hab ich einmal mit meinem Weib gessen. j Stüber hab ich des
Hans Denes Buben zu Trinkgeld geben. Item hab 100 Stüber
aus Kunst gelöst. Item hab Meister Jacob, des von Rogendorffs
Maler, mit dem Kohln conterfet. Item hab dem von Rogendorff
sein Wappen auf Holz gerissen, davon hat er mir geschenkt vjj
Elln Sammet. Aber hab ich die Mal mit dem Portigaler gessen: j.
Ich hab conterfet Meister Jan Prost von Prück[3]), der gab mir
1 fl., mit Kohln gemacht. Item 23 Stüber geben für ein küllrücken
Kürschen[4]). Ich hab 2 Gulden an Gold dem Hans Schwarzen für
mein Angesicht bei den Fockrischen[5]) von Antorff in einem Brief
gen Augspurg geschickt. Item hab 31 Stüber für ein rotwillen[6])
Hemd geben. Ich habe mit dem von Rogendorf aber einmal
gessen. Ich hab jj Stüber geben fur die Farb, die man in den
Ziegelsteinen findt. Item hab 9 Stüber geben für ein Ochsenhorn.
Ich hab conterfet ein Spanier mit den Kohln. Aber hab ich gessen
mit meinem Weib diese Mal: j. Ich hab jj Stüber geben für
ein Dutzend Pfeiflein[7]). Ich hab 3 Stüber geben für zwei flädrene
Schälein[8]). Solcher zwei hat der Felix meinem Weib geschenkt,
und ein solches Schälein hat auch Meister Jacob, Maler von
Lübeck, meinem Weib geschenkt. Habe gessen mit dem Rogendorff j. Item hab ein Stüber geben für das gedruckt Einreiten[9])
zu Antorff, wie der König mit ein köstlichen Triumph empfangen

---

1) Bambusrohr. — 2) Beamter der Fugger. — 3) So liest Thausing für das „Jar-
rott Prück" der Handschrift; Prück = Brügge. — 4) Pelz von Kaninchen. — 5) durch das
Bureau der Fugger. — 6) rotwollenes. — 7) holländische Pfeifen. — 8) Schalen aus
Ahornholz. — 9) Druckschrift über den Einzug.

ift worden. Da waren die Pforten köftlich geziert mit Kammer-
fpieln[1]), groß Freudigkeit und fchöne Jungfrauenbilder, dergleichen
ich wenig gefehen hab. Ich hab ein fl. zu Zehrung gewechfelt.

Ich hab zu Antorff des großen Riefen[2]) Beiner gefehen, des
Bein oberhalben Knie ift lang fünfthalben Werkfchuh und über die
Maß fchwer und faft dick, desgleichen fein Schulterblätter, ift eines
breiter weder ein ftark Mann über Rück, und ander Bein mehr
von ihm. Und der Mann ift 18 Schuh lang gewefen, hat zu Antorff geregirt und groß Wunder than, daß die Herren der Stadt
in einen alten Buch viel von ihm gefchrieben haben. Item des
Raphaels von Urbins Ding[3]) ift nach fein Tod alls verzogen[4]).
Aber feiner Difcipuln einer mit Namen Thomas Polonier, ein
guter Maler der hat mich begehrt zu fehn. So ift er zu mir
kommen und hat mir ein gulden Ring gefchenkt, antica, gar mit
ein guten gefchnitten Stein, ift 5 fl. wert. Aber mir hat man
zwiefach Geld dafür wollen geben. Dargegen hab ich ihn gefchenkt
meines beften gedruckten Dings, das ift wert 6 fl. Item 3 Stüber
für ein Calacut[5]) geben. Ich hab 1 Stüber den Boten geben,
3 Stüber hab ich mit Gefellen verzehrt. Item hab der Frau
Margareth, des Kaifers Schwefter, gefchenkt ein ganzen Druck all
meines Dings und hab ihr zwei Materi auf Pergament geriffen,
mit ganzen Fleiß und großer Mühe, das fchlag ich an auf 30 fl.
Und ich hab ihrem Arzt, dem Docter, müffen ein Haus aufreißen,
darnach er eines bauen hat wollen. Davon zu machen wollt ich
auch unter 10 fl. nit gern nehmen. Item hab dem Knecht 1 Stüber
gefchenkt, mehr 1 Stüber für Ziegelfarb. Item hab Herr Niclaus
Ziegler gefchenkt ein todten liegenden Chriftum, ift 3 fl. wert.
Dem Factor Portugals ein gemalt Kindsköpflein, ift 1 fl. wert.
Ich hab 10 Stüber für ein Büffelhörnlein geben. Ich hab ein Goldgulden geben für ein Elendsfuß. Item hab Meifter Adrian mit
dem Kohln conterfet. Ich hab 2 Stüber geben um die Condemnatzen und Dialogos. 3 Stüber dem Boten geben. Ich hab
Meifter Adrian für jj fl. Kunft gefchenkt. 1 Stüber für ein Rötel-
ftein geben. Ich hab Herr Wolff von Rogendorff mit den Steft
conterfeit. Ich hab 3 Stüber verfchenkt. Ich hab ein Edelfrau

---

[1]) Schaufpiele, lebende Bilder. — [2]) der Riefe Brabo. — [3]) Nachlaß; Rafael
war am 6. April 1520 geftorben. — [4]) verftreut. — [5]) Ware aus Indien (Calcutta);
vielleicht Baumwolle.

in Tomasins Haus geconterfet. Ich hab den Nicolao geschenkt ein Hieronymum im Gehäus und die zween neuen Marienbild.

Ich hab dem Thomas Polontus ein ganzen Druck geben, der mir durch ihn ein ander Maler[1]) gen Rohm geschickt wurde, der mir des Raphaels Ding[2]) dargegen schicken soll, am Montag nach Michaelis 1520. Ich hab einmal mit meinem Weib gessen. Hab geben 3 Stüber für die Tractätlein. Der Polonius hat mich conterfet, das will er mit ihm gen Rohm führen. Ich hab 20 Stüber um ein Elendsfuß geben. Mehr hab ich 2 Goldgulden und 4 Stüber fürs Herr Hans Ebners Täfelein geben. Aus gessen. Ich hab ein Kron gewechselt zu Zehrung. Aus gessen. Ich hab eilf Gulden zur Zehrung mit mir gen Ach[3]) genommen. Und von Ebner eingenommen 2 fl. 4 Stüber. Geben vjjjj Stüber um Holz. Hab geben 20 Stüber von mein Kuffer dem Meyding zu führen. Ich hab ein Frau conterfet von Prück[4]), die hat mir ein Philippsgulden geben. Ich hab 3 Stüber zu Letz geben. jj Stüber für Zirnnöß[5]). 1 Stüber um Steinfarb. Hab geben 13 Stüber dem Kürschner, 1 Stüber um Ledr. Ich hab 2 Stiber um zwo Muschel geben. Ich hab in Johann Gabriels Haus ein welschen Herrn conterfet, der hat mir geschenkt 2 Goldgulden. Hab 2 fl. 4 Stüber geben um ein Felleis[6]).

d) Ausflug nach Aachen, Jülich und Cöln.

Ich bin von Antorff gen Ach gefahren am Pfingstag nach Michaelis und hab noch ein Gulden und ein Nobel mit mir geführt. Und als ich durch Mastrich fuhr, kamen wir gen Gülpen und von dannen gen Ach am Sonntag. Do verzehret ich bisher mit Fuhrlohn in allen 3 fl. Zu Ach hab ich gesehen die proportionirten Säulen[7]) mit ihren guten Capitälen von Porphit grün und rot und Gossenstein, die Carolus[8]) von Rom dahin hat bringen lassen und do einflicken. Diese sind werklich nach Fitruvius Schreiben gemacht. Item ich hab zu Ach ein Goldgulden um ein Ochsenhorn geben. Ich hab Herr Hans Ebner und den Geörg Schlauderspach mit dem Kohln conterfet. Und den Hans Ebner noch einmal.

---

¹) Datw: einem andern Maler. — ²) Stiche nach Rafael. — ³) Aachen. — ⁴) Brügge. — ⁵) Zirbelnüsse. — ⁶) Mantelsack. — ⁷) im Achener Münster. — ⁸) Karl der Große.

Ich hab 2 Stüber für ein linden[1]) Wetzstein geben. Item jjjjj Stüber verbadet nnd mit den Gesellen vertrunken. Ich hab 1 fl. zu Zehrung gewechselt. Ich hab 2 Weiß ₰ dem Stadtknecht geben, der mich auf dem Saal[2]) führet. Ich hab 5 Weiß ₰ mit den Ge-sellen vertrunken und verbadet. Ich hab 7 Stüber mit Herrn Hans Ebner in Spiegel[3]) verspielt. Ich hab den jungen Christoph Gro-land mit den Kohln conterfet, auch mein Wirt Peter von Enden. Ich hab 3 Stüber mit Gesellen verzehrt, und hab dem Boten ein Stüber geben. Ich hab Paulus Topler und Merten Pfinzig in mein Büchlein conterfet. Ich hab Kaiser Heinrichs Arm, unser Frauen Hemd, Gürtel und ander Ding von Heilthum[4]) gesehen. Ich hab unser Frauen Kirchen mit weiterm Umschweif[5]) conterfet. Ich hab den Sturm[6]) conterfet. Ich hab Peter von Enden Schwager conterfet mit dem Kohln. Ich hab 10 Weiß ₰ für ein groß Ochsen-horn geben. Ich hab 2 Weiß ₰ zu Trinkgeld geben. Und ich hab aber ein Gulden zu Zehrung gewechselt. Ich hab 3 Weiß ₰ ver-spielt. Mehr 2 Stiber verspielt. jj Weiß ₰ dem Boten geben. Ich hab des Comasins Tochter geschenkt die gemalt Dreifaltigkeit, ist 4 fl. wert. Ich hab j Stüber zu Waschen geben. Ich hab mit dem Kohln conterfet der Köpffingrin Schwester zu Ach, noch ein-mal mit dem Steft. Ich hab 3 Weiß ₰ verbadet. Ich hab 8 Weiß ₰ für ein Büffelhorn geben, item 2 Weiß ₰ für ein Gürtel geben. Item hab 1 Philippsgulden für ein scharlach Brusttuch geben. 6 ₰ für Papier. Ich hab 1 fl. zu Zehrung gewechselt. Ich hab 2 Weiß ₰ zu Waschen geben. Item am 23. Tag Octobris hat man König Carl zu Ach gekrönt, da hab ich gesehen alle herrlich Köstlichkeit, desgleichen keiner, der bei uns lebt, köstlicher Ding gesehen hat. Wie dann das alles beschrieben ist worden. Item dem Mathes hab ich für jj fl. Kunst geschenkt. Auch hab ich geschenkt dem Steffan[7]), Kämmerling bei Frau Margareth, 3 Stuck Kunst. Ich hab 1 fl. 10 Weiß ₰ für ein Cederbaumpaternoster[8]) geben. Ich hab 1 Stüber den Hänslein im Stall geschenkt. 1 Stüber dem Kind im Haus. Dritthalben Stüber hab ich verspielt, 2 Stüber verzehrt. 2 Stüber dem Barbirer geben. Aber hab ich ein Gulden gewechselt. Ich hab 7 Weiß ₰ zu Letzt im Haus geben.

---

1) feinen. — 2) Krönungssaal. — 3) Wirtshaus zum Spiegel. — 4) Rellquien. — 5) Umgebung. — 6) Caspar Sturm. — 7) Etienne Luillier. — 8) Rosenkranz aus Cedernholz.

Und ich bin von Ach gen Gülch[1]) gefahren und von dannen.
Ich hab 4 Stüber um 2 Augengläſer geben. 2 Stüber in ein
ſilbern geſtempften Konig[2]) verſpielt. Ich hab 8 Weiß ₰ geben für
2 Ochſenhörner. Alſo bin ich am Freitag vor Simon und Judae
von Ach geſchieden und gefahren gen Löwen[3]) und do in der
Kirchen geweſt, do Sanct Anna Haupt iſt. Von dannen fuhren
wir und kamen am Sonntag, war Simon und Judaetag, gen Cöln.
Ich hab Herberg, zu eſſen und trinken zu Prüſſel bei mein Herren
von Nürnberg gehabt, und haben nichts darfür von mir nehmen
wollen. Desgleichen hab ich auch zu Ach 3 Wochen mit ihn geſſen,
und haben mich geführt gen Cölln und haben auch nichts dafür
wollen nehmen. Ich hab kauft ein Tractat Luthers um 5 Weiß ₰.
Mehr 1 Weiß ₰ für die Condemnation Lutheri, des frommen
Manns. Mehr 1 Weiß ₰ für ein Paternoster. Mehr jj Weiß ₰
für ein Gürtel. Mehr 1 Weiß ₰ für 1 Al. Licht. Ich hab 1 fl.
gewechſelt zur Zehrung. Ich hab dem Herrn Leohnhart Groland
mein groß Ochſenhorn geben müſſen. So hab ich Herrn Hans
Ebner mein cederbaumen großen Paternoster geben müſſen.
6 Weiß ₰ für ein Paar Schuh geben. Ich hab 2 Weiß ₰ für ein
Todtenköpflein geben. Ich hab 1 Weiß ₰ für Bier und Brod geben.
Mehr 1 Weiß ₰ für euſpertele[4]). Ich hab zweien Boten 4 Weiß ₰
geben. Ich hab 2 Weiß ₰ des Niclaſen[5]) Tochter zu Weckſpitzlein[6])
geſchenkt. Item einen Boten 1 Weiß ₰ geben. Ich hab jj fl.
wert Kunſt des Herrn Zigler Linhart geben. Ich hab jj Weiß ₰
den Barbirer geben. Ich hab 3 Weiß ₰, item hab 2 Weiß ₰ geben
von der Tafel aufzuſperren, die Meiſter Steffan[7]) zu Cöln gemacht hat. Ich hab 1 Weiß ₰ dem Boten geben und 2 Weiß ₰
mit dem Geſelln vertrunken. Ich hab der Gottſchalckin Schweſter
conterfet. Ich hab 1 Weiß ₰ um 1 Tractätlein geben. Ich hab
zu Cohln auf dem Tanzhaus des Kaiſer Carls Fürſtentanz und
Bankett geſehen am Sonntag zu Nacht nach Allerheiligen-Tag im
1520 Jahr, das war köſtlich zugerichtt. Ich hab dem Staiber ſein
Wappen auf ein Holz geriſſen[8]). Ich hab einen jungen Grafen

---

1) Jülich. — 2) Krönungsmedaille. — 3) Offenbar ein Irrtum; es kann nur
Düren gemeint ſein. — 4) Noch nicht aufgeklärt; von einer Seite als eine Art Borte,
von einer anderen als ein Gebäck (ähnlich wie die Weckſpitzlein Z. 22) gedeutet. —
5) ſein Vetter Niklas Dürer. — 6) wohl ſpitze Wecken (Gebäck). — 7) das Dombild
des Stephan Lochner. — 8) gezeichnet.

zu Cöln ein Melancholei geschenkt und Herzog Friedrich das neu
Marienbild. Ich hab den Niclas Haller mit den Kohln conterfet.
Item 2 Weiß ₰ dem Thürknecht geben. Ich hab 3 Weiß ₰
geben für 2 Cractätlein. Ich hab 10 Weiß ₰ für ein Kühhorn geben.
5 Ich bin zu Cöln zu S. Ursula in der Kirchen geweßt und bei ihrem
Grab und hab der heulig Jungfrauen und der Andern groß Heilig-
thum gesehn. Ich hab den Förherwerger mit dem Kohln conterfet.
Ich hab 1 fl. zu Zehrung gewechselt. Ich hab des Niclasen Weib
viij Weiß ₰ geben, do sie mich zu Gast lud. Ich hab 1 Stüber
10 für 2 Stück Kunst geben. Item es haben Herr Hans Ebner und
Herr Niclas Groland zu Prüssel 8 Tag, zu Ach 3 Wochen und zu
Cöln 14 Tag nichts von mir in die Kost wollen nehmen. Ich hab
die Nunn conterfet und der Nunnen 7 Weiß ₰ . . .[1]) Ich hab
ihr 3 halb Bögen Kupfer geschenkt. Mir ist mein Confirmacia[2])
15 von dem Kaiser an mein Herrn von Nürnberg worden am Montag
nach Martini, im 1520 Jahr, mit großer Mühe und Arbeit. Ich
hab des Niclasen Tochter 7 Weiß ₰ zu Letz geben und hab des
Niclasen Weib 1 fl. und der Tochter mehr 1 Ort zu Letz geben
und bin von Cöln ausgefahren. Mich hat dorvor[3]) einmal der
20 Staiber zu Gast gehabt, desgleichen mein Vetter Niclas einmal,
und der alt Wolffgang einmal, und noch einmal hab ich zu Gast
gessen. Ich hab des Niclaßen Knecht ein Eustachius zu Letzt geben
und sein Töchterlein noch ein Ort, dann sie haben viel Müh mit
mir gehabt. Ich hab 1 fl. geben für ein helfenbein Todtenköpflein.
25 Mehr 1 Weiß ₰ für ein gedreht Büchslein, mehr 7 Weiß ₰ für
ein Paar Schuh, und hab zu Letzt geben des Niclasen Knecht ein
Nemesin.

Und ich bin frühe von Cöln zu Schiff gefahren am Mittwoch
nach Martini bis gen . . . . Ich hab 6 Weiß ₰ für ein Paar
30 Schuh geben. Ich hab 4 Weiß ₰ den Boten geben. Von Cöln
führ ich auf dem Rein gen Suns[4]). Von Suns gen Nays[5]), von
dannen zum Stain, da lagen wir den Tag, verzehrt ich 6 Weiß ₰.
Darnach . . .[6]) wir gen Düsseldorff, ein Städtlein, verzehr
2 Weiß ₰. Von dannen gen Kaiserswördt, von dannen gen Das-
35 perg[7]), auch ein Städtlein, auch zwei Schloß, Angrur[8]) und ander

---

[1]) zu ergänzen „geben". — [2]) Bestätigung der Pension von 100 Gulden; s. o.
S. 62, Z. 21; vgl. auch S. 31, Z. 5, 15 ff. — [3]) zuvor. -- [4]) Zons. — [5]) Neuß. —
[6]) zu ergänzen „fuhren". — [7]) Duisburg. -- [8]) Angerort.

Rüror[1]), von dannen gen Arſchey[2]), ein Städtlein, von dannen
gen Griberg[3]), auch ein Städtlein, da log ich über Nacht und verzehrt 6 Weiß ₰. Von dannen fuhr ich zu dieſen Städtlein: Die
erſt Pürg Wiſell[4]) gen Reſſ[5]), darnach gen Emrich. Darnach
kamen wir gen Thomas und von dannen gen Nümeg[6]), do
blieben wir über Nacht und verzehrten 4 Weiß ₰. Von Nümeg
fuhr ich gen Thül[7]), von dannen gen Puſch[8]). Zu Emrich hab
ich ſtill gelegen und verzehrt über ein köſtlich Mahl drei Weiß ₰.
Und ich hab do conterfet ein Goldſchmiedgeſellen, den Peter Feder-
macher von Antorff her und ein Frauenbild. Und die Urſachen
des Stillliegens das war, uns begriff[9]) gar ein großer Sturmwind.
Mehr verzehrt ich noch 5 Weiß ₰ und wechſelt 1 fl. zu Zehrung.
Auch conterfet ich den Wirt. Und kamen erſt am Sonntag gen
Neumeg. Ich hab 20 Weiß ₰ dem Schiffer geben. Niemägen iſt
ein ſchöne Stadt, hat eine ſchöne Kirchen und ein wolgelegen
Schloß. Von dannen führ wir gen Till, do verließ wir den Rin[10])
und fuhren uf der Mas gen Terawada[11]), da die zween Thurn
ſtahn, do lagen wir über Nacht, und dieſen Tag verzehret ich
7 Stüber. Darnach führen wir am Erichtag frühe gen Pommel
uf der Mas. Do kam ein groß Sturmwind, daß wir Bauerpferd
dingten und reiten ahn Sattel bis gen Herzogpuſch. Und verführ
zu Schiff und verritt 1 fl. Puſch iſt ein hübſche Stadt, hat ein
ausbündige ſchöne Kirchen und überfeſt. Do verzehrt ich 10 Stüber,
wiewol Meiſter Arnolt das Mahl für mich zahlet. Und kamen
Goldſchmied zu mir und die thäten mir viel Ehr. Darnach fuhren
wir an unſer Frauen Tag frühe aus und führen durch das übergroß ſchön Dorf Öſtreich[12]). Aber zu Tilwerg[13]) aßen wir zu
Morgens und verzehrten 4 Weiß ₰. Darnach kamen wir gen
Barell[14]), lagen über Nacht und verzehrten do 5 Stüber. Und die
Geſellen wurden mit dem Wirt uneins, und wir fuhren bei der
Nacht bis gen Hochſtrat[15]), do ſaßen wir zwo Stund und fuhren
darnach gen Harſcht für[16]) S. Leohnhartkirchen, do aßen wir zu
Morgens und verzehrten jjjj Stüber.

---

[1]) Ruhrort. — [2]) Orſoy. — [3]) Rheinberg. — [4]) Burg Weſel. — [5]) Rees. —
[6]) Nymwegen. — [7]) Tiel. — [8]) Herzogenbuſch. — [9]) erfaßte. — [10]) Rhein. — [11]) Heere-
warden. — [12]) Oosterwyck. — [13]) Tilborch. — [14]) Baarle. — [15]) Hoogſtraaten. —
[16]) vorbei an.

c) Dritter Aufenthalt in Antwerpen. — Reise nach Seeland.

Darnach fuhren wir gen Antorff und gaben dem Fuhrmann 15 Stüber, das war am Pfingstag nach unser Frauen Tag Assumtionis. Und ich hab ein Kupferpassion den Jannen, Jobst Schwagers Knecht, geschenkt. Und hab den Nicolaus Sopalis conterfet. Und am Donnerstag nach unser Frauen Tag Assumtionis 1520 bin ich wieder ins Jobsten Planckfelts Haus kommen und hab diese Mal mit ihm gessen: jjjj, das mein Weib: jj. Ich hab 1 fl. zu Zehrung gewechselt, mehr ein Krona. Und die 7 Wochen, die ich aus bin gewest, hat mein Weib und die Magd 7 Kronen verzehrt und ander Ding auch kauft, 4 fl. wert. Ich habe 4 Stüber mit den Gesellen verzehrt. Die Mal hab ich mit Comasin gessen: jjj jjj. An S. Mertenstag hat man zu Antorff in unser Frauen Kirchen meinem Weib ein Beutel abgeschnitten, darinnen ist gewesen jj fl. So ist der Beutel und sonst was drin ist gewesen, auch 1 fl. wert gewesen, und etlich Schlüssel waren darin. Item am S. Catharinen Abend hab ich meinem Wirt Jobst Planckfelt geben zehn Goldkronen uf ein Rechnung. Die Mal hab ich mit Portugales gessen: jj. Der Ruderigo hat mir 6 indianische Nuß geschenkt. So hab ich sein Buben 2 Stüber zu Trinkgeld geben. Item hab 19 Stüber für Pergament geben. Item hab 2 Kronen zur Zehrung gewechselt. Ich hab gelöst aus zwei Adam und Eva, ein Meerwunder[1]), 1 Hieronymus, 1 Reuter[2]), 1 Nemesin, 1 Eustachium, 1 ganz Stuck, mehr 17 geätzter Stuck, 8 Viertelbögen, 19 Stuck Holzwerk[3]), 7 Stuck des schlechten Holzwerks, 2 Bücher und 10 klein Holzpassion, Alles um 8 fl. Item hab 3 große Bücher um 1 Unz Schonloth[4]) geben. Ich hab ein Philipper zu Zehrung gewechselt. Aber hat mein Weib 1 fl. gewechselt zu Zehrung.

Item es ist ein Wallfisch zu Zürche[5]) in Seland mit einer großen Fortuna[6]) und Sturmwind an Land kummen, der ist viel mehr dann hundert Klafter lang. Und lebt niemand in Seeland, der ein gesehen hat, der ein Drittheil von der Läng hätt gehabt, und der Fisch kann nit von Land. Das Volk sähe gern, daß er weg wäre, dann sie forchten den großen Gestank. Dann

---

[1]) ein Kupferstich. — [2]) Ritter, Tod und Genfel. — [3]) Holzschnitte. — [4]) Bleiweiß. — [5]) Zierikfee. — [6]) Flut.

er ist so gar groß, daß sie meinen, man könne ihn [in] ein halben
Jahr nit aufhauen und Öl von ihm sieden. Item der Steffan
Capello hat mir ein cederbaumen Paternoster geben, dargegen soll
und hab ich ihn conterfet. Item hab 4 Stüber geben für Kessel-
braun und ein Lichtscheerlein. Ich hab 3 Stüber für Papier
geben. Ich hab Felix kniend in sein Buch mit der Feder konterfet.
Felix hat mir 100 Ostria[1]) geschenkt. Ich habe den Herrn Lasarus,
den großen Mann, ein gestochnen Hieronymum und die 3 großen
Bücher geschenkt. Der Ruderigo hat mir stark Wein und Ostria
geschenkt. Ich hab 7 Weiß ₰ geben um schwarze Kreiden. Ich
hab den Comasin, Gerharden, Comasins Tochter, ihrer Mann, den
Höning, Glaser, den Jobsten und sein Weib und den Felix zu Gast
gehabt, das kostet 2 fl. Item der Comasin hat mir 4 Elln grau
Damast geschenkt zu einen Wammes. Mehr hab ich ein Philipp fl.
gewechselt zur Zehrung.

Ich bin an S. Barbara Abend ansgeritten[2]) von Antorff gen
Perng[3]), hab von Pferd[4]) geben 12 Stüber und hab do verzehrt
1 fl. 6 Stüber. Item hab zu Pergn meinem Weib gekauft ein
niederländisch dünn Tuch auf den Kopf, kostt 1 fl. 7 Stüber.
Mehr 6 Stüber für 3 Paar Schuh. Ein Stüber für Augengläser,
mehr 6 Stüber für ein helfenbeinen Knopf. Ich hab 2 Stüber zu
Trinkgeld geben. Ich hab den Jan de Has, sein Weib und sein
zwo Töchter mit dem Kohln conterfet und die Magd und die alt
Frau mit dem Steft in mein Büchlein. Ich hab gesehen des von
Bergen Haus, ist fast groß und schön gebauet. Pergn ist ein
lustig Ort im Sommer und sind des Jahrs zween groß Märkt.
An unser Frauen Abend bin ich gezogen mit den Gesellen in Seeland, und Bastian Imhoff lieh mir 5 fl. Und lag die erste Nacht
am Anker in der See, es war fast kalt, und hätten weder Speis
noch Trank. Den Samstag kam wir zu der Güs, da conterfet ich
ein Dirn in ihrer Manier[5]). Von dannen fuhren wir gen Erma[6]),
und ich leget zu Zehrung 13 Stüber. Wir fuhren für die unter-
gangene Flecken, da wir die Spitz von Dächern bei dem Wasser
sahen ausragen. Und fuhren für das Insulein Wohlfärtig[7]) und
für das Städtlein Gunge[8]) in einer andern nah beiliegenden
Insuln. Selant hat 7 Insuln und zu Ernig[9]), da ich über Nacht

---

1) Austern. — 2) abgereist. — 3) Bergen op Zoom. — 4) für den Wagen. —
5) Tracht. — 6) Arnemuiden. — 7) Wolfersdyk. — 8) wahrscheinlich Kortgene.

lag, ist die großt. Von dannen fuhr ich gen Mitelburg, do hat in der Abtei Johann de Abüs eine große Tafel gemacht, nit so gut im Hauptstreichen[1]) als im Gemäl. Darnach führ ich zu der Fahr[2]) da aus allen Landen die Schiff anländen, ist ein fast feines Städtlein.

Aber zu Armuyden, do ich anfuhr, do geschah mir ein großer Unrat. Do wir am Lande stießen und unser Seil anwurfen, da drüng ein großer Schiff neben uns so kräftig, und was eben in Aussteigen, daß ich im Gedräng jedermann für mir ließ aussteigen, also daß Niemand dann ich, Görg Közler, zwei alte Weiber und der Schiffmann mit einen kleinen Buben in Schiff blieben. Als sich nun das ander Schiff mit uns drung und ich noch also mit den Genannten uf dem Schiff waren und nit aus konnten weichen, do zerriß das starke Seil, und so kam in selben[3]) ein starker Sturmwind, der trieb unser Schiff mit Gewalt hinter sich. Do schrieen wir alle um Hülf, aber Niemand wollt sich wagen. Da schlug uns der Wind wieder in die See. Da rauft sich der Schiffmann und schriee, dann seine Knecht wären all ausgetreten, und war das Schiff ungeladen. Do war Angst und Not, dann der Wind war groß und nit mehr dann 6 Personen in Schiff. Do sprach ich zum Schiffmann, er sollt ein Herz fahen[4]) und Hoffnung zu Gott haben, und nachdächt, was zu than wäre. Sagte er, wann er den klein Segel kunnt aufziehen, so wollt wir . . . . und versuchen, ob er wieder möcht anfahrn. Also halfen wir schwerlich aneinander und brachten lechst[5]) halb auf und fuhren wieder an. Und do die am Land sahen, die sich unser verwegen[6]) hätten, wie wir uns behulfen, do kamen sie uns zu Hülf und kamen zu Land.

Aber Mittelburg ist eine gute Stadt, hat ein überschön Rathaus mit einen köstlichen Thurn, do ist in allen Dingen viel Kunst an. Do ist ein überköstlich schön Gestuhl in der Abtei und ein köstlich Porkirch[7]) von Stein und hübsch Pfarrkirch. Und sonst war die Stadt köstlich zu konterfeien. Seland[8]) ist hübsch und wunderlich zu sehen des Wassers halben. Dann es ist höher als das Erdreich. Ich hab conterfet mein Wirt zu Ernüden[9]). Meister Hugo und Alexander Imhoff und der Hirsch-

---

1) in der Zeichnung der Köpfe. — 2) de Veere. — 3) im selben Augenblick. — 4) faßen. — 5) nicht aufgeklärt. — 6) uns aufgegeben. — 7) Emporkirche. — 8) Zeeland. — 9) Armenmulden.

vogel Diener, Friederich, hat mir ein jeglicher ein indianisch Nuß
geschenkt, die sie mit Spiel gewunnen haben. Und der Wirt hat
mir der auswachsenden Zwiebel eine geschenkt. Und am Montag
frühe fuhren wir zu Schiff wieder aus und fuhren für die Fahr
und für Zürchsee[1]). Wollt den großen Fisch gesehen haben, da
hätt ihn die Fortuna[2]) wieder weggeführt. Und hab jj fl. verfahren und verzehrt und hab jj fl. für ein Kozen[3]) geben. Hab
4 Stüber für ein Feugenkäs[4]) geben und hab 3 Stüber zu tragen[5])
geben und hab 6 Stüber verspielt. Und sind wieder gen Perg[6])
kommen. Ich hab 10 Stüber für ein helfenbeinen Kamm geben.
Ich hab den Schnabhannen[7]) conterfet. Ich hab des Wirts Eidam,
den Clausen, auch conterfet. Ich hab 2 fl. münder[8]) 5 Stüber geben
für ein Stuck Zinn. Mehr jj fl. für ein schlechtes[9]) Stuck Zinn.
Item hab conterfet den klein Bernhart von Breßlen, Georg Közler,
und den Franzosen von Kamrich[10]), der iglicher hat mir zu Pergen
1 fl. geben. Jan de Has Eidam hat mir 1 hornis Gulden[11])
geben für sein Conterfet, desgleichen der Kerpen von Kohln[12]) hat
mir auch 1 fl. geben. Mehr hab ich geben um zwo Zichen[13]) 4 fl.
minder 10 Stüber. Ich hab conterfet den Niclas Soilir[14]). Das
sind die Mahl, die ich jetz zu Pergen gessen hab, sither ich aus
Selant[15]) kommen bin: jjj jjj jjj. Und ein Mahl jjjj Stüber.

f) Vierter Aufenthalt in Antwerpen.

Ich hab dem Fuhrmann 3 Stüber geben und vjjj Stüber verzehrt
und bin am Freitag nach Lucia wieder gen Untorff kommen zu Jobst
Planckfelt 1520. Und hab diese Mal mit ihm gessen: —, ist bezahlt, und mein Weib: — ist bezahlt. Item der Herr Lazarus
von Rafenspurg hat mir für die 3 Bücher, die ich ihm geschenkt
hab, wieder geschenkt ein groß Fischschuppen, 5 Schneckenhäuser,
4 silbern Medoien[16]), 5 kupfern, 2 dürre[17]) Fischlein, ein weiß Korelln,
4 rohren Pfeil[18]) und ein weiß Korelln. Ich hab ein fl. zu
Zehrung gewechselt, item mehr 1 Krona gewechselt. Diese Mal
hab ich mit mir selbs gessen: jjj jjj jjj. Item der Factor von

---

1) vorbei an de Veere und Zierikzee. — 2) Flut. — 3) Decke. — 4) Feigenkäse. —
5) für das Tragen. — 6) Bergen. — 7) irgend einen Landstreicher. — 8) weniger. —
9) schlichtes, einfaches. — 10) Cambrai. — 11) ein vom Grafen von Horn geprägter
Gulden. — 12) von Köln? — 13) Ziehen; Bettäberzüge. — 14) den Juwelier Niclas. —
15) Zeeland. — 16) Medaillen. — 17) getrocknet. — 18) Rohrpfeile.

Portugal hat mir geschenkt ein braun Sammettaschen und ein Schachtel mit guten Latwergen. Hab seinem Knaben zu Lohn geben 3 Stüber. Ich hab 1 hornischen fl.[1]) für 2 Täfelein geben, aber 6 Stüber hat man mir wiedergeben. Ich hab 4 Goldgulden für Meerkätzlein geben, mehr 14 Stüber für fünf Fisch. Ich hab 4 Goldgulden für Meerkätzlein geben, mehr 14 Stüber für fünf Fisch. Ich hab dem Jobsten 10 Stüber für 3 Mahl bezahlt. Ich hab 2 Stüber für 2 Traktätlein geben. Ich hab 2 Stüber dem Boten geben. Ich hab dem Lazarus von Rafespurg geschenkt ein conterfet Angesicht mit dem Täfelein, das kostt 6 Stüber. Und hab ihn darzu geschenkt 8 Stuck der großen in Kupfer gestochen, 8 Stuck der halben Bogen, ein Kupferpassion und ander gestochen und Holzwerk, alles mehr dann 4 fl. wert. Mehr hab ich ein Philippsgulden zu Zehrung gewechselt. Mehr hab ich einen Goldfl. zur Zehrung gewechselt. Ich hab 6 Stüber fürs Täfelein geben und des Portugalers Diener mit den Kohln darauf conterfet. Das alles hab ich zum neuen Jahr geschenkt und zwei Stüber zu Trinkgeld geben.

1521.

Ich hab 1 fl. zu Zehrung gewechselt. Und hab Bernhart Stecher ein ganzen Druck geschenkt. Item um 31 Stüber Holz kauft. Ich hab den Gerhart Pombelly conterfet und des Sebastians Procurators Tochter. Ich hab ein Gulden zu Zehrung gewechselt. Ich hab jjj Stüber verzehrt. Mehr 3 Stüber übers[2]) Mahl geben. Ich hab Herr Wolff von Rogendorff geschenkt ein in Küpfer und ein in Holz Passion. Gerhart Pombelly hat mir geschenkt ein ge- druckt türkisch Tuch, und Herr Wolff von Rogendorff hat mir ge- schenkt vjj brabantisch Elln Sammets. So hab ich seinem Knecht zu Trinkgeld geben ein Philippsgulden. Und hab 3 Stüber über Mahl geben. Ich hab 4 Stüber zu Trinkgeed geben. Ich hab den neuen Faktor conterfet mit dem Kohln. Ich hab 6 Stüber für ein Täfelein geben. Ich hab mit dem Portugales[3]) gessen jjj jjj jj. Mit dem Rentmeister j. Mit dem Tomasin jjj jjj jjj j. Item hab 4 Stüber zu Trankgeld geben. Mit dem Lazarus Rafen- spurger j, Wolff von Rogendorff j, Bernhart Stecher j, Uz Hanolt Meyting j, Caspar Lewenter j. Item hab 3 Stüber den Mann

---

1) f. S. 81, Z. 16. — 2) für das. — 3) Portugiesen.

geben, den ich conterfet hab. Mehr hab ich den Knecht 2 Stüber
geben. Ich hab 4 fl. für Flachs geben. Ich hab 4 fl. aus Kunst
gelöst.

Item hab ein Kron zu Zehrung gewechselt. Item hab
4 Stüber dem Kürschner geben, mehr 2 Stüber. Ich hab 4 Stüber
verspielt und 6 Stüber verzehrt. Ich hab 1 Nobel zu Zehrung
gewechselt. Ich hab 18 Stüber geben für Rosin und für drei
Paar Messer. Ich hab jj fl. für etlich Mahl bei Jobsten bezahlt.
Ich hab 4 Stüber verspielt und 6 Stüber den Kürschner geben.
Ich hab dem Meister Jacob zween S. Hieronymus in Kupfer gestochen geschenkt. Mehr 2 Stüber verspielt. Ich hab ein Krona
zu Zehrung gewechselt. Ich hab j Stüber verspielt. Ich hab des
Tomasins 3 Magd 3 Paar Messer geschenkt, kosten 5 Stüber. Ich
hab 29 Stüber aus Kunst gelöst. Der Ruderigo hat mir geschenkt
ein Bisemknopf, wie er von dem Bisemthier geschnitten ist worden,
auch ein Vierding Persinen[1]), aber eine Schachtel voll Küttenlatwergen[2]) und ein groß Schachtel voll Zuckers. So hab ich sein
Knaben 5 Stüber zu Trinkgeld geben. Item 2 Stüber verspielt.
Ich hab des Jobsten Weib mit dem Kohln conterfet. Ich hab
4 fl. 5 Stüber aus 3 Tüchlein gelöst. Item nocheinander gewechselt zu Zehrung 2 fl. Ich hab 2 Stüber verspielt. Mein
Weib hat dem Kind eingebunden 1 fl., mehr 4 Stüber ins Kind-
bett geben.

Item hab j Krona zu Zehrung gewechselt und 4 Stüber
verzehrt, 2 Stüber verspielt, 4 Stüber dem Boten geben. Ich
hab 1 fl. zu Zehrung gewechselt. Ich hab Meister Dietrich,
Glaser, ein Apocalypsin und die 6 Knotn[3]) geschenkt. Ich hab
40 Stüber um Flachs geben. Ich hab 8 Stüber verspielt. Ich
hab dem klein Factor von Portugal, Franzisco Signor, mein Tüchlein mit dem Kindlein[4]) geschenkt, ist 10 fl. wert. Ich hab dem
Doctor Loffen zu Antorff die 4 Bücher geschenkt umb ein Hieronymus in Kupfer, item dem Jobst Planckfelt. Des Staibers
und noch ein ander Wappen gemacht. Ich hab des Tomasins
Sohn und sein Tochter mit dem Steft conterfet. Item ein Herzogangesicht[5]) uf ein Täfelein mit Ölfarben gemalt. Ich hab

---

3 Stüber aus Kunst gelöst. Der Rnderigo, Scriban de Portugal,
hat mir geschenkt zwei calacutisch Tücher, das ein seiden. Und
hat mir geschenkt ein geschmucktes Birett[1]) und ein grün Krug
mit Mirabulon[2]) und ein Ast von ein Cederbaum, ist alles 10 fl.
5 wert. Und hab dem Knaben zu Trinkgeld geben 5 Stüber, und
2 Stüber für Pensel. Ich hab den Fockerischen[3]) ein Visirung zur
Mummerei[4]) gemacht, die haben mir geschenkt ein Angloten[5]).
Ich hab 1 fl. zu Zehrung gewechselt. Ich hab 8 Stüber geben
um 2 Pulverhörnlein. Ich hab 3 Stüber verspielt. Ich hab ein
10 Angeloten zu Zehrung gewechselt. Item dem Comasin zween
Bogen voll gar schön Mümmerei gemacht. Ich hab ein gutes
Veronica=Angesicht von Ölfarben gemacht, das ist 12 fl. wert, das
hab ich dem Francisco, Factor von Portugal, geschenkt. Darnach
hab ich S. Fronica[6]) von Ölfarben gemalt, ist besser dann das
15 vorig, und habs geschenkt Factor Brandan von Portugal, Franciscus.
Zum ersten der Magd Trinkgeld geben 1 Philippsfl. und darnach
von der Veronica[7]) 1 fl. Aber der Factor Prandan hat ihr geben
1 fl. Ich hab dem Peter für zwei Futtral geben 8 Stüber. Ich
hab ein Angelot zu Zehrung gewechselt.

20   Item an der Herren Fasnacht frühe haben mich die
Goldschmiede mitsamt meinem Weib zu Tisch geladen. In
ihrer Versammlnng viel tapfer Leut, hätten ein überköstlichs
Mahl zugerichtt und thäten mir übermäßig große Ehr. Und
auf die Nacht lud mich der alt Amman von der Stadt und
25 gab ein köstlich Mahl und thät mir große Ehr. Da kamen
viel seltsamer Mummer[8]) hin. Ich hab Flores, der Frau Mar=
gareth Organist, mit dem Kohln conterfet. Am Montag zu Nacht
hat mich Fasnacht geladen Herr Lupes zu dem großen Bankett,
welcher bis 2 Uhr währet, und was[9]) fast köstlich. Item Herr
30 Lorenz Sterck hat mir ein spaniolischen Pelz geschenkt. Und auf
dem obgemeldten Fest warn gar viel köstlicher Mummers und
sonderlich Comasin Pombelli. Ich hab 2 fl. mit Spiel gewunnen.
Ich hab ein Anglot zur Zehrung gewechselt. Ich hab 14 Stüber
für ein Rosinkorb geben. Ich hab dem Bernhart von Castell, dem
35 ich das Geld angewann[10]), mit dem Kohln conterfet. Item des

---

1) Barett. — 2) Myrobalanen, indische Früchte. — 3) den Fuggerschen. — 4) Skizze
zur Maskerade. — 5) englische Goldmünze. — 6) Veronika. — 7) wegen Überbringung
der Veronika. — 8) Masken. — 9) war. — 10) abgewann.

Comasius Bruder, Gerhart, hat mir geschenkt 4 Elln brabantisch
des besten schwarzen Atlas und hat mir geschenkt 3 groß Schachtel
mit eingemachten Citernat. Und der Magd hab ich 3 Stüber zu
Trinkgeld geben. Hab 13 Stüber um Holz geben, 2 Stüber um
Zirnnüß[1]). Ich hab des Procurators Tochter rein mit dem Steft
conterfet. Ich hab 1 Angeloten zu Zehrung gewechselt. Ich hab
den guten Marmelsteinhauer[2]) Meister Jan, der dem Christopff
Kohler gleich sicht, hat in Welschland gelehrt und ist von Metz,
mit der schwarzen Kreiden conterfet. Ich hab ein hornischen
Gulden zu Zehrung gewechselt. Ich hab 3 fl. dem Jan Türcken
für welsch Kunst geben. Ich hab dem für 12 Ducaten Kunst für
ein Unz gut Ultermarin geben. Ich hab jjj fl. aus dem klein
Holzpassion gelöst. Ich hab 2 Ries und 4 Buch Scheufleins Kunst[3])
um 3 fl. geben. Ich hab 3 fl. für 2 calecutisch helfenbeine Salz-
faß geben. Ich hab 2 fl. aus Kunst gelöst. Ich hab 1 fl. zu
Zehrung gewechselt.

Item der Rudiger von Gelern, der hat mir geschenkt ein
Schneckenhaus und von Silber und Goldmünz, ist ein Ort
wert. Dem hab ich wieder geschenkt die drei großen Bücher
und ein gestochnen Reuter[4]). Ich hab eilf Stüber aus Kunst gelöst. Ich hab 2 Philippsfl. geben für S. Peter und Paul[5]), der
ich der Kolerin schenken will. Item der Ruderigo hat mir aber
geschenkt zwo Schachtel mit Küttenlatwergen und viel allerlei Zucker.
Und hab zu Trinkgeld geben 5 Stüber. Ich hab 16 Stüber um
Schachtel geben. Der Lazarus Rafenspurger hat mir ein Zuckerhut
geschenkt, so hab ich den Buben 1 Stüber geben. Ich hab 6 Stüber um
Holz geben. Item einmal mit dem Franzosen gessen, zweimal mit
der Hirschvogel fritzen[6]) und einmal mit Meister Peter Secretari,
do Eraßmuß Roderodamus auch mit aß. Ich hab 1 Stüber geben,
daß man mich zu Antorff auf den Churn hat gelassen, der soll
höher sein dann der zu Straßburg. Darauf hab ich die ganze
Stadt auf allen Orten übersehen, das do fast lustig ist. Ich hab
1 Stüber für aden[7]) geben. Ich hab ein Angloten zu Zehrung
gewechselt. Item der Factor Prandan von Pordugal hat mir ge-

---

1) Zirbelnüsse. — 2) Marmorbildhauer. — 3) Holzschnitte des Hans Leonhard
Schäufelein, seines Schülers. — 4) Ritter, Tod und Teufel. — 5) für Bilder oder
Statuetten der Apostel. — 6) mit Fritz, dem Beamten des Hirschvogel. — 7) nicht auf-
geklärt; wahrscheinlich ist das Wort verstämmelt.

schenkt zween groß schön weiß Zuckerhüt und eine Schüssel voll
überzogen Zucker und zween grün Häfen[1]) mit eingemachten Zucker
und 4 Elln schwarz Atlas. So hab ich den Knechten zu Trinkgeld
geben 10 Stüber. Hab 3 Stüber den Boten geben. Ich hab dem
Gerhart noch zwier[2]) mit dem Steft die schön Jungfrau conterfet.
Mehr hab ich ein Angelot zu Zehrung gewechselt. Ich hab 4 fl.
aus Kunst gelöst. Ich hab 10 Stüber fürs Rudrigen Futtral
geben. Ich hab mit dem Rentmeister Herr Lorenz Stercken gessen,
der hat mir geschenkt eine helfenbeine Pfeifen und gar ein schöne
Porzelona[3]) und ich hab ihn geschenkt ein ganzen Druck. Mehr
hab ich ein ganzen Druck geschenkt den Herrn Arian, der Stadt
Antorff Orator. Mehr hab ich ein Philippsgulden zu Zehrung
gewechselt. Ich hab der größten reichsten Kaufleutzunft zu Antorff
ein sitzenden S. Niclas verehrt, dofür haben sie mir geschenkt
3 Philippsgulden. Ich hab dem Peter die alten Leisten[4]) von
St. Hieronymus und 4 Stüber dazu geben für die Leisten zu des
Rentmeisters Angesicht. Item hab eilf Stüber um Holz geben.
Mehr hab ich ein Philippsgulden zu Zehrung gewechselt. Hab
jjjj Stüber für ein Neber[5]) geben. Ich hab 3 Stüber für 3 Rohr
geben.

Ich hab mein Bällein[6]) aufgeben gen Nürnberg zu führen
dem Jacob und Endres Heßler und soll ihm von Centner Nürnberger Gewicht jj fl. geben, und er solls zuführen Herr Hans Imhoff dem Älter, und hab ihm 2 fl. darauf geben, mehr hab ich
ihm auf ein Stübig[7]) eingebunden. Geschah im 1521 Jahr am
Samstag vor Judicae. Item am Samstag vor Judicae hat mir
der Ruderigo geschenkt 6 indianische groß Nuß, gar ein sonder
hübsche Korallen und zween portigales groß Gulden[8]), wiegt einer
10 Dukaten. Und ich hab sein Knaben zu Trinkgeld geben 15 Stüber.
Ich hab ein Magnetstein kauft um 16 Stüber. Mehr hab ich ein
Angeloten zu Zehrung gewechselt. Ich hab 6 Stüber einzubinden[9])
geben. Ich hab Meister Hugo gen Prüssel geschickt für sein klein
Profidosteinlein[10]) ein gestochnen Passion und etlich andre Stücklein.
Ich hab dem Tomasin ein Visirung gemacht mit halben Färblein
und gerissen[11]), darnach er sein Haus wird lassen malen. Ich hab

---

1) Töpfe. — 2) zweimal. — 3) Porzellanstück. — 4) Rahmen. — 5) Bohrer. —
6) meinen kleinen Ballen. — 7) Packfaß. — 8) große portugiesische Gulden. — 9) für
das Packen. — 10) Porphyrsteinchen. — 11) eine Skizze, mit halben Farben angelegt
und gezeichnet; also: gezeichnet und leicht getönt.

ein Hieronymus mit Fleiß gemalt von Ölfarben und geschenkt dem Ruderigo von Portugal, der hat der Susanna ein Dukaten zu Trinkgeld geben. Ich hab ein Philippsgulden zu Zehrung gewechselt und hab mein Beichtvater 10 Stüber geben. Hab jjjj Stüber für das klein Schildkrötlein geben. Ich hab mit Herr Gilbert geffen, der hat mir geschenkt ein calecutisch Tärtschlein[1]), von einer Fischhaut gemacht, und zween Handschuh zu ihren Fechten[2]). Ich hab dem Peter 2 Stüber geben. Ich hab 10 Stüber für die Fischfloffen geben, hab 3 Stüber zu Trinkgeld geben. Ich hab den Cornelius, der von Antorff Secretari, gar gut mit der Steinkreiden conterfet.

Ich hab 3 fl. 16 Stüber geben für die 5 felden Gürtelein, die ich will verschenken. Mehr 20 Stüber für ein Borten. Die 6 Borten hab ich geschenkt der Caspar Nützlin, Henfin Imhoff, Sträubin, zwu Spenglerin, Löffelhölzin, und jeglicher ein guts Paar Handschuh. Dem Pirckhamer hab ich geschenkt ein groß Barett, ein köstlichen Buffleinschreibzeug[3]), ein silbern Kaiser, 1 *U.* Pistacin[4]), 3 Zuckerrohr. Caspar Nüzel hab ich geschenkt ein großen Elendsfuß und 10 großer Tannzapfen mit Zirnnüffen[5]). Dem Jacob Muffel hab ich geschenkt ein scharlach Brüsttuch ein Elln, Hans Imhoff Kind ein geziert scharlach Birett und Zirnnuß, der Kramerin 4 Elln Zendeldort[6]) 4 fl., der Lochingerin 1 Elln Zendeldort 1 fl., beeden Spengler jeglichern ein Taschen, 3 schöne Hörner, Herr Hieronymus Holzschuher ein übergroß Horn. Ich hab zwier[7]) geffen mit dem Factor. Ich hab geffen mit dem Meister Arion, der von Antorff Secretari, der hat mir geschenkt das klein gemalt Täfelein, das Meister Joachim gemacht hat, ifts Loth mit den Töchtern. Mehr hab ich 12 fl. aus Kunst gelöft. Mehr hab ich für 1 fl. Hans Grün[8]) verkauft. Der Rudiger von Gelern hat mir ein Stuck Sandel[9]) geschenkt. Hab fein Buben ein Stüber geben. Item den Bernhart von Reffen hab ich mit Ölfarben konterfet. Der hat mir dafür geben 8 fl. und mein Weib geschenkt eine Kronen und der Susanna ein Gulden, gilt 24 Stüber. Ich hab geben jjj Stüber für den Schweizer Krüg und 2 Stüber fürs Schiff. Mehr 3 Stüber fürs Futtral. Mehr 4 Stüber dem

---

[1]) Tartsche, Schild. — [2]) womit sie dort (in Ostindien) fechten. — [3]) Schreibzeug aus Büffelhorn. — [4]) Pistazien. — [5]) Zirbelnüffen. — [6]) Zindeltaffet; Seidenstoff. — [7]) zweimal. — [8]) Holzschnitte des Hans Balding Grien. — [9]) Sandelholz.

Beichtvater. Ich hab ein Angeloten zu Zehrung gewechselt. Ich
hab 4 fl. 10 Stüber aus Kunst gelöst. Ich hab 3 Stüber für
Salben geben. Ich hab 12 halben Stüber um Holz geben. Ich
hab 1 fl. zu Zehrung gewechselt. Ich hab 1 fl. für 14 Franzosen-
holz geben. Ich hab dem Amprosio Höchstätter geschenkt ein unser
Frauen Leben, der hat mir sein entworfen Schiff geschenkt. Item
der Ruderigo hat meinem Weib ein Ringlein geschenkt, ist besser
dann 5 fl. Ich hab 1 fl. zu Zehrung gewechselt. Ich hab des
Factor Prandans Scriban conterfet mit dem Kohln. Ich hab mit
dem Steft conterfet sein Mohrin. Und hab dem Ruderigo conterfet
auf ein groß Papier mit dem Pensel schwarz und weiß. Ich hab
16 fl. für ein Stuck Schamloth[1]) geben, hält 24 Elln, kost 1 Stüber
heimzutragen. Item hab 2 Stüber um Handschuh geben. Ich hab
dem Lucasen von Danzgen mit dem Kohln conterfet, der hat mir
1 fl. geben und ein Stuck Sandel geschenkt.

g) Ausflug nach Brügge und Gent. — Wieder in Antwerpen.

Item ich bin am Samstag nach Ostern mit dem Hanns Lüber
und mit Meister Jan Prevost, ein guter Maler von Prüg[2]) bürtig,
von Antorff gen Prüg gefahren über die Scheld, und kam gen
Pefer[3]), ein groß Dorf. Von dannen gen Prasten[4]), auch ein groß
Dorf. Darnach fuhrn wir durch etliche Dörfer und kamen in das
schön groß Dorf, da die reichen Bauren sitzen, do aßen wir zu
Morgens. Von dannen fuhren wir fur Pol[5]), die reiche Abtei.
Von dannen fuhren wir durch Kaltprunnen[6]), ein schön Dorf. Von
dannen durch das groß lang Dorf Kahlb[7]), von dannen gen Er-
fehlt[8]), do lagen wir über Nacht, und warn frühe am Sonntag
auf und fuhren gen Herfehlt[8]), ein klein Städtlein. Von dannen
fuhren wir gen Keolo[9]), das ist ein mächtig groß Dorf, ist pflastert,
hat ein Platz, do aßen wir zu Morgens. Von dannen fuhren wir
gen Malbig[10]), darnoch noch andre Dörfer und kamen gen Prüg[11]),
das ist ein herrlich schön Stadt. Und hab verzehrt und verfahren
20 Stüber und 1.

Und do ich gen Prüg kam, do nahm mich Jan Prevost in
sein Haus zu Herberg und richtte dieselbe Nacht ein köstlich
Mahl zu und lud mir viel Leut zu Lieb. Am andern Tag

---

1) Camelot. — 2) Brügge. — 3) Beveren. — 4) Dracene. — 5) St. Paul. —
6) Caudenborn. — 7) Kalve. — 8) Ertvelde. — 9) Ecloo. — 10) Maldegem. — 11) Brügge.

lud mich Marx, Goldschmied, und gab mir ein köstlich Mahl und
lud mir viel Leut zu Lieb. Darnach führten sie mich ins Kaisers
Haus[1]), das ist groß und köstlich. Do sahe ich Rudigers gemalt
Kapelln und Gemäl von ein großen alten Meister, do gab ich dem
Knecht ein Stüber, der auffperrt. Darnach kauft ich 2 helfenbeine
Kamm um 30 Stüber. Darnach führten sie mich gen S. Jacob
und ließen mich sehen die köstlichen Gemäle von Rudiger und
Hugo, die sind beede groß Meister gewest. Darnach sahe ich das
alabaser Marienbild zu unser Frauen, das Michael Angelo von
Rohm gemacht hat. Darnach führeten sie mich in viel Kirchen
und ließen mich alle gute Gemäl sehen, dessen ein Überschwall do
ist. Und do ich Johannes und der andern Ding alles gesehen hab,
do kamen wir zu Letz in die Malerkapelln, do ist gut Ding innen.
Darnach richtten sie mir ein Bankett zu. Und von dannen ging
ich mit ihnen auf die Stuben[2]), do hätten sich viel ehrlicher Leut
zusammenthan, von Goldschmieden, Malern und Kaufleut, mußt
mit ihnen zu Nacht essen, schenkten mir und machten Kundschaft[3])
und thäten mir groß Ehr. Und die zwei Brüder Jacob und Peter
Mostaert, die Ratsherren, schenkten mir 12 Kannen Wein, und
beleitten mich die ganz Gesellschaft, mehr daun 60 Personen, mit
viel Windlichtern heim. Auch hab ich in ihren Schießhof gesehen
den großen Fischküfel[4]), darauf man ißet, der ist lang 19 Schuh,
7 Schuh hoch und vjj Schuh breit.

Also am Erichtag frühe fuhren wir weg. Aber Jan Profoß
hab ich vor mit den Steft conterfet und seiner Frauen 10 Stüber
zu Letz geben. Also fuhren wir gen Orscheln[5]), do aßen wir zu
Morgens, und unterwegen sind drei Dörfer. Also fuhren wir gen
Gent, noch durch 3 Dörfer, und gab zu Fuhrlohn 4 Stüber und
hätt 4 Stüber verzehrt. Und do ich gen Gent kam, do kam zu
mir der Dechant von den Malern und bracht mit ihm die Vordersten[6])
mit in die Malerei, erboten mir groß Ehr, empfingen mich gar
herrlich, boten mir an ihren guten Willen und Dienst und aßen
mit mir zu Nacht. Am Mittwoch frühe fuhrten sie mich auf
S. Johannes Thurn, do übersahe ich die groß wunderbarlich
Stadt, darin ich gleich vor groß anfehen ward. Darnach sahe ich
des Johannes Tafel, das ist ein überköstlich, hochverständig Gemäl,

---

[1]) kaiserliche Residenz der Herzöge von Burgund. — [2]) Gildestube. — [3]) Bekannt-
schaft. — [4]) Fischkufe. — [5]) Ursel. — [6]) Vorsteher.

und sonderlich die Eva, Maria und Gott Vater sind fast gut.
Darnach sahe ich die Lewen und conterfeit einen mit den Steft.
Auch sahe ich auf der Brncken, do man die Leut köpft, die zwei
Ehrenbilder[1]), die zu einem Zeichen gemacht sind, daß ein Suhn
sein Vater köpft hat. Gent ist hübsch und ein wunderliche Stadt.
4 große Wasser fließen darduech. Ich hab zu Trinkgeld geben dem
Meßner und Löwenknechten 3 Stüber. Und sonst hab ich viel
seltsam Ding gesehen zu Gent, und die Maler mit ihren Dechent
haben mich nit verlassen, haben zu Morgens und Nachts mit mir
geffen und alle Ding bezahlt und ganz freundlich mit mir geweßt.
Aber ich hab im Würtshaus 5 Stüber zu Letz geben. Also fuhr
ich am Pfingstag frühe von Gent aus und kam durch etliche Dörfer
bis zu der Herberg, heißt der Schwan, do aßen wir zu Morgens.
Darnach fuhren wir aber durch ein schön Dorf und kamen gen
Antorff, do hätt ich verfahren 8 Stüber.

Ich hab 4 fl. aus Kunst gelöst. Ich hab 1 fl. zu Zehrung
gewechselt. Ich hab dem Hans Lieber von Ulm mit der Kohln
conterfet, der wollt mir ein fl. geben, aber ich wollt ihn nit
nehmen. Ich hab vjj Stüber um Holz geben und 1 Stüber zu
führen[2]). Ich hab 1 fl. zu Zehrung gewechselt. Item in der
dritten Wochen nach Ostern stieß mich ein heiß Füber an mit einer
großen Ohnmacht, Unlust und Hauptwehe. Und do ich vormals
in Seeland war, do überkam ich eine wunderliche Krankheit, von
derer ich nie von keinem Mann gehört, und diese Krankheit hab
ich noch. Ich hab 6 Stüber für Futtral geben. Item der
Münch hat mir zwei Bücher gebunden für die Kunst, die ich ihm
geben hab. Ich hab 10 fl. 8 Stüber für ein Stuck Haraß geben,
meiner Schwieger[3]) und meinem Weib zu zweien Mänteln. Ich
hab den Doctor 8 Stüber geben, 3 Stüber dem Apotheker. Aber
hab ich 1 fl. zu Zehrung gewechselt. Aber 3 Stüber bei Gesellen
verzehrt. Hab 10 Stüber dem Doktor geben. Ich hab aber dem
Doktor 6 Stüber geben. Item der Ruderigo hat mir viel einge-
machtes Zucker geschickt in meiner Krankheit. Den Knaben hab
ich 4 Stüber Trinkgeld geben. Ich hab Meister Joachim mit dem
Steft conterfet und ihm sonst noch ein Angesicht mit dem Steft
gemacht. Aber hab ich ein Krona zu Zehrung gewechselt. Ich
hab aber ein fl. zu Zehrnng gewechselt. Item dem Doktor

---

1) Standbilder. — 2) für den Transport. — 3) Schwiegermutter.

6 Stüber geben, item 7 Stüber in die Apotheken. Ein Gulden hab ich zu Zehrung gewechselt. Item ich hab von dem dritten Bällein[1]), das ich von Antorff gen Nürnberg schickt, bei einen Fuhrmann, der do heißt Hanns Staber, einzupacken geben 13 Stüber. Und dem Fuhrmann hab ich 1 fl. darauf geben. Und hab ihn den Centner verdingt von Antorff bis gen Nürnberg zu fuhren um 1 fl. 1 Ort, und dies Bällein soll Herrn Hans Imhoff dem Ältern zugeführet werden. Ich hab dem Doktor, dem Apotheker, Barbirer geben 14 Stüber. Ich hab Meister Jacoben, dem Arzt, für jjjj fl. Kunst geschenkt. Ich hab dem Thomas Polonins von Rohm mit dem Kohln conterfet.

Item zu meinem schamlothen Rock ist kummen 21 Elln brabantisch, die ist um 3 Zwerfinger[2]) länger denn die Nürnberger Elln. So hab ich darzu kauft schwarz spanische Fell, kosten zu drei Stübern. Und ihr sind darzu kommen 34, thut 10 fl. 2 Stüber. So hab ich dem Kürschner zu machen geben 1 fl., so ist zu Brämen Sammets[3]) kommen 2 Elln: 5 fl., item für Seudenschnür und Faden 34 Stüber, item dem Schneider zu Lohn 30 Stüber. Item der Schamloth, der beim Rock ist, kost 14 fl. ½. Und dem Knecht 5 Stüber zu Trinkgeld. Cruce nach Ostern. Von dannen summir wieder von neuen. Aber hab ich dem Doktor 6 Stüber geben. Item hab 53 Stüber aus Kunst gelöst und die zur Zehrung genummen.

Item am Sonntag vor der Kreuzwochen hat mich Meister Joachim, der gut Landschaftmaler, auf sein Hochzeit geladen und mir alle Ehr erboten. Darauf hab ich gesehen zwei hübsche Spiel[4]), sonderlich das erste fast andächtig und geistlich. Mehr hab ich dem Doktor geben 6 Stüber. Ich hab 1 fl. zu Zehrung gewechselt. Am Sonntag nach unsers Herrn Auffahrttag lud mich Meister Dietrich, Glasmaler zu Antorff, und lud mir zu Lieb viel anderer Leut, nämlich darunter Alexander, Goldschmied, ein statthaft[5]) reicher Mann, und wir hätten ein köstlich Mahlzeit und man thät mir groß Ehr an. Ich hab Meister Marx, Goldschmied, mit dem Kohln conterfet, der zu Prück[6]) ist. Ich hab 36 Stüber für ein breits Birett[7]) geben. Ich hab dem Paul Geiger 1 fl. geben vor mein Kästlein gen Nürnberg zu

---

führen und 4 Stüber vom Brief. Ich hab dem Ambrosy Hoch=
stätter mit dem Kohln conterfet und hab mit ihm gessen. Ich hab
aber wol 6 mal mit Comasin gessen. Ich hab 3 Stüber für
hülzen[1]) Schüssel und Teller geben. Ich hab dem Apotheker
12 Stüber geben. Ich hab 2 Bücher unser Frauen Leben, das ein
dem fremden Arzt geschenkt, das ander dem Marxen Hausknecht.
Aber hab ich dem Doktor geben 8 Stüber. 4 Stüber geben für
ein alt Birett zu putzen. 4 Stüber habe ich verspielt. Ich hab
aber jj fl. für ein neu Birett geben. Ich hab das erst Birett ver=
wechselt, dann es war grob, und hab 6 Stüber zugeben um ein
anders. Ich hab ein Herzogangesicht[2]) von Ölfarben gemacht.
Ich hab Rentmeister Lorenz Sterck gar rein fleißig mit Ölfarben
conterfet, war wert 25 fl. Das hab ich ihn geschenkt, dargegen
gab er mir 20 fl. und der Zusanna 1 fl. zu Trinkgeld. Item dem
Jobsten, mein Wirt, gar rein und fleißig mit Ölfarben conterfet,
der hat mir für seins um seins geben. Und sein Weib hab ich
auch auf ein neues gemacht, auch von den Ölfarben conterfet.

h) Die Kunde von Luthers Untergang.

Item am Freitag vor Pfingsten im 1521 Jahr kamen mir
Mähr gen Antorff, daß man Martin Luther so verrätherlich ge=
fangen hätt. Dann do ihn des Kaisers Carols Herold mit dem
kaiserlichen Gleit war zugeben, dem ward er vertrauet. Aber so=
bald ihn der Herold bracht bei Eyßenach in ein unfreundlich Ort,
saget, er dörfe sein nit mehr, und ritt von ihn. Alsbald waren
10 Pferd do, die führten verrätherlich den verkauften, frommen,
mit dem heiligen Geist erleuchteten Mann hinweg, der do war ein
Nachfolger Christi und des wahren christlichen Glaubens. Und
lebt er noch oder haben sie ihn gemördert, das ich nit weiß, so
hat er das gelitten um der christlichen Wahrheit willen und um
daß er gestraft hat das unchristliche Papstthum, das so strebt wider
Christus Freilassung mit seiner großen Beschwerung der mensch=
lichen Gesetzt, und auch darum daß wir unsers Blut und Schweiß
also beraubt und ausgezogen werden und dasselbige so schandlich
von müßiggehendem Volk lästerlich verzehret wird, und die durstigen
kranken Menschen darum Hungers sterben müssen. Und sonderlich

---

[1]) hölzerne. — [2]) Herzogsporträt.

ist mir noch das schwerest, daß uns Gott vielleicht noch unter
ihrer falschen blinden Lehr will lassen bleiben, die doch die
Menschen, die sie Väter nennen, erdicht und aufgesetzt haben, dardurch uns das göttliche Wort an viel Enden fälschlich ausgelegt
wird, oder gar nichts fürgehalten[1]). Ach Gott vom Himmel, er- 5
barm dich unser, o Herr Jesu Christe, bitt für dein Volk, erlös uns
zur rechten Zeit, erhalt in uns den rechten wahren christlichen Glauben, versammele deine weite zertrennte Schaf durch dein Stimm, in
der Schrift dein göttlich Wort genannt, hilf uns, daß wir dieselb
dein Stimm kennen und keinem andern Schwigeln[2]), der Menschen 10
Wahn, nachfolgen, auf daß wir, Herr Jesu Christe, nit von dir
weichen. Ruf den Schafen deiner Weide, derer noch ein Theils
in der römischen Kirchen erfunden werden, mitsamt den In-
dianern, Moscabitern, Reußen, Krichen[3]), wieder zusammen, die
durch Beschwerung und Geiz der Päbst, durch heiligen falschen 15
Schein zertrennet sind worden.

Ach Gott, erlös dein armes Volk, das dar durch großen
Bann und Gebot gedrungen wird, der es keines gern thut, darum
es stätigs sündigen muß in seinem Gewissen, so es die übergehet.
O Gott, nun hast du mit Menschengesetzen nie kein Volk also 20
größlich beschweret als uns Arme unter den römischen Stuhl, die
wir füglich durch dein Blut erlöst frei Christen sollen sein. O
höchster himmlischer Vater, geuß in unser Herz durch deinen Sohn
Jesum Christum ein solch Licht, dabei wir erkennen, zu welchen
Geboten wir zu halten gebunden sind, auf daß wir die andern Be- 25
schwerniß mit gutem Gewissen fahren lassen und dir, ewiger himmlischer Vater, mit freiem fröhlichem Herzen dienen mögen. Und
so wir diesen Mann verlieren, der do klärer geschrieben hat dann
nie keiner in 140 Jahrn gelebt, den du ein solchen evangelischen
Geist geben hast, bitten wir dich, o himmlischer Vater, daß du 30
deinen heiligen Geist wiederum gebest einem andern, der do dein
heilige christliche Kirch allenthalben wieder versammel, auf daß wir
all rein und christlich wieder leben werden, daß aus unsern guten
Werken alle Ungläubige, als Türken, Heiden, Calacuten, zu uns
selbst begehren und christlichen Glauben annehmen. Aber, Herr, 35
du willt, ehe du richtest, wie dein Sohn Jesus Christus von den
Priestern sterben mußt und vom Tod erstehn und darnach gen

---

1) vorgetragen, gelehrt. — 2) Lockruf. — 3) Griechen.

Himmel fahren, daß es auch also gleichförmig ergehe deinen Nachfolger Martino Luther, den der Pabst mit sein Geld verrätherlich
wider Gott um sein Leben bringt, den wirst du erquicken. Und
wie du darnach, mein Herr, verhängest, daß Jerusalem darum zer-
störet ward, also wirst du auch diesen eignen angenommenen Gewalt des römischen Stuhls zerstören. Ach Herr, gieb uns darnach
das neu geziert Jerusalem, das vom Himmel herabsteigt, davon
Apocalypsis schreibt, das heilig klar Evangelium, das do nit mit
menschlicher Lehr verdunkelt sei. Darum sehe ein jeglicher, der
Doktor Martins Luthers Bücher liest, wie sein Lehr so klar durch-
sichtig ist, so er das heilig Evangelium lehrt. Darum sind sie in
großen Ehren zu halten und nit zu verbrennen, es wär dann, daß
man sein Widerpart, die allezeit die Wahrheit widerfechten, ins
Feuer würf mit allen ihren Opinionen[1]), die do aus Menschen
Götter machen wollen, aber doch, daß man wieder neuer lutherische
Bücher druckt hätt.

O Gott, ist Luther todt, wer wird uns hinfürt das heilig
Evangelium so klar fürtragen! Ach Gott, was hätt er uns
noch in 10 oder 20 Jahrn schreiben mögen! O ihr alle fromme
Christenmenschen, helft mir fleißig beweinen diesen gottgeistigen
Menschen und ihn bitten, daß er uns ein andern erleuchtten
Mann sönd. O Erasme Roderadame, wo willt du bleiben?
Sieh, was vermag die ungerecht Tyrannei der weltlichen Gewalt
und Macht der Finsternüß? Hör, du Ritter Christi, reit hervor
neben den Herrn Christum, beschütz die Wahrheit, erlang der Mar-
tärer Kron! Du bist doch sonst ein altes Männiken, ich hab von
dir gehört, daß du dir selbst noch 2 Jahr zugeben hast, die du noch
tügest[2]) etwas zu thun. Dieselben leg wol an, dem Evangelio und
und dem wahren christlichen Glauben zu Gut, und laß dich dann
hören, so werden der Hellen Porten[3]), der römisch Stuhl, wie
Christus sagt, nit wider dich vermügen. Und ob du hie gleichförmig deim Meister Christo würdest und Schand von den Lügnern
in dieser Zeit leidest und darum ein klein Zeit desto eher stürbest,
so wirst du doch ehe[4]) aus dem Tod ins Leben kommen und durch
Christum clarificirt[5]). Dann so du aus dem Kelch trinkest, den er
getrunken hat, so wirst du mit ihm regiren und richten mit Ge-

---

1) Lehren. — 2) taugtest. — 3) Pforten. — 4) desto eher. — 5) glorifiziert, ver-
herrlicht.

rechtigkeit, die nit weislich gehandelt haben. O Erasme, halt dich hie, daß sich Gott dein rühme, wie vom David geschrieben stehet, dann du magst thun, und fürwahr, du magst den Goliath fällen. Dann Gott stehet bei der heiligen christlichen Kirchen, wie er ja unter den Römischen stehet nach seinem göttlichen Willen. Der helf uns zu der ewigen Seligkeit, Gott Vater, Sohn und heiliger Geist, ein einiger Gott, Amen. O ihr Christenmenschen, bittet Gott um Hilf, dann sein Urtheil nahet und sein Gerechtigkeit wird offenbar. Dann werden wir sehen die Unschuldigen bluten, die der Pabst, Pfaffen und die München[1]) vergossen, gerichtt und verdammt haben. Apocalypsis. Das sind die Erschlagnen, unter dem Altar Gottes liegend, und schreien um Rach, darauf die Stimm Gottes antwortt: Erwartet die vollkommene Zahl der unschuldigen Erschlagenen, dann will ich richten.

1) Weiter in Antwerpen. — Nochmaliger Besuch in Mecheln.

Aber hab ich 1 fl. zu Zehrung gewechselt. Ich hab dem Doktor aber 8 Stüber geben. Item aber 2 mal mit dem Ruderigo gessen. Ich hab mit dem reichen Canonico gessen. Ich hab 1 fl. zu Zehrung gewechselt. Ich hab Meister Conradum, Bildhauer von Mechel, zu Gast gehabt im Pfingstfeiertagen. Ich hab 18 Stüber um welsche Kunst geben. Aber dem Doktor 6 Stüber. Den Meister Joachim hab ich 4 Christophel auf grau Papier verhöcht[2]). Ich bin am letzten Pfingstfeuertag zu Untorff auf dem Jahrroßmark gewesen und hab do überviel hübscher Hengst sehen bereuten, und sonderlich sind zween Hengst verkauft worden um 700 fl. Ich hab 1 fl. 3 Ort aus Kunst gelöst. Ich hab desselben Geld zu Zehrung genummen. 4 Stüber den Doktor geben. Ich hab jjj Stüber für zwei Büchlein geben. Ich hab 3 mal mit Comaßin gessen. Ich hab ihm 3 Degenheft gerissen[3]), der hat mir geschenkt ein Alabaster-Häfelein[4]). Ich hab ein englischen Edelmann conterfet, der hat mir geschenkt 1 fl., mit dem Kohln, den hab ich zu Zehrung gewechselt. Item Meister Gerhart, Illuminist, hat ein Töchterlein bei 18 Jahren alt, die heißt Susanna, die hat ein Blättlein illuminirt, ein Salvator, dafür hab ich ihr geben 1 fl. Ist ein groß Wunder, daß ein Weibsbild also viel machen soll.

---

[1]) Mönche. — [2]) aufgehöht, mit aufgesetzten weißen Lichtern. — [3]) Degengriffe aufgezeichnet. — [4]) Alabasternäpfchen.

Ich hab 6 Stüber verspielt. Ich hab den großen Umgang zu Antorff gesehen an der heiligen Dreifaltigkeit Tag. Der Meister Conradt hat mir geschenkt schöne Paar Messer, so hab ich sein alten Männlein dargegen geschenkt ein unser Frauen Leben. Ich hab den Jan, Goldschmied von Prüssel, mit dem Kohln conterfet, auch sein Weib. Ich hab 2 fl. aus Kunst gelöst. Item Meister Jan, Goldschmied von Prüssel, hat mir für daß ich ihm gemacht hab die Visirung zum Siegel und die 2 conterfetten Angesichter, 3 Philippsgulden geben. Ich hab die Veronica, die ich von Ölfarben gemalt hab, und die Adam und Eva, die Franz gemacht hat, dem Jan, Goldschmied, geben für ein Hyacinthen und ein Achat, darein geschnitten ein Lucretia. Hat ein jeglicher sein Theil um 14 fl. angeschlagen. Mehr hab ich ihm gestochen[1]) ein ganzen Druck für ein Ring und 6 Steinlein. Hat ein jeder sein Theil angeschlagen um 7 fl. Ich hab 14 Stüber um 2 Paar Handschuh geben. Hab jj Stüber um 2 Schachtel geben. Ich hab 2 Philippsfl. zu Zehrung gewechselt. Ich hab 3 Ausführung[2]) und 2 Ölberg[3]) auf 5 halb Bogen gerissen. Ich hab 3 Angesicht mit schwarz und weiß auf grau Papier conterfet. Ich hab auch auf grau Papier mit weiß und schwarz zwo niederländisch Kleidung conterfet. Ich hab dem englischen Mann sein Wappen mit Farben gemacht, der hat mir 1 fl. geben. Ich hab sonst hin und wieder viel Visirung und ander Ding den Leuten zu Dienst gemacht, und für den mehren Theil meiner Arbeit ist mir nichts worden. Eudres von Krakau hat mir geben für ein Schild und Kindsköpflein ein Philippsfl. Hab 1 fl. zu Zehrung gewechselt. Ich hab 2 Stüber für Kehrbürsten geben. Ich hab zu Andtorff gesehen den großen Umgang, der da fast köstlich war, an unsers Herrn Leichnamstag. Ich hab 4 Stüber zum Trinkgeld geben und den Doktor 6 Stüber. Ich hab 1 fl. zur Zehrung gewechselt. 1 Stüber für eine Schachtel. Ich hab 5 mal mit Tomasin gessen.

Ich hab 10 Stüber in die Apotheken geben, und hab der Apothekerin geben zu Klystieren 14 Stüber und dem Apotheker 15 Stüber von Recept. Aber hab ich 2 Philippsfl. zu Zehrung gewechselt. Mehr hab ich dem Doktor geben 6 Stüber. Ich hab aber der Apothekerin geben 10 Stüber zu Klystiren. Mehr 4 Stüber in die Apotheken. Dem Mönch, den mein Frauen beichtt hat, dem hab

---

1) eingetauscht. — 2) Kreuztragungen. — 3) Christus am Ölberg.

ich 8 Stüber geben. Ich hab 8 fl. um ein ganz Stuck Haras geben. Aber hab ich geben um 14 Elln fein Haras 8 fl. Ich hab dem Apotheker aber für Arznei geben 32 Stüber. Item hab dem Boten geben 5 Stüber und dem Schneider 4 Stüber. Ich hab einmal mit dem Hans Fehle gessen, 3 mal mit Tomasin. Ich hab 10 Stüber zu binden[1]) geben. Im 1521 Jahr hab ich mein großen Ballen zu Antorff aufgeben zu führen bis gen Nürnberg, am Mittwoch nach Corpus Christi, ein Fuhrmann, heißt mit Namen Cunz Mez von Schlauerdorff[2]), und soll ihm zahlen von Centner zu fuhrn bis gen Nürnberg anderthalben fl., und ich hab ihn darauf geben ein Gulden. Und er solls Herrn Hans Imhoff antworten[3]), dem Ältern. Ich hab dem jungen Jacob Relinger zu Antorff mit den Kohln conterfet. Ich hab aber 3 mal mit den Tomasin gessen.

Item am achten Tag nach Corpus Christi bin ich gen Mechel mit meinem Weib zu Frau Margaretha gefahren. Item 5 fl. zu Zehrung mit mir genommen. Mein Weib hat ein fl. zu Zehrung gewechselt. Ich bin zu Mechel zu Herberg gewest zum gulden Haupt bei Meister Heinrich, Maler. Do haben mich zu Gast geladen in meiner Herberg die Maler und Bildhauer, haben mir groß Ehr gethan in ihrer Versammlung. Und ich bin in Popenreuthers Haus gewest, des Büchsengießers, und hab wunderlich Ding bei ihm funden. Ich bin auch bei Frau Margareth gewest und hab sie mein Kaiser sehen lassen und ihr den schenken wollen. Aber do sie ein solchen Mißfall darinnen hätt, do führet ich ihn wieder weg. Und den Freitag wies mir Frau Margareth all ihr schön Ding, darunter sahe ich bei 40 kleiner Täfelein von Ölfarben, dergleichen ich von Reinigkeit[4]) und Gut darzu nie gesehen hab. Do sahe ich auch ander gut Ding, von Johannes, Jacobs Walchs. Ich bat mein Frauen um Meister Jacobs Büchlein, aber sie sagt, sie hätts ihrem Maler zugesagt. Also sahe ich viel anders köstliches Dings, ein köstlich Liberei[5]). Mich hat Meister Hans Popenreuter zu Gast geladen. Ich hab Meister Conrad 2 mal und sein Weib einmal zu Gast gehabt. Item dem Kämmerling Steffen . . .[6]) sein Weib beede zu Gast gehabt. 27 Stüber und 2 Stüber verfahrn. Auch hab ich mit dem Kohln conterfet dem Steffan,

---

1) zum Einpacken. — 2) Schlaudersdorf. — 3) überantworten. — 4) Feinheit. —
4) Bücherei, Bibliothek. — 6) zu ergänzen „und".

Albrecht Dürer.

7

Kämmerling, und Meister Conrad, Schnitzer, und bin am Samstag,
wieder von Mecheln gen Antorff kommen.

k) Die letzte Zeit in Antwerpen.

Item mein Truhen ist erst weggangen am Samstag nach dem
achten Corpus Christi. Aber hab ich 1 fl. zu Zehrung gewechselt. Item dem Boten 3 Stüber geben. Ich hab 2 mal zu den
Augustinern gessen. Item habe mit dem Alexander Imhoff gessen.
6 Stüber in die Apotheken geben. Aber einmal mit den Augustinern
gessen. Item hab Meister Jacob mit dem Kohln conterfet und ein
Täfelein darzu machen lassen, kostt 6 Stüber, und ihm geschenkt.
Ich hab dem Bernhart Stecher und sein Weib conterfet und ihm
ein ganzen Druck geschenkt, und sein Weib hab ich noch einmal
conterfet und hab 6 Stüber geben von dem Täfelein zu machen,
das hab ich ihn Alles geschenkt, so hat er mir hergegen geschenk
10 fl. Mich hat zu Gast geladen Meister Lucas, der in Kupfer
sticht, ist ein kleins Männlein und bürtig von Leyden aus Holland,
der war zu Antorff. Ich hab mit Meister Bernhart Stecher gessen.
Ich hab anderthalben Stüber dem Boten geben. Ich hab 4 fl.
1 Ort aus Kunst gelöst. Ich hab Meister Lucas von Leyden mit
dem Steft conterfet. Ich hab 1 fl. verlorn. Item hab dem Doktor
6 Stüber geben, item aber 6 Stüber. Ich hab dem Schaffner in
Augustinerkloster zu Antorff ein unser Frauen Leben geschenkt und
sein Knecht 4 Stüber geben. Ich hab Meister Jacob ein Kupferpassion und ein Holzpassion und 5 andre Stück geschenkt und sein
Knecht 4 Stüber geben. Ich hab 4 fl. zu Zehrung gewechselt.
Ich hab aber um 14 Fischhaut 2 Philippsfl. geben. Ich hab Art[1])
Braun und sein Weib mit der schwarzen Kreuden conterfet. Ich
hab dem Goldschmied, der mir die Ring schätzt, für 1 fl. Kunst
geschenkt. Die drei Ring, die ich gestochen[2]) hab um Kunst[3]), die
zwei geringern sind angeschlagen um 15 Kronen, aber der Saphir
ist angeschlagen um 25 Kronen, das macht 54 fl. 8 Stüber. Und
unter andern, das der Franzos oben genummen hat, ist gewest
36 größer Bücher, thut 9 fl. Ich hab 2 Stüber für ein geschraufts
Messer geben.

Item der mit dem 3 Ringen hat mich ums Halbtheil
übersetzt[4]). Ich habs nit verstanden. Ich hab 18 Stüber

---

[1]) Arnold. — [2]) getauscht. — [3]) Kunstblätter. — [4]) übervorteilt.

geben mein Dodten[1]) um ein rothes Birett. Item hab 12 Stüber
verspielt. Hab 2 Stüber vertrunken. Item ich hab die 3 klein
schön Rubinlein gekauft um eilf Goldgulden und 12 Stüber. Ich
hab 1 fl. zu Zehrung gewechselt. Ich hab aber bei den Augustinern gessen. Aber hab ich 2mal bei Comasin gessen. Ich hab
6 Stüber geben für 13 wild Meerschweinbörster[2]). Hab aber vor
6 Börster 3 Stüber geben. Item hab den großen Anthoni Haunolt
auf ein Regalbogen fleißig mit der schwarzen Kreuden conterfet.
Ich hab dem Art Praun und seine Hausfrau mit der schwarzen
Kreiden auf zween Realbögen fleißig conterfet, und ich hab ihn
noch einmal mit dem Steft conterfeiet, der hat mir eine Angeloten
geben. Item hab aber 1 fl. zu Zehrung gewechselt. Ich hab 1 fl.
für ein Paar Stiefel geben. Ich hab 6 Stüber vor ein Calamar[3])
geben. Ich hab 12 Stüber vor eine Truhen geben, darein zu
schlagen[4]). Item hab 21 Stüber geben für ein Dutzend Frauen-
handschuh. Ich hab 6 Stüber für eine Taschen geben. Ich hab
3 Stüber vor 3 Berster[5]) geben. Ich hab 1 fl. zu Zehrung gewechselt. 1 Stüber für ein Losch[6]) geben. Item der Anthonj
Haunolt, den ich conterfet hab, der hat mir 3 Philippsgulden geschenkt, und Bernhart Stecher hat mir eine Schildkrotbuckeln[7]) geschenkt. Ich hab seiner Frauen Schwestertochter conterfet. Ich
hab mit ihrem Mann einmal gessen, und er hat mir geschenkt
2 Philippsfl. Item hab 1 Stüber zu Trinkgeld geben. Ich hab
den Anthonj Haunoldt 2 Bücher geschenkt. Ich hab 13 Stüber
aus Kunst gelöst. Ich hab Meister Joachim des Grünhanßen
Ding[8]) geschenkt. Item hab 3 Philippsfl. zu Zehrung gewechselt.
Item hab zweimal mit Bernhart Stecher gessen. Aber 2mal mit
Comasin.

Ich hab Jobsten Weib 4 Stuck Holzwerk geschenkt. Ich
hab Friedrichen, Jobsten Knecht, 2 Bücher geschenkt, große. Ich
hab Henickin, Glasers, Sohn 2 Bücher geschenkt. Item der
Ruderigo hat mir ein Papagei geschenkt, die man von Malaca
bringt, und ich hab dem Knecht zu Trinkgeld geben 5 Stüber. Ich
hab aber 2mal mit Comasin gessen. Item hab 2 Stüber für ein

---

1) Pathenkind; Hieronymus Imhof, s. o. S. 87, Z. 21. — 2) Meerschweinborsten-
pinsel. — 3) Schreibzeug. — 4) zum Einpacken. — 5) Pinsel. — 6) feines rotes Leder.
7) Schildkrötenschale. — 8) Holzschnitte des Hans Baldung Grien).

Bäuerlein[1]) geben. 3 Stüber vor ein Paar Schuh in die Hosen[2])
und 4 Stüber für 8 Brettlein. Ich hab dem Peter geschenkt 2
ganz Bogen Kupferwerk und ein Bogen Holzwerk. Item hab
2mal mit Comasin gessen. Ich hab 1 fl. zu Zehrung gewechselt.
Ich hab Meister Art, Glasmaler, geschenkt ein unser Frauen Leben,
und hab Meister Jahn, franzos Bildhauer, geschenkt ein ganzen
Druck, der hat meiner Frauen geschenkt 6 Gläslein mit Rosen-
wasser, sind gar köstlich gemacht. Item hab 7 Stüber für ein
Stübig[3]) geben. Ich hab 1 fl. zu Zehrung gewechselt. Aber hab
ich geben für ein schnütten[4]) Taschen vjj Stüber. Mir hat geschenkt Cornelius, Secratari, die lütherisch Gefängnuß Babiloniae,
dargegen hab ich ihm geschenkt meine 3 große Bücher. Item hab
dem Peter Puz, Münch, für 1 fl. Kunst geschenkt. Item hab dem
Hönigen, Glasmaler, geschenkt 2 große Bücher. Ich hab 4 Stüber
geben für ein ausgestrichen Calacut[5]). Item hab 1 Philippsfl. zu
Zehrung gewechselt. Item hab fürs Lucasen ganzen Druck gestochen[6]) meiner Kunst für 8 fl. Mehr hab ich ein Philippsfl. zu
Zehrung gewechselt. Item hab viiij Stüber um eine Taschen
geben. Item 7 Stüber hab ich um ein halb Dutzet niederländischer
Karten geben. Mehr hab 3 Stüber für ein kleins gelbs Posthorn,
item hab 24 Stüber um Fleisch geben. 12 Stüber für grob Tuch,
mehr 5 Stüber für grob Tuch. Ich hab aber 2mal mit Comasin
gessen. Ein Stüber dem Peter geben. Ich hab 7 Stüber zu binden
geben. 3 Stüber für Plahen[7]). Item der Ruderigo hat mir geschenkt 6 Elln schwarz Küteruchstuch zu einer Kappen[8]), kost ein
Elln ein Krona. Ich hab 2 fl. zu Zehrung gewechselt. Ich hab
des Schneuders Knecht 2 Stüber zu Trinkgeld geben. Ich hab
mit Jobsten gerechnet und bin ihm schuldig worden 31 fl. Die
hab ich ihm bezahlt, daran verrechnet abgerechnet die 2 conterfetten
Angesicht mit Ölfarben gemacht, daran hat er mir herausgeben
3 U. Boras[9]) niederländisch Gewicht. Ich hab in allen
meinen Machen, Zehrungen, Verkaufen und andrer
Handlung Nachtheil gehabt im Niederland, in all mein
Sachen, gegen großen und niedern Ständen, und sonder-

---

1) kleines Vogelbauer. — 2) für ein paar neue Fußstücke in enganliegende Hosen,
die über die Füße gezogen wurden. — 3) Packfaß. — 4) geschnittene; wohl von ge-
schnittenem Leder. — 5) geglätteten Calico. — 6) ausgetauscht. — 7) Plachen; grobe
Leinewand, um das Gepäck zu bedecken. — 8) schwarzes weiches Tuch zu einem
Mantel mit Kapuze. — 9) Borax; ein Harz.

lich hat mir Frau Margareth für das ich ihr geschenkt und gemacht hab, nichts geben.

Und dieser Beschluß mit Jobsten ist geschehen an S. Peter und Paulitag. Ich hab des Ruderigen Knecht 7 Stüber zu Trinkgeld geben. Ich hab dem Meister Heinricheneinen gestochenen Passion ge=schenkt, der mir die Schmeckenkirzlein[1]) geschenkt hat. Ich hab dem Schneuder zu machen müssen geben 45 Stüber von der Kappen. Ich hab ein Fuhrmann bestellt, der soll mich führen von Antorff gen Cölln, dem muß ich zu Lohn geben 13 schlecht Gulden, macht einer 24 Stüber, schlechte, und soll darzu ein Person und ein Buben verzehren[2]). Item Jacob Relinger hat mir ein Ducaten geben für sein mit dem Kohln conterfettes Angesicht. Der Gerhardo hat mir geschenkt 2 Väslein mit Capren und Oliven, dem hab ich 4 Stüber zu Trinkgeld geben. Ich hab 1 Stüber Ruderigo Knecht geben. Ich hab mein conterfetten Kaiser[3]) geben um ein weiß englisch Tuch, das hat mir geben Jacobs Tomasins Eidem. Item der Alexander Imhoff hat mir vollendt geliehen hundert Goldfl. an nnser lieben Frauen Abend, als sie über das Gebürg gehet, 1521, darum hab ich ihm geben mein versiegelte Handschrift, daß er mir die zu Nürnberg antworten[4]) laß, so will ich ihm die wieder zu Dank zahlen. Ich hab 6 Stüber um ein Paar Schuh geben. Ich hab eilf Stüber dem Apotheker geben. Ich hab 3 Stüber für Strick geben. Ich hab in Tomasins Kuchen[5]) ein Philippsfl. zu Letz geben und hab Jungfrau seiner Tochter ein Goldfl. zu Letz geben. Ich hab 3mal mit ihm gessen. Ich hab Jobsten seiner Frauen 1 fl. und in seiner Kuchen auch 1 fl. zu Letz geben. Item hab dem Ladern[6]) 2 Stüber geben. Tomasin hat mir des besten Tiriaks[7]) ein Büchslein voll geschenckt. Item hab 3 fl. zu Zehrung gewechselt und hab dem Hausknecht 10 Stüber zu Letz geben. Ich hab Peter 1 Stüber geben. Ich hab 2 Stüber zu Trinkgeld geben. Mehr 3 Stüber Meister Jacoben Knecht. Ich hab 4 Stüber für Plahen geben. Ich hab dem Peter 1 Stüber geben. Item hab 3 Stüber dem Boten geben. An unser Frauen Heimsuchung, do ich gleich weg von Antorff wollt, do schicket der König von Dennenmarck zu mir, daß ich eilend zu ihm käm und ihn conterfeiet. Das thät ich auch mit den Kohln. Und ich conerfeiet auch sein Diener Antonj. Und ich mußt mit dem König

---

[1]) Räucherkerzchen. — [2]) verköstigen. — [3]) mein Kaiserporträt. — [4]) überant=worten, vorlegen. — [5]) Küche. — [6]) den Aufladern. — [7]) Theriak.

essen, erzeuget sich gnädeglich gegen mir. Ich hab dem Leohn=
hardt Tucher mein Ballein befohlen[1]) und ihn mein weiß Tuch
aufgeben. Item der vorgedingt Fuhrmann hat mich nit gefuhrt,
bin mit ihm uneins worden. Gerhart hat mir geschenkt etlich
welsch Samen. Ich hab dem Vicarius geben heimzuführen die
groß Schildkrötbuckel und den Fischerschild, die lang Pfeif, die
lang Wehr[2]) und Fischflossen und die 2 Väslein mit den Limonien
und Capra an unsern Frauentag Heimsuchung 1521.

1) Rückreise über Brüssel nach Cöln.

Und am andern Tag fuhren wir gen Prüssel, auf des Königes
von Dennenmarck Geschäft[3]). Und ich dinget ein Fuhrmann, dem
gab ich 2 fl. Item hab dem König von Dennenmarckt geschenkt
die besten Stuck aus mein ganzen Druck, ist wert 5 fl. Aber hab
ich 2 fl. zu Zehrung gewechselt. 1 Stüber für Schüssel und Körben
geben. Item hab gesehen, wie das Volk zu Antorff sich sehr ver=
wundert hat, do sie den König von Dennenmarck sahen, daß er so
ein mannlich schön Mann war und nur selbdritt durch seiner Feind
Land kommen. Ich hab auch gesehen, wie ihm der Kaiser von
Prüssel entgegen geritten und ihm empfangen, ehrlich[4]) und mit
großer Pompa. Darnach hab ich gesehn das ehrlich köstlich Bankett,
so ihm der Kaiser und Frau Margareth gehalten hat am andern Tag.

Ich hab 2 Stüber für ein Paar Handschuh geben. Item
Herr Antonj hat mir geben 12 hornisch fl. Davon hab ich
geben 2 hornisch fl. dem Maler fürs Täfelein zu conterfetten und
daß er mir Färblein hat lassen reiben, die andern 8 hornisch fl.
hab ich zu Zehrgeld genommen. Item am Sonntag vor Marga=
retha hielt der König von Dennemarck ein groß Bankett dem
Kaiser, Frau Margretten und Künigin von Spanien und lud mich,
und ich aß auch darauf. Ich hab 12 Stüber vors Königes Futtral[5])
geben. Und ich hab dem König von Ölfarben conterfet, der hat
mir 30 fl. geschenkt. Item ich hab zwei Stüber dem Jungen mit
Namen Bartholomae, der mir die Färblein gerieben hat, geschenkt.
Ich hab jj Stüber für ein gläsern Büchslein, dem König gehören,
geben. Ich hab 2 Stüber zu Trinkgeld geben. Item hab 2 Stüber
für die gestochenen Scheurlin[6]) geben. Item hab des Meisters
Jannen Buben 4 halb Bogen geschenkt. Mehr hab ich geschenkt

---

[1]) anbefohlen. — [2]) Schild. — [3]) im Auftrag des Königs. — [4]) ehrenvoll. —
[5]) das Futteral für das Porträt des Königs. — [6]) gravierten Becherchen.

des Meisters Malers Jungen ein Apocalypsin und 4 halb Bogen. Der Polonius[1]) hat mir ein welsch Kunststuck[2]) oder 2 geschenkt, item hab 1 Stüber für ein Kunststuck geben. Mich hat geladen Meister Jobst, Schneider, mit dem hab ich zu Nacht gessen. Ich hab Kammergeld[3]) geben zu Prüssel acht Tag lang 32 Stüber. Ich hab des Meisters Jan, Goldschmieds, Weib ein gestochnen Passion geschenkt, mit dem ich 3 mal gessen hab. Ich hab dem Bartelmeh, Malerjungen, noch ein unser Frauen Leben geben. Ich hab mit Herr Niclaus Ziegler gessen und hab 1 Stüber Meister Janen Knecht geben. Ich bin Fuhr halben, daß ich keine uber- kommen konnt[4]), 2 Tag zu Prüssel stillgelegen. Ich hab 1 Stüber um ein Paar Söcklein geben.

Item am Freitag frühe vou Morgens bin ich von Prüssel ausgefahren, und ich mußt dem Fuhrmann geben 10 fl. Noch hab ich meiner Wirthin für die einig Nacht 5 Stüber geben. Dar- nach fuhren wir durch 2 Dörfer und kamen gen Löwen, aßen zu Morgen und verzehrten 13 Stüber. Darnach fuhren wir durch 3 Dörfer und kamen gen Tina[5]), ist ein klein Städtlein, und lagen über Nacht dar, do verzehret ich viiij Stüber. Darnach fuhren wir am S. Margarethentag frühe von dannen durch 2 Dörfer und kamen in ein Stadt, die heißt zu S. Geträuen[6]), darin bauet man gar ein werklichen großen Kirchenthurn von neum auf. Von dannen fuhren wir aber für etlich arm Wohnung und kamen in ein Städtlein Hungern[7]), do aßen wir zu Morgens und verzehrten allda 6 Stüber. Von dannen fuhren wir durch ein Dorf und et- liche arme Häuser und kamen gen Triche[8]), do lag ich über Nacht und verzehret do 12 Stüber. Mehr 2 Blanken[9]) zu Wachgeld geben. Von dannen fuhren wir am Sonntag frühe gen Ach[10]), do aßen wir und verzehrten zusammen 14 Stüber. Von dannen führen wir gen Altenburg, 6 Stund lang, dann der Fuhrmann kunnte den Weg nit und ward irre auf den Weg. Aber do blieben wir die ganze Nacht und verzehrt 6 Stüber. Am Montag frühe fuhren wir durch Gülch[11]), ein Stadt, und kamen gen Perckan[12]), da aßen und trunken wir und verzehrten 3 Stüber. Von dannen fuhren wir noch durch 3 Dörfer und kamen wir gen Cöhln.

83

---

[1]) Bologna; s. o. S. 72, Z. 12. — [2]) Kunstwerk. — [3]) Zimmermiete. — [4]) weil ich keine bekommen konnte. — [5]) Thienen. — [6]) St. Truyen. — [7]) Tongeren. — [8]) Mastricht. — [9]) kleine Silbermünze = 2 Stüber. — [10]) Aachen. — [11]) Jülich. — [12]) Bergheim.

V.

Aus den theoretischen Schriften.

Gedrucktes und Handschriftliches.

A. Aus der „Unterweisung der Messung.“

1525.

„Underweysung der Messung | mit dem zirckel und richtscheyt
in linien ebnen und gantzen corporen | durch Albrecht Dürer zu=
sammen getzogen | und zu nutz allen kunstliebhabenden | mit zu=
gehörigen figuren | in truck gebracht | im jar MDXXV.

1. Widmung an Pirkheimer.

Meinem insonders lieben Herren und Freund, Herrn Wilbolden
Pirckheymer wünsch ich, Albrecht Dürer, Heil und Seligkeit.
Günstiger Herr und Freund! Man hat bisher in unsern deutzschen
Landen viel geschickter Jungen zu der Knnst der Malerei gethon,
die man ahn allen Grund und allein aus einem täglichen Brauch
gelehrt hat. Sind dieselben also im Unverstand wie ein wilder
unbeschnittener Baum auferwachsen. Wiewol etlich aus ihnen
durch stetig Übung ein freie Hand erlangt, also daß sie ihre Werk
gewaltiglich, aber unbedächtlich und allein nach ihrem Wolgefallen
gemacht haben. So aber die verständigen Maler und rechte
Künstner solchs unbesunnen Werk gesehen, haben sie, und nit un=
billig, dieser Leut Blindheit gelacht, dieweil einem rechten Verstand
nichts unangenehmer zu sehen ist dann Falschheit im Gemäl, un=
angesehen ob auch das mit allem Fleiß gemalt wirdet. Daß aber
solche Maler Wolgefallen in ihren Irrthumen gehabt, ist allein
Ursach gewest, daß sie die Kunst der Messung nit gelernet haben,
ahn die kein rechter Werkmann werden oder sein kann; das aber

ihr Meister Schuld gewest, die solche Kunst selbs nit gekünnt haben.
Dieweil aber die der recht Grund ist aller Malerei, hab ich mir
fürgenommen, allen kunstbegierigen Jungen ein Anfang zu stellen
und Ursach zu geben, damit sie sich der Messunge Zirkels und
Richtscheit unterwinden und daraus die rechten Wahrheit er- 5
kennen und vor Augen sehen mögen, damit sie nit allein zu
Künsten begierig werden, sonder auch zu einem rechten und größeren
Verstand kommen mügen. Unangesehen daß itzt bei uns und in
unseren Zeiten die Künst der Malerei durch etliche sehr verachtt
und gesagt will werden, die diene zu Abgötterei. Dann ein jeglich 10
Christenmensch wirdet durch Gemäl oder Bildnuß als wenig zu
einem Afterglauben gezogen als ein frummer Mann zu einem
Mord darum daß er ein Waffen an seiner Seiten trägt. Müßt
wahrlich ein unverständig Mensch sein, der Gemäl, Holz oder
Stein anbeten wöllt. Darum Gemäl mehr Besserung dann Ärger- 15
nuß bringt, so das ehrberlich, kunstlich und wol gemacht ist. In
was Ehren und Wirden aber diese Künst bei den Kriechen und
Römern gewest ist, zeigen die alten Bücher gnugsam an. Wiewol
sie nachfolgend gar verloren und ob tausend Jahren verborgen
gewest und erst in zweihundert Jahren wieder durch die Walchen 20
an Tag gebracht ist worden. Dann gar leichtiglich verlieren sich die Künst, aber schwerlich und durch lange
Zeit werden sie wieder erfunden. Demnach hoff ich, dies
mein Fürnehmen und Unterweisung werde kein Verständiger
tadelen, dieweil es aus einer guten Meinung und allen Künst- 25
begierigen zu Güt geschicht und auch nicht allein den Malern,
sonder Goldschmieden, Bildhaueren, Steinmetzen, Schreineren und
allen den, so sich des Maß gebrauchen, dienstlich sein mag. Ist
niemand gezwungen, sich dieser meiner Lehr zu brauchen. Ich
weiß aber wol, wer sich der unterstehen, wirdet nit allein einen 30
gründlichen Anfang daraus fassen, sonder durch den täglichen
Brauch zu einem größern Verstand reichen, weiter suchen und gar
viel mehr dann ich itzt anzeig, erfinden. Dieweil ich aber, günstiger
Herr und Freund, weiß, daß Ihr ein Liebhaber aller Kunst seid,
hab ich Euch dieses Büchlein aus sonderer Zuneigung und freund- 35
lichen Willen zugeschrieben, nit darum daß ich vermeint, ich hätt
Euch was Groß oder Fürtreffenlichs damit bewiesen, sonder daß
Ihr daraus meinen geneigten und guten Willen verstehen und ermessen möcht, ob ich Euch gleichwol mit meinem Werken nit

fonders erſchießlich[1]) ſein mag, daß dannoch mein Gemüt allzeit
bereit wäre, Euch Euer Gunſt und Lieb, ſo Ihr zu mir tragt, mit
gleicher Widerlegung zu bezahlen.

2. Zwei ſcherzhafte Entwürfe aus dem Abſchnitt über die Säulen, im dritten Buche.

Welicher ein Victoria aufrichten wollt, darum daß er die auf-
rühriſchen Bauren uberwunden hätt[2]), der möcht ſich eins ſolichen
Gezeugs darzu gebrauchen, wie ich hernach lehren will. Erſtlich
ſetz ein gevierten Stein, zehen Schuch ein Seiten lang und vier
Schuch hoch, der ſteh noch auf einer gevierten Platten, zweinzig
Schuch ein Seiten lang und eins hoch. Und auf einen Bühel auf
die vier Örter leg gebunden Kühe, Schaf, Schwein und allerlei.
Aber auf den öberen gevierten Stein ſetz vier Körb auf die vier
Ort[3]) mit Käs, Butter, Eier, Zwiebel und Kräuter, oder was dir
zufällt. Darnach leg noch mitten auf dieſen Stein ein anderen gevierten Stein, ein Seiten ſieben Schuch lang und eines Schuchs
hoch. Mitten auf dieſen Stein ſetz ein Haberkaſten, vier Schuch
hoch, unten ein Seiten ſechs Schuch und ein halben lang, aber oben
bei dem Schloß ſechs Schuch lang, und zu oberſt auf der Deck vier
Schuch lang. Darauf ſtürz ein Keſſel, vierthalben Schuch weit,
aber im Boden nun drei Schuch. Mitten auf des Keſſels Boden
ſetz ein Käſenapf eins halben Schuchs hoch, oben zweier Schuch
weit, aber am Boden nit mehr dann anderhalben, den deck zu mit
einem dicken Teller, das wol uberſchieß. Mitten auf das Teller
ſetz ein Butterfaß drei Schuch hoch, unten am Boden anderhalben
Schuchs breit, aber oben nur eines Schuchs weit. Doch die
Schnaupen, daraus man geußt, ſoll fürtreffen[4]). Mitten auf dies
Butterfaß ſetz ein wolgeſchickten Milchkrug dritthalben Schuchs
hoch, im Bauch eins Schuchs weit, aber oben eins halben, aber den
Fuß mach unten weiter. Und im Milichkrug richt auf vier
Scharren[5]), damit man das Kot zuſammenraſpt. Die zeuch uber
ſich fünf Schuch und ein halben. Darum bind ein Garben, fünf
Schuch hoch, alſo daß die Scharren ein halben fürtreffen. Und
häng daran der Baueren Werkzeug, Hauen, Schauflen, Hacken

---

[1]) erſprießlich. — [2]) Es ſei daran erinnert, daß die „Unterweiſung der Meſſung“
1525, im Jahre des Bauernkrieges, erſchien. — [3]) Ecken. — [4]) übertreten. — [5]) Holz-
gabeln.

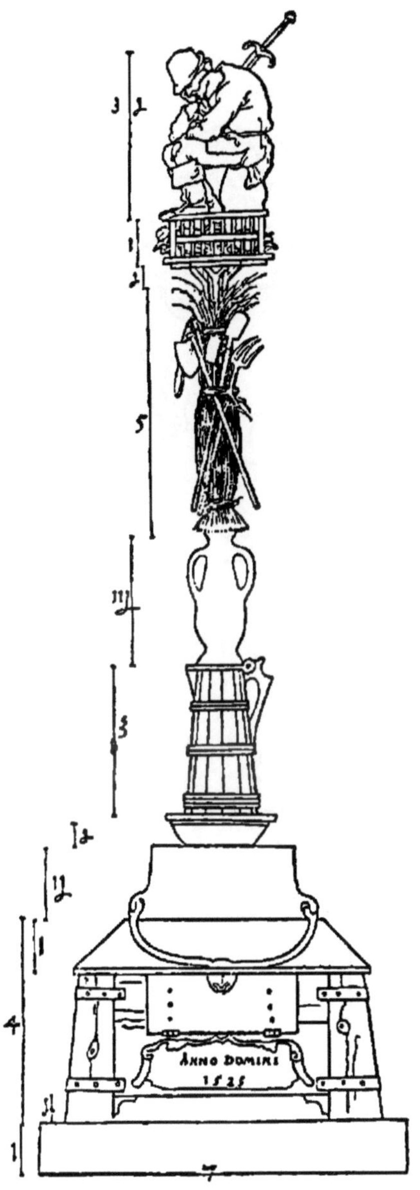

„Victoria" zur Niederwerfung des Bauernaufstandes.

Postament zur Bauern - „Victoria“.

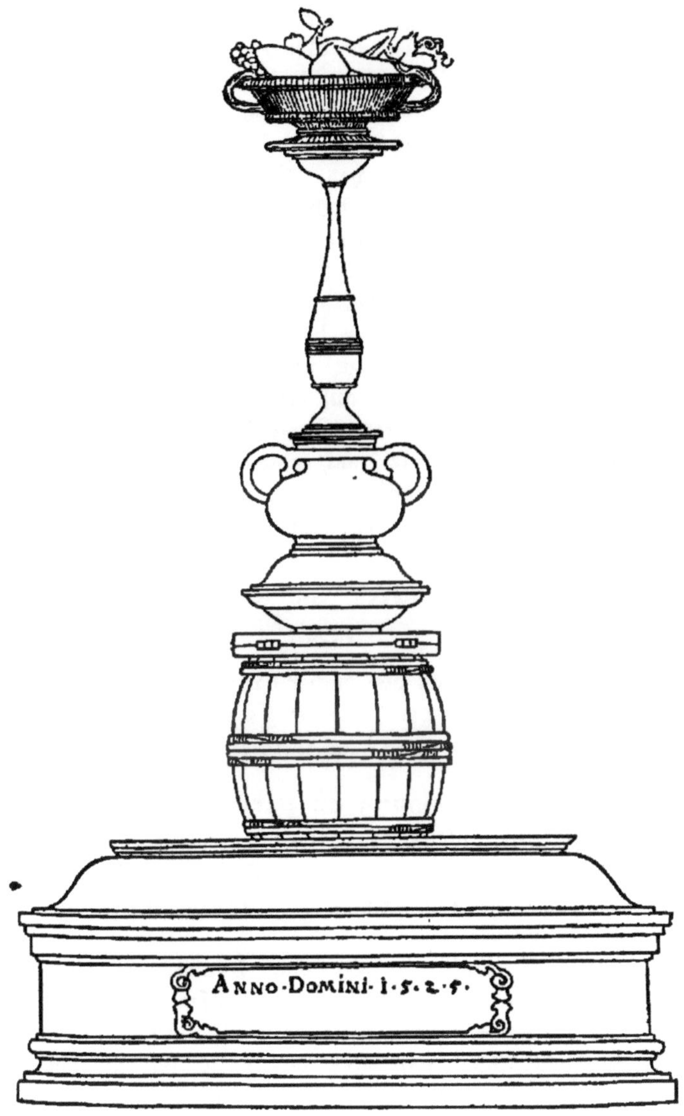

Grabſäule für einen Trunkenbold.

Mistgabel, Drischenflegel und dergleichen. Darnach setz zu öberst auf die Scharren ein Hühnerkörble und stürz darauf ein Schmalzhafen und setz ein traureten Bauren darauf, der mit einem Schwert durchstochen sei. Wie ich das hernach hab aufgerissen.

Item welicher einem Trunkenbolds auf sein Begräbnuß ein Gedächtnuß wollt aufrichten, der möcht sich einer solichen nachfolgeten aufgerißnen Meinung gebrauchen. Erstlich sein Grab, daran ein Epitaphium machen, das den Wollust mit Gespött lobet. Und auf das Grab ein Biertunnen aufrecht stellen und oben mit einem Brettspiel zudecken, darauf zwo Schüssel ubereinander stürzen, darin wird Fresserei sein. Darnach auf der öberen Schüssel Boden gestellt ein weit niederträchtigen Bierkrug mit zweien Handhaben. Das deck mit einem Teller zu und stürz darauf ein hochs umgekehrtes Bierglas, und setz auf des Glas Boden ein Körblein mit Brot, Käs und Butteren. Desgleichen von anderen Dingen möcht man gar manicherlei nach eines jedlichen Leben sein Begräbnuß zieren. Solichs hab ich von Abentheuer wegen wöllen anzeigen und zusamt den anderen Säulen aufgerissen.

B. Aus den „Vier Büchern von menschlicher Proportion".

1528.

„Hierin sind begriffen vier bücher | von menschlicher Proportion durch Albrechten | Dürer von Nürenberg erfunden und be | schrieben zu nutz allen denen, so zu di | ser kunst lieb tragen. MDXXVIII.

1. Widmung an Pirkheimer.

Dem ehrberen und wolgeachtten Herrn Wilibald Pirckeymer, Kaiserlicher Majestat Rat &, meinem gönstigen lieben Herrn und großersprießlichen Freund, entbeut ich, Albrecht Dürer, mein willig Dienst.

Wiewol ich, gönstiger Herr und Freund, nit zweifel, sich werden etlich dies mein Fürnehmen zu strafen unterstehn, darum daß ich als ein Ungelehrter, kleins Verstands und mit wenig Kunst begabt, schreiben und lehren dar[1]) das, so ich selb nie gelernt hab oder von jemand anders unterwiesen bin worden, nochdann[2]) dieweil Ihr mir zu mehrem Mal angehalten, auch zum Theil ge

---

1) darf. — 2) darnach.

drungen habt, daß ich diese meine Bücher an Tag geb, hab ich
mich viel ehe in die Gefährd der Nachred geben wöllen dann Euch
Eur Bitt versagen. Wiewol ich hoff, mir werd niemands, der
mit Tugenden und Verstand begabt ist, zu argem auslegen, daß
ich das, so ich mit hohem Fleiß, steter Mühe und Arbeit, auch nit 5
mit kleiner Versäumung zeitlicher Hab so mildiglich und zu ge=
meinem Nutz aller Künstner an das Licht kommen laß, sonder
männiglich werd mein Gutwilligkeit und geneigten Willen loben
und den im allerbesten verstehn. Dieweil ich nun in keinen
Zweifel setz, ich werde allen Kunstliebhabenden und denen, so zu 10
lehren Begierd haben, hierin ein Gefallen thun, muß ich dem Neid,
so nichts ungestraft läßt, seinen gewöhnlichen Gang lassen und
antworten, daß gar viel leichter sei, ein Ding zu tadeln dann selbs
zu erfinden. Und ist wol nit an¹); wo die Bücher der Alten, so
von den Künsten des Malens geschrieben haben, noch vor Augen 15
wären, so möcht mir dies mein Vorhaben, als vermeint ich ein
Bessers zu finden, zu Arg ausgelegt werden. Dieweil aber solche
Bücher durch Läng der Zeit ganz verloren sind worden, so kann
mir mit keiner Billigkeit verwiesen werden, ob ich, wie auch die
Alten gethon haben, mein Meinung und Erfindung schriftlich aus 20
lasse gehn, damit auch anderen Verständigen dergleichen zu thun
Ursach gegeben werd und unser Nachkommen haben, das sie mehren
und besseren mögen, damit die Kunst der Malerei mit der Zeit
wieder zu ihr Vollkommenheit reichen und kommen mög. Doch ist
niemand gezwungen, dieser meiner Lehr, als sei die ganz voll= 25
kommen an allen Orten, nachzugehn. Dann die menschlich Natur
hat noch nit also abgenommen, daß ein ander nit auch etwas
Bessers erfinden möge. Derhalb mag sich ein iglicher dieser meiner
Unterrichtung, so lang ihme geliebt oder er ein Bessers erfindet,
gebrauchen, wo nit, mag er wol dafür achten, diese Lehr sei nit 30
ihme, sonder anderen, so die anzunehmen begehren, beschrieben.
Dann es muß gar ein spröder Verstand sein, der ihme
nit trauet auch etwas Weiters zu erfinden, sonder liegt
allwegen auf der alten Bahn, folgt allein anderen nach
und untersteht sich nichten weiter nachzudenken. Derhalb 35
gebührt einem jeglichen Verständigen, also einem anderen nach=
zufolgen, daß er nit verzweifel, daß er mit der Zeit auch ein

---

¹) Und es ist wohl nicht ohne Grund; denn wenn . . .

Beſſers erfinden mög. Dann ſo das geſchicht, darf es keinen Zweifel, daß dieſe Kunſt mit der Zeit wieder wie vor Alter ihr Vollkommenheit erlangen mög. Dann offenbar iſt, daß die teutſchen Maler mit ihr Hand und Brauch der Farben nit wenig geſchickt ſind, wiewol ſie bisher an der Kunſt der Meſſung, auch Perſpectiva und anderem dergleichen Mangel gehabt haben. Darum wol zu hoffen, wo ſie die auch erlangen und alſo den Brauch und Kunſt miteinander uberkommen, ſie werden mit der Zeit keiner anderen Nation den Preis vor ihnen laſſen. Aber ahn[1]) rechte Proportion kann je kein Bild vollkommen ſein, ob es auch ſo fleißig, als das immer möglich iſt, gemacht wirdet. Wiewol ohn Not[2]), alle, und zuvor[3]) gar kleine Bild nach der Maß zu machen, dann ſolchs zuviel Mühe wurd brauchen. So man aber der Maß recht unterrichtt iſt und die in Gewohnheit bringt, kann nachfolgend deſt leichter auch ohn die Maß ein iglich Bild gemacht werden. Damit auch dies mein Unterrichtung deſt baß[4]) verſtanden mög werden, hab ich hievor ein Buch der Meſſung, als nämlich Linien, Ebnen, Corpor & betreffend aus laſſen gehn, ohn welche dieſe mein Lehr nit gründlich verſtanden mag werden. Darum thut einem iglichen, der ſich dieſer Kunſt unterſtehn will, Not, daß er zuvor der Meſſung wol unterrichtt ſei und einen Verſtand uberkomme, wie alle Ding in Grund gelegt und aufgezogen ſollen werden, wie dann die kunſtlichen Steinmetzen in täglichem Gebrauch haben. Dann ohn das wirdet er mein Unterrichtung nit vollkommenlich vernehmen mögen. Sich ſoll auch niemand abweiſen laſſen, ob er nit alsbald alle Ding verſteht. Dann was ganz leicht iſt, kann nit ſehr künſtlich ſein, was aber künſtlich iſt, das will Fleiß, Mühe und Arbeit haben, bis das uberkommen und gelernet mag werden. Iſt je ein vergebne Arbeit, wo viel Mühe und Fleiß auf ein falſch Ding gelegt wirdet. So es aber ſein rechte Maß hat, kann das von niemand getadelt werden, ob es auch ganz ſchlecht gemacht iſt. Ich will auch mit dieſer meiner Unterricht allein von den äußeren Linien der Form und Bilder und wie die von Punkt zu Punkt gezogen ſollen werden ſchreiben, aber von den innerlichen Dingen[5]) gar nit. Wie alt nun dieſe Kunſt ſei, wer ſie ernſtlich erfunden hab, in was Anſehen und Wirden ſie etwan bei den Kriechen und

---

[1]) ohne. — [2]) Wiewohl es nicht nötig iſt. — [3]) zumal. — [4]) deſto beſſer. — [5]) alſo nichts von anatomiſchen Dingen.

Römern geweſt ſei, wie auch ein guter Maler oder Werkmann geſchickt ſoll ſein, davon iſt jetz ohn Not zu ſchreiben. Wer aber des
Wiſſen zu haben begehrt, der leſe Plinium und Vitruvium,
ſo wirdet er derhalb gnugſame Unterricht empfahen. Damit aber
dieſe meine Bücher einen Beſchirmer vor Nachred uberkommen
möchten, ich auch meinen geneigten Willen, ſo ich zu Eur Herrſchaft
trag, um mancherlei Lieb, Freundſchaft und Gutheit willen, ſo Ihr
mir lange Zeit und in viel Weg bewieſen habt, mit dem Gemüt,
ſo ich mit dem Werk nit kann, erzeigen möcht, hab ich die Eur
Herrlichkeit zugeſchrieben mit Bitt, Ihr wöllet dies mein fürnehmen
im Beſten verſtehn und wie Ihr allweg gethon habt, mein gönſti-
ger Herr und Förderer ſein. Des will ich mich gänzlich vertröſten
nnd wie ich kann zu verdienen gefliſſen ſein.

2. Aus den handſchriftlichen Entwürfen zu der Widmung an Pirkheimer.

Nach der Dürer-Handſchrift der Kgl. Bibliothek in Dresden.

Niemand acht, daß ich ſo vermeſſen ſei, daß ich vermeinte, hie
ein ſölch Wunderbuch zu machen, mich domit über ander zu er-
heben. Das ſei weit van mir. Dann ich weiß wol, daß kleiner
und geringer Verſtand und Kunſt in dieſen meinen nachfolgeten
Büchlen erfunden würd. Ich erkenn ſelbs mein Unvollkummenheit.
Dorum will ich mich einem idlichen Hochverſtändigen, der mir mein
Irrthum mit rechter Vernuft und beweislicher Künſt mit ſeiner
meiſterlichen wolgeübten Hand Werk anzeigt, ganz unterworfen
haben. Aber dannocht, wiewol ich mich beſorg van etlichen einer
kleinen Ungunſt, dannocht hab ich mich unterwunden, dies mein
wenigs Vermügen, ſo viel mir Gott verleicht, getreulich aus gutem
Herzen einem idlichen Leſer mitzutheilen. Und ſunderlich den jungen
kunſtbegierigen Geſellen, die ſich geren üben und doch nicht Unterricht mügen bekummen. Dann der Mangel der Lehrmeiſter
iſt groß bei uns, und dorum iſt ſchwer einem idlichen, aus
Vernunft und eigner Übung ſolchs und dergleichen zu ſuchen und
finden; ich weiß wol, wie ſchwer es ankummt. Und dorum bitt ich
euch, ihr jungen Geſellen, ihr wöllt ſölch mein einfältig Unterricht
gutwillig van mir annehmen und euch nit benügen laſſen, bis
daß ihr ſelbs ein beſſers findt oder daß ihr van anderen mit ein
beſſern unterrichtt werdt. Es ſoll auch niemands gedenken, daß
ich mich wöll unterſtehn, den hochberühmten Meiſtern ihn fürzu-

schreiben und sic zu lernen, sunder vielmehr, so sie etwas an Tag
laffen kummen, ihn mit fleißiger Übung, soviel mich die Grobigkeit
meiner Natur nit irrt, fleißig nochzufolgen, so viel mir müglich ift,
und ihr Lob helfen ausbreiten. Dorum helft, lieben Herrn und
5 freund, gebt mildiglich heraus die Gaben Gottes, die in euch
goffen find, auf daß Gott in euch geehrt werd und den Brüdern
zu Gut kumm. Dann ihr wißt, daß in taufend Johrn
diefe Kunft gar in keinen Brauch ift geweft. Dann sie
hat fich erft in anderthalbhundert Johrn wieder an=
10 gefpunnen. Und ich hoff, sie foll fürbaß wachsen, auf
daß fie ihr frücht gebär, und funderlich in welfchen
Landen, das dann zu uns auch mag kummen. Auf fölchs
bitt ich ein idlichen Lefer, er wölle mich meiner Einfalt treulich
entfchuldigen, ob ich ihm indert[1]) zu viel odr zu wenig thät. Dann
15 hie foll keiner nichts oratorifch fuchen oder finden, noch wie man
das Erdrich foll meffen. Allein follen diefe meine Büchle innen=
halten, reden und anzeigen die äußerlichen Geftalt, Linien und
Moß der Menfchen, der fich nicht allein die Moler gebrauchen,
funder auch die Goldfchmied, Bildhauer von Holz und Stein, Metall=
20 gießer, Hafner oder die van Letten ftreichen, Seidenfticke rund ander
mehr, die dovan Bilden zu machen haben.

Nach den Dürer-Handfchriften des Britifchen Mufeums in London.

Dem fürfichtigen hochachtbarn und ehrbern Wilbalden Birckamer,
Kaiferlicher Majeftät Rat, auch des Rats zu Nornberg meinem
25 günftigen Herren, entbeut ich, Albrecht Dürer, mein willig Dienft.

Wiewol ich ahn Zweifel bin, daß mein nochfolget Fürnehmen
van etlichen für ein Unwiffenheit und Thorheit geacht würd,
dorum daß fie ein kleine Vernunft und ein ungelehrte geringe Der=
ftändnuß dorin finden. Dann fie hörn mich aus keinem gelehrten
30 Mann reden, allein aus meinem Fürnehmen vernehmen fie, wie
ich etlich menfchlich Maß befchreib, unverwilligt der anderen. Sie
thun mir doran nit Unrecht, fie haben wahr. Dann ich felbs wollt
lieber ein hochgelehrten beruhmten Mann in folcher Kunft hörn
und lefen, dann daß ich als ein Unbegründter dovan fchreiben föll.
35 Jdoch fo ich keinen find, der do etwas befchrieben hätt
van menfchlicher Maß zu machen, dann einen Mann,

---

[1]) irgend wie.

Jacobus[1]) genennt, van Venedig geborn, ein lieblicher
Moler. Der wies mir Mann und Weib, die er aus der
Maß gemacht hätt, und daß ich auf diese Zeit liebr sehen
wollt, was sein Meinung wär gewest, dann ein neu Kunig-
reich, und wenn ichs hätt, so wollt ich ihms zu Ehren in
Druck bringen, gemeinen Nutz zu gut. Aber ich was zu
derselben Zeit noch jung und hätt nie van sölchem Ding
gehört. Und die Kunst ward mir fast lieben[2]) und nahm
die Ding zu Sinn[3]), wie man solche Ding möcht zu Wegen
bringen. Dann mir wollt dieser vorgemeldt Jacobns
seinen Grund nit klärlich anzeigen, das merket ich wol
an ihm. Doch nahm ich mein eigen Ding für mich und
las den Fitrufium[4]); der beschreibt ein wenig van der
Gliedmaß eines Manns. Also van oder aus den zweien
obgenannten Mannen hab ich meinen Anfang genummen, und hab dornoch aus meinem Fürnehmen ge-
sucht van Tag zu Tag. Und was ich in solchem erfunden hab,
so viel mir müglich ist, will ich das van der Jungen wegen an
Tag legen und mich nit unterstehn, die großen Meister zu lernen,
die do bessers wissen, aber gern van ihnen unterwiesen wöllen
werden. Aus sölchem hab mich entschlossen, ungeachtet aller
Nochred, Euch meinem lieben Herrn und Freund, auf Euer An-
snchen viel mehr schuldige Gehorsam zu leisten dann durch Abschlag
desselben undankbarlich zu erscheinen. Ich hab auch kein Zweifel,
so ich den Jungen mein Müh, Arbeit, Verschleißung langer Zeit
mit Versaumnuß des Gewinns mein erfunden Lehr werd mittheilen, sie werden solchs auf ihr Verbeßrung mit gutem Willen
annehmen.

3. Aus dem ästhetischen Exkurs am Ende des dritten Buches.

Welicher nach diesen Büchlein Bilder wirdet aufreißen[5])
und der Sachen nit wol berichtt ist, den wirdet erstlich die
Sach schwer ankummen. Aber derselb stell alsdann ein
Menschen für sich, der zu derselben Maß beiläuftig tüglich[6]) sei.
Darnach zieh er dann die äußern Linien, so viel er kann und ver-

---

[1]) Jacopo de' Barbari. — [2]) sehr teuer. — [3]) und ich sann nach. — [4]) Vitrurius.
— [5]) aufzeichnen. — [6]) tauglich.

steht. Dann das ist gut geacht: so einer genau dem Leben mit
Abmachen nachkummt, daß es ihm gleich sech und der Natur ähn=
lich wirdet, und sunderlich wenn, das abgemacht wirdet, hübsch ist,
so wirdet es kunstlich gehalten und, als es wert ist, wol gelobt.
5 Aber fürbaß steht in eins jeblichen Willen, ob oder wie er alle
vorbeschriebne Wörter der Unterschied wöll brauchen. Dann einer
mag ob er will lernen mit der Kunst, darin die Wahrheit ist,
arbeiten, oder ahn Kunst, dardurch in derselben Freiheit ein jeb=
lich Ding verführt wirdet und sein Mühe den Verständigen ein
10 Gespött anzusehen. Dann wol gethane Arbeit ist Gott ehrlich,
dem Menschen nutz, gut und lieblich. Aber verächtlich Arbeit zu
thon in Künsten ist sträflich und schad und wirdet verhaßt in
kleinen als in großen Werken. Und darum thut Not, daß ein
jedlicher Bescheidenheit in seinem Werk brauch, das an das Licht
15 kummen soll. Daraus kummt, wer etwas Rechts will machen, daß
er der Natur nichts abbrech und leg ihr nichts Unträglichs
auf. — —
      Es ist auch kein Wunder, daß ein künstlicher Meister man=
cherlei Unterschieden der Gestalt betracht, die er all künnt
20 machen, so er Zeit gnug darzu hätt, derhalb er solchs stehn muß
lassen. Dann solch Zufäll[1]) sind bei den Küstnern unzählig viel
und ihr Gemüt voller Bildnuß, das ihn müglich zu machen wär.
Derhalb so eim Menschen viel hundert Jahr zu leben verliehen
wirdet, der sich solcher Kunst schickerlich[2]) brauchte, und darzu ge=
25 naturt, der wirdet durch die Kraft, die Gott dem Menschen geben
hat, alle Tag viel neuer Gestalt der Menschen und andrer Crea=
turen auszugießen und zu machen haben, das man vor nit gesehen
noch ein ander gedacht hätt.
      Darum gibt Gott den künstreichen Menschen in solchem und
30 andern viel Gewalts. Und wiewol viel von Unterschied geredt,
so weiß man doch wol, daß alle Ding, die ein Mensch thon kann,
sich von ihn selbs von einander unterscheiden. Also daß kein
Künstner lebt, der so gwiß sei, der da zwei Ding so gleich an=
einander künn machen, daß sie nit vor einander zu erkennen wären.
35 Dann all unser Thon[3]) ist keins dem andern recht und ganz gleich.
Dies mög wir nit fürkummen[4]). Dann wir sehen, so wir zween

---

[1]) Einfälle. — [2]) schicklich, angemessen. — [3]) Thun. — [4]) Daran können wir
nicht vorbeikommen.

Drück von einem gestochnen Kupfer thun, oder zwei Bild in ein Model gießen, daß man von Stund an Unterschied findt, daraus sie vor einander zu erkennen sind, vieler Ursach halben. So es nun in den allergwißten Dingen sich also findt, viel mehr in andern Dingen, das da von freier Hand gemacht würde. — —

Doch hüt sich ein jedlicher, daß er nichts Unmüglichs mach, das die Natur nit leiden künn. Es wär dann Sach, daß einer Traumwerk wollt machen, in solchem mag einer allerlei Creatur untereinander mischen. — —

Darum ist Not, welcher sich in seiner Kunst sehen will lassen, daß er dann das Best fürwend, so ers kann, das zu demselben Werk tüglich ist. Aber darbei ist zu melden, daß ein verständiger geübter Künstner in grober bäurischer Gestalt sein großen Gwalt und Kunst mehr erzeigen kann etwan in geringen Dingen dann mancher in seinem großen Werk. Diese seltsame Red werden allein die gwaltsamen Küstner mögen vernehmen, daß ich wahr red. Daraus kummt, daß manicher etwas mit der Federn in eim Tag auf ein halben Bogen Papiers reißt¹) oder mit seim Eiselein etwas in ein klein Hölzlein versticht²), das würd künstlicher und besser dann eins andern großes Werk, daran derselb ein ganz Jahr mit höchstem Fleiß macht. Und diese Gab ist wunderlich. Dann Gott gibt oft einem zu lernen und Verstand, etwas Guts zu machen, desgleichen ihm zu seinen Zeiten keiner gleich erfunden wirdet und etwan lang keiner vor ihm gewest und nach ihm nit bald einer kummt. Des sehen wir Exempel bei der Römer Zeiten, da sie in ihrem Pracht waren, was bei ihnen gemacht ist worden, der Trümmer wir noch sehen, dergleichen von Kunst in unsern Werken jetz wenig erfunden wirdet. So wir aber fragen, wie wir ein schön Bild sollen machen, werden etlich sprechen: nach der Menschen Urtheil. So werdens dann die andern nit nachgeben und ich auch nit. Ahn ein recht Wissen wer will uns dann des gewiß machen? Dann ich glaub, daß kein Mensch leb, der da in der mindsten lebendigen Creatur sein schönstes End möcht bedenken, ich geschweig dann in einem Menschen, der da ein besunder Geschöpf Gottes ist, dem ander Creaturen unterworfen sind. Das gib ich nach, daß einer ein hübschers Bild betracht und mach und

---

¹) zeichnet. — ²) in den Holzstock schneidet.

des gut natürlich Ursach anzeigen der Vernunft einfällig[1]) dann
der ander. Aber nit bis zu dem Ende, daß es nit noch hübscher
möcht sein. Dann solchs steigt nit in des Menschen Gemüt[2]).
Aber Gott weiß solichs allein; wem ers offenbarte, der weßt es
auch. Die Wahrheit hält allein innen, welch der Menschen schönste
Gestalt und Maß künnte sein und kein andre.

Nach solchen Dingen ratschlagen die Menschen und haben
unzählig viel unterschiedlicher Urteil und suchen manicherlei Weg
darnach, wiewol man daß Häßlich eher bekummt dann das Hübsch.
In solichem Irrthum, den wir jetz zumal bei uns haben, weiß ich
nit statthaft zu beschreiben endlich, was Maß sich zu der rechten
Hübsche nachnen möcht[3]). Aber gern wollt ich helfen, so viel ich
künnt, daß die grobe Ungestalt unsers Werks abgeschnitten und
vermieden blieb. Es wär dann Sach, daß einer mit sunderm
fleiß ungestalt Ding wollt machen. Nun kummen wir wie vorgemeldt wieder zu der Menschen Urtheil. Die achten etwan zu
einer Zeit ein Gestalt hübsch, zu der andern Zeit erwählen sie
ein andre darfür. So nun dieselben bei den Meistern ein Werk
erforderen, so soll der Meister so viel künnen, daß er ihr Begierd
sättige, so ist er zu rühmen. Darzu muß er ein gewaltigen Brauch[4])
haben, soll er ihren Willen leisten. Ihm wär darzu nutz, so er
im Gemüt verstünd, weliches die recht Maß wär und kein andre,
daß er auch dasselb mit dem Werk wirdet künnen anzeigen.

Aber unmöglich bedunkt mich, so einer spricht, er wisse die
beste Maß in menschlicher Gestalt anzuzeigen. Dann die Lügen ist
in unsrer Erkanntnuß, und steckt die Finsternuß so hart in uns,
daß auch unser Nachtappen fehlt. Welcher aber durch die Geometria sein Ding beweist und die gründlichen Wahrheit anzeigt,
dem soll alle Welt glauben. Dann da ist man gefangen, und ist
billig ein solicher als von Gott begabt für ein Meister in solchem
zu halten. Und derselben Ursachen ihrer Beweisung sind mit Be-
gierden zu hören, und noch fröhlicher ihre Werk zu sehen. So wir
nun zu dem Allerbesten nit kummen mögen, soll wir nun gar von
unser Lernung lassen? Den viehischen Gedanken nehm wir nit
an. Dann die Menschen haben Args und Guts vor ihn, darum

---

1) und die natürliche Ursache dafür der Vernunft verständlicher machen kann. —
2) dazu reicht der Sinn des Menschen nicht. — 3) welches Maß von Schönheit sich
der rechten (idealen) Schönheit am meisten näherte. — 4) Gebrauch, Praxis, Erfahrung.

ziemt sich eim vernünftigen Menschen, das Besser fürzunehmen.
Und daß wir wieder kummen, wie ein besser Bild gemacht werd,
so muß wir erstlich das ganz Bild wol und herrlich ordnen mit
allen Gliedmaßen. Und daß darnach ein jedlichs Glied sunderlich
wohlbeträchtlich geschickt gemacht wirdet, in den allerkleinsten
Dingen als in den größten, ob wir des Schonen, das uns geben
wirdet, herausziehen möchten, auf daß wir dest näher zum rechten
Ziel kummen. So dann wie vorgemeldt ein Mensch ein Stück ist,
das von vielerlei Theil zusammen gesammelt ist, und wie ein
jedlicher derselben sein sunder Art hat, so muß man gar fleißlich
aller solcher Ding eben Acht nehmen, womit sie verderbt mögen
werden, daß man dasselb fliech und daß man der rechten natür-
lichen Eigenschaft gar fleißig anhang, nicht darvon weich nach
unserm Vermügen.

Das Löblich machen zu sehen, darzu gehört mit hoher
Aufmerkung großer Fleiß. Dann so man das Haupt erstlich
fürnimmt, wie dann das in den andern Büchlein vorn beschrieben ist, was seltsamer Rundung es hab, desgleichen die andern
Ding, was seltsamer Linien all Ding bedarf, die man durch kein
Regel ziehen kann, allein von Punkten zu Punkten gezogen muß
werden. Und also fleißig soll die Stirn, Backen, Nasen, Augen,
Mund und Kinn mit ihrem Ein- und Ausbiegen und sunderlichen
Gestalten gezogen werden, auf daß das allermindst Dinglein nit
hingelassen werde, das da nit sunderlich fleißig wolbetracht gemacht
würde. Und so ein jedlichs für sich selbs wolgeschickt gut soll
sein, also soll es sich in seiner ganzen Versammlung wol zusammen
vergleichen. Darnach soll der Hals sich wol zum Haupt reimen,
weder zu kurz noch zu lang noch zu dick oder dünn sein. Also hab
man weiter Acht, daß man fleißig einziech die Brust, Bauch, den
Rucken und Hintern, die Bein, Füß, Arm und Händ mit allem
ihrem Inhalt, auf daß die allerkleinsten Dinglein wolgeschickt und
auf das best gemacht werden. Und diese Ding sollen auch im
Werk auf das allerreinest und fleißigst ausgemacht werden, und
die allerkleinsten Runzelein und Ertlein[1]) nit ausgelassen, so viel
das müglich ist. Dann es gilt nit, daß man obenhin lauf und
uberrumpel ein Ding. Es wär dann Sach, daß man ein Bild
ganz behend mußt haben, so müßt man sich benügen lassen. Aber

---

[1]) wohl = Örtlein, Eckchen, hier so viel wie Fältchen.

doch daß man darin Anzeigung geb eins rechten Verstands, und
daß bei der Eil erkannt werde ein rechte Meinung, und daß die
Art durch den ganzen Leib gleichformig wär, auch in allen Bilden,
es sei in härter oder linder Art, fleischechtig oder mager. Nit daß
ein Theil feist, der ander dürr sei, als ob du machtest feiste Bein
und mager Arm und Widersinns, oder vorn feist, hinten mager
und wiederum; auf daß sich all Ding vergleichlich reimen und nit
fälschlich zusammen versammelt werden. Dann vergleichliche Ding
acht man hübsch. Deshalb soll auch in einem jedlichen Bild in
all seinen Theiln der Glieder ein gleichmäßig Alter angezeigt
werden. Und nit daß das Haupt von eim Jungen, die Brust von
eim Alten, und Händ und Füß von eim mittelmäßigen Alten abgemacht werde. Und daß das Bild nicht vorn jung, hinten alt
und auch dem Widersinns gemacht wirdet. Dann so es der
Natur entgegen ist, so ist es bös. Darum gebührt sich, daß
ein jedlich Bild durchaus von einer gleichen Art sei, eintweders
jung, alt oder mittelmäßig, mager oder feist, lind oder hört. Also
findst du die erwachsen Jugend glatt, eben und volls Leibs, aber
das Alter ist uneben, knorret, gerumpfen, und das Fleisch verzehrt.

Solichs erstlich anzuzeigen dient wol, ehe man in das Werk
greifet, daß man solichs alls, wie mans haben will, vor mit Linien
aufreiß, auf daß man vor die Gestalt sech, ob etwas darin zu
bessern wär. Thust du solichs mit Fleiß und wol betracht,
so reut dich darnach nicht leichtlich, was du gemcht hast. Darum ist eim jedlichen Künstner Not, daß er wol reißen lern.
Dann es dient uber die Maß zu viel Künsten und leit viel
daran. Und ob einer gleich ein gute Maß vor ihm beschrieben
hat und macht sie einer ab, der nit reißen kann, und fährt
daher mit seiner ungeschickten Hand durch die Läng, Dicke und
Breiten des Bildes, der hat gar bald verderbt, was er machen
soll. Wo aber einer, der ein Verstand im Reißen hat und ein
wolbeschrieben Bild fürnimmt, so kann er ihm im Aufreißen helfen,
daß es noch besser wirdet. Und daß wir aber zu einer guten Maß
möchten kummen, dadurch die Hübschheit eins Theils in unser
Werk bringen, darzu bedunkt mich am allerdienstlichsten sein, daß
du von viel lebendiger Menschen dein Maß nehmest. Aber such
Leut darzu, die da hübsch geacht sind, und derart mach mit
allem Fleiß ab. Dann aus viel manicherlei Menschen mag durch
ein Verständigen etwas Guts zusammengelesen werden durch alle

Theil der Glieder. Dann selten findt man ein Menschen, der da
alle Gliedmaß gut hab; dann ein jedlicher hat ein Mangel. Und
wiewol man von vielerlei Menschen zusammen versammlen soll,
so soll man doch von einerlei Art der Menschen zu einem Bild
brauchen. Und wie vorgemeldt ist der Gleichheit halben, so brauch
im Abmachen zu einem jungen Bild eitel jung Menschen, zu
eim alten alte, zu eim mittelmäßigen mittelmäßig Menschen.
Desgleichen thu mit magern, feisten, linden und härten Men=
schen, stark oder schwach. Ein jedliche Art brauch besunder in
sundern Bildern. Und welicher sich in diesen Dingen fleißt,
eigentlich ein jedlichen Theil im Menschen sunderlich zu durch=
suchen, der wirdet alle Notdurft zu seinem Werk finden, mehr
dann er ausrichten kann. Und der Verstand der Menschen
kann selten fassen das Schön in Creaturn recht ab=
zumachen. Und obgleich wol wir nit sagen künnen von
der größten Schonheit einer leiblichen Creatur, so find
wir doch in den sichtigen Creaturen eine soliche über=
mäßige Schonheit unserm Verstand, also daß soliche
unser keiner kann vollkummen in sein Werk bringen.
Item zu manicherlei Bilder gehörn manicherlei Menschen ab=
zumachen. Darzu findst du zweierlei Geschlecht der Menschen, als
Weiß und Mohrn. Aus denen ist ein Unterschied zu merken der
Art halben, der zwischen ihn und uns ist. Der Mohrn Angesicht
sind selten hübsch, der pflechsten Nasen und dicke Mäuler halben,
desgleichen ihre Schienbein mit dem Knie und Füß sind zu knorret,
nit so gut zu sehen als der Weißen, desgleichen ihr Händ. Aber
ich hab ihr etlich gesehen, die da sunst von dem ganzen Leib so
wolgeschickt und ärtig sind gewest, daß ichs nicht baßgestalter ge=
sehen noch erdenken kann, so von ganz guter Art von Armen und
allen Dingeu, wie sie besser [nit] möchten sein. Also findt man
unter den Geschlechten der Menschen allerlei Art, die zu manicherlei
Bilden nutz zu brauchen sind, nach der Complexion[1]) anzusehen.
Also haben die Starken härter Gepräg in ihrem Leib wie die
Lewen. Aber die Schwachen sind linders Geprägs und nit so
quallet als die Starken. Darum ziemt sich nit, eim ganz starken
Bild ein ganz lind Gepräg zu machen oder eim schwanklen Bild
ganz hört Gepräg. Wiewol man der Mägeren und feisten in

---

[1]) nach ihrer Beschaffenheit.

Bildern etwas nach muß geben. Doch mag ziemlich in allerlei Unterschieden der Bilder lind und hört gebraucht werden, wo er will.

Aber das Leben in der Natur gibt zu erkennen die Wahrheit dieser Ding. Darum sich[1]) sie fleißig an, richt dich darnach und geh nit von der Natur in dein Gutgedunken, daß du wöllest meinen, das Besser von dir selbs zu finden; dann du wirdest verführt. Dann wahrhaftig steckt die Kunst in der Natur, wer sie heraus kann reißen, der hat sie. Uberkummst du sie, so wirdet sie dir viel Fehls nehmen in deinem Werk. Und durch die Geometria magst du deins Werks viel beweisen. Was wir aber nit beweisen künnen, das muffen wir bei guter Meinung und der Menschen Urtheil bleiben laffen. Doch thut die Erfahrung viel in diesen Dingen. Aber je genäuer dein Werk dem Leben gemäß ist in seiner Gestalt, je besser dein Werk erscheint. Und dies ist wahr. Darum nimm dir nimmermehr für, daß du etwas besser mügest oder wellest machen, dann es Gott seiner erschaffnen Natur zu würken Kraft geben hat. Dann dein Vermügen ist kraftlos gegen Gottes Geschöff. Daraus ist beschloffen, daß kein Mensch aus eignen Sinnen nimmermehr kein schön Bildnuß künn machen, es sei dann Sach, daß er solchs aus viel Abmachen sein Gemüt voll gefaßt [hab]. Das ist dann nit mehr eigens genannt, sunder uberkummen und gelernte Kunst worden, die sich besamt, erwächst und seins Geschlechts frücht bringt. Daraus wirdet der versammlet heimlich Schatz des Herzen offenbar durch das Werk und die neue Creatur, die einer in seinem Herzen schöpft in der Gestalt eins Dings.

Das ist die Ursach, daß ein wolgeübter Künstner nit zu einem jedlichen Bild darf lebendige Bilder abmachen, dann er geußt gnugsam heraus, was er lang Zeit von außen hineingesammlet hat. Solicher hat gut machen in seinem Werk, aber gar wenig kummen zu diesem Verstand. Aber der sind viel, die da mit großer Mühe viel Unrechts machen. Darum welicher aus rechtem Verstand ein guten Gebrauch erlangt hat, dem ist wol müglich ahn allen Gegenwurf[2]) etwas Guts zu machen, so viel unser Vermügen ist. Doch wirdet es allweg besser, so er sich des Lebens im Abmachen gebrauchet. Aber den Unge-

---

1) sieh. — 2) ohne Modell.

übten ist es unmüglich; dann diese Ding gerathen nit ungefähr.
Es geschicht auch, aber selten, daß einer durch groß Erfahrung
und lange Zeit in fleißiger Ubung so gwiß werd, daß er aus
eignem Verstand, den er mit großer Mühe erlangt hat, außerhalb
eins Gegengesichts, das er abmachen mög, etwas Bessers zu Werk
ziehen dann der ander, der da viel lebendiger Menschen zu abmachen für sich stellt, aus der Ursach, daß es ihm am Verstand
mangelt. Darum mussen wir gar mit großer Acht wahrnehmen
und fürkummen, daß sich die Ungestalt und Unschicklichkeit nit in
unser Werk flecht. Deshalb soll wir die unnützen Ding in Bildern
zu machen, was anderst hübsch soll sein, vermeiden. Dann dies
ist der Übelstand. Nimm ein Gleichnuß bei den Blinden, Lahmen
und verdorrten Krüppelen und Hinkenden dergleichen. Solichs ist
alles häßlich von des Mangels wegen. Also ist auch zu fliehen
der Uberfluß, als daß man einem drei Augen, drei Händ und Füß
wollt machen. Aber je mehr man alle Häßlichkeit der obgemeldten
Ding ausläßt, und macht dargegen gerade starke helle notdurftige
Ding, die alle Menschen gewohnlichen lieben, so besser wirdet dasselb Werk, dann solchs achtt man nun hübsch. Aber die Hübschheit ist also im Menschen verfaßt und unser Urtheil so zweifel-
haftig dorinnen, so wir etwan finden zween Menschen, beede fast
schön und lieblich, und ist doch keiner dem andern gleich in keim
einigen Stück oder Theil, weder in Maß noch Art, wir verstehn
auch nit, welcher schöner ist, so blind ist unser Erkanntnuß. Deshalb, so wir daruber Urtheil geben, ist es ungewiß. Aber in
etlichen Theilen mag dannacht einer den andern ubertreffen, und
obs uns gleich unkanntlich ist.

Aus Solchem folgt, daß sich kein gewaltiger Künstner auf ein Art allein geben soll, sunder daß er in
vielerlei Weg und zu allerlei Art geübt und darin ver-
ständig sei. Daraus kummt dann, daß er machen würdet,
welcherlei Geschlecht der Bild, die man von ihm begehrt. Und
alsdann aus den obgemeldeten Meinungen mag einer zornig,
gütig und allerlei Gestalt wissen zu machen, und ein jedliche Gestalt kann für sich selbs gut gemacht werden. So dann einer zu
dir kummt und will von dir haben ein untreus suturninisch oder
martialisch Bild oder eins, das Venerem anzeigt, das lieblich hold-
selig soll sehen, so würdest du aus den vorgemeldten Lehren, so
du der geübt bist, leichtlich wissen, was Maß und Art du darzu

brauchen sollt. Also ist durch die Maß von außen allerlei Ge=
schlecht der Menschen anzueignen, welche feurig, lüftig, wässrig oder
irdischer Natur sind. Dann der Gewalt der Kunst wie vorgeredt
meistert alle Werk. Und die rechten Künstner erkennen im Augen=
blick, welchs ein gewaltsam Werk ist, und sich gebiert ein große
Lieb daraus dem, ders versteht. Dies wissen die rechten Gesellen
wol, und wissen, was in dem ein rechter Brauch ist. Dann das
Wissen ist wahrhaft, aber die Meinung betreugt oft. Darum glaub
ihm keiner selbs zu viel, auf daß er nit irrig in seinem Werk
werd und verfehl. Deshalb ist fast nütz dem, der mit solchem um=
geht, daß er mancherlei guter Bild sech und oft, die von den
berühmten guten Meistern gemacht sind worden, und daß man
auch dieselbigen darvon hör reden. Aber jedoch daß du allweg
ihrer Fehl wahrnehmst und der Besserung nachdenkest. Und
laß dich nit, wie ob geredt, allein zu einer Art reden, die ein
Meister führt. Dann ein jedlicher macht geren ihm geleich, was
ihm wolgefällt. Aber so du ihr viel vernimmst, so nimm das Best
heraus zu deinem Brauch. Dann die Irrung ist schier in allen
Meinungen. Darum wie gut wir ein Werk machen, noch möcht
es allweg besser gemacht werden. Gleich wie mit den Menschen,
wie hübsch man ein findt, so mag noch ein schöner gefunden werden.
Aber ein jeder nehm das gewisser an, er lerns von einem oder
daß er das selbs aus dem Leben erfindt. Doch hüt sich ein jed=
licher von denen zu lernen, die da wol von der Sach reden und
darneben mit ihren Händen allweg sträfliche untüchtige Werk ge=
macht haben, der ich viel gesehen hab. Denn wenn du ihn folgest,
so verführen sie dich, des bezeugt ihr Werk und ihr Unkunst. Dann
es ist eins ein große Unterscheid, von einem Ding zu reden oder
dasselb zu machen. Darum ist aber nit verworfen, so einem ein
Unverständiger ein Wahrheit sag, daß mans darum nit glauben
sollt. Dann es ist müglich, es sag dir ein Bauer den Irrthum
deines Werks, aber er kann dich darum nit berichten und lernen,
wie du denselben bessern sollst.

Ein jedlicher, der in dieser Kunst vor nie nichts gelernt hat,
und will aus diesen Büchlein ein Anfang schöpfen, der muß dies
mit Fleiß lesen und lernen verstehn, was er liest, und dest weniger
für sich nehmen, und sich in denselbigen wol üben, auf daß ers
künn machen, und alsdann erst ein anders anfahen zu machen.
Dann der Verstand muß mit dem Gebrauch anfahen zu wachsen,

also daß die Hand künn thon, was der Will im Verstand haben
will. Aus solchem wächst mit der Zeit die Gewißheit der Kunst
und des Gebrauchs. Dann diese zwei müssen beieinander sein,
dann eins ohn das ander soll[1]) nichts. Man soll auch merken,
wie wol ein gemeiner Mann das Besser vor dem Schlechtern er=
kennt. Nochdann versteht niemand vollkummlicher ein Werk zu
urtheiln dann ein verständiger Künstner, der da solchs durch sein
Werk oft bewiesen hat.

Nun möcht man sprechen: wer will allwegen die Mühe und
Arbeit haben mit Verzehrung langer Zeit, bis daß er allein ein
einig Bild also meß, darauf viel Mühe lege, so es doch oft
darzu kummt, daß einer in kurzer Zeit etwan zweinzig oder
dreißig unterschiedliche Bild muß machen! In solchem ist mein
Meinung nit, daß einer zu allen Zeiten all sein Ding soll messen.
Aber so du wol messen hast gelernt und den Verstand mitsammt
dem Brauch uberkummen, also daß du ein Ding aus freier Gwiß=
heit kannst machen und weißt einem jedlichen Ding recht zu thon,
alsdann ist nit allweg Not, ein jedlich Ding allweg zu messen,
dann dein uberkummne Kunst macht dir ein gute Augenmaß, als=
dann ist die geübt Hand gehorsam. Dann so vertreibt der Ge=
walt der Kunst den Irrthum von deinem Werk und wehret dir
die Falschheit zu machen. Dann du kannst sie und würdest durch
dein Wissen unverzagt und ganz fertig deines Werks, also daß du
keinen vergeben Strich oder Schlag thust. Und diese Behendigkeit
macht, daß du dich nit lang bedenken darfst, so dir der Kopf voll
Kunst steckt. Und durch solichs erscheint dein Werk künstlich,
lieblich, gewaltig, frei und gut, wirdet löblich von männiglich[2]);
dann die Gerechtigkeit ist mit eingemischt.

Aber so du kein rechten Grund hast, so ist es nit müglich,
daß du etwas Gerechts und Guts machst, und ob du gleich den
größten Gebrauch der Welt hättest in Freiheit der Hand. Dann
es ist mehr ein Gefängnuß, so sie dich verführt. Darum soll kein
Freiheit ohn Kunst, so ist die Kunst verborgen ohn den Gebrauch[3]).
Darum muß es bei einander sein, wie oben gesagt. Darum ist
von Nöten, daß man recht künstlich messen lern. Wer das wol
kann, der macht wunderbärlich Ding. Dann die menschlich Gestalt
kann nit mit Richtscheiten oder Zirkelen umzogen werden, aber

---

1) nützt. — 2) wird von jedermann gelobt. — 3) Erfahrung, Praxis.

von Punkten zu Punkten werde die gezogen wie vorgemeldt. Und außerhalb rechter Maß werde keiner nichts Guts machen.

Nun mag sich begeben, so etlich diese vorbeschriebne Maß der Bilder in ein groß Werk werden ziehen, das ihn mißrät durch ihr Unschicklichkeit, mir dann die Schuld auflegen und sagen, in kleinen Dingen thut mein Aufreißen recht, aber in großen Werken sei es verführlich. Solchs kann nit sein, dann eintweders das Klein recht und das Groß gut, oder das Klein bös und das Groß soll gar nichts. Deshalb läßt sich die Red in diesem nit theilen. Dann ein Zirkelriß bleibt rund, er sei klein oder groß, desgleichen thut ein Quadrat. Darum hält sich ein jedliche Proportz gleich zu ihr selbs, sie sei groß oder klein, zu gleicher Weis, wie sich im Gsang ein Octav zu der andern hält, eine hoch, die ander nieder, und ist doch ein Ton.

4. Pirkheimers Schlußbemerkung am Ende des Buches.

Wiewol der frumm und kunstreich Albrecht Dürer diese vier Bucher geschrieben, so hat er doch nur das erst wieder ubersehen und korrigirt. Dann eh er an die anderen drei kommen ist, hat ihne die Schnellheit des Todes ubereilt, daß er die nit wieder ubersehen hat mögen. Ist wol mäglich, wo er Zeit gehabt, er möcht etlich Ding geändert, gemehret oder geminbert haben. Nichtsdestminder haben sein gut Freund für nutzer angesehen, daß die andern drei Bächer auch unkorrigiert ausgehn, dann daß sie ungedruckt sollten beleiben, unangesehen ob auch was (darfür sie es doch nit achten) darin zu besseren sein sollt. Wo ihme auch Gott sein Leben länger gefrist hätt, würd er noch gar viel wunderlichs, seltsams und känstlichs Dings an Tag gebracht und geben haben, zuvor der Kunst des Malens, Landschaft, Farben und dergleichen dienstlich. Hat auch insonders vorgehabt, ein längere und klärere Perspektiv, dann er vor gethan hat, zu beschreiben und ausgehn lassen. Aber Gott, der alle Ding zum besten verordnet, hat solchs nit ahn Ursach unterkommen. Sein Namen sei gelobt und geehrt ewiglich.

Gedruckt zu Närenberg durch Jeronymum Formschneyder auf Verlegung Albrecht Dürers verlassen Wittib im Jahr von Christi Geburt 1528. am letzten Tag Oktobris.

C. Aus den handschriftlichen Entwürfen zu dem allgemeinen Werke über Malerei.

(„Speise der Malerknaben.")

Nach den Dürer-Handschriften des Britischen Museums in London.

1. Aus den Entwürfen zur Einleitung.

Etwas künnen ist fast gut. Dann dadurch werd wir destmehr vergleicht der Bildnuß Gottes, der alle Ding kann. Wir kunnten gern viel. Dann es ist uns van Natur eingossen, daß wir geren viel weßten, dordurch zu erkennen ein rechte Wahrheit aller Ding. Aber unser blöds Gemüt kann zu solicher Vollkummenheit aller Künsten, Wahrheit und Weisheit nit kummen. Doch sind wir nit gar ausgeschlossen van aller Weißenheit. Woll wir durch Lernung unser Vernunft schärpfen und uns dorin üben, so mügen wir wol etlich Wahrheit durch recht Weg suchen, lernen erkennen, erlangen und darzu kummen.

Dorum der do untersteht zu müßiger Zeit etwas zu lernen, darzu er sich am allergeschicktesten findt, Gott zu Ehren, ihm selbs und anderen zu Nutz, der thut wol. Wir wissen, daß ihr viel mäncherlei Künst erfahren und ihr Wohrheit angezeigt haben, das uns itz zu Gut kummt. Dorum thut der auch wol, der do ander Leut lernt und unterweist, das er gelernet hat. Dann er braucht sich des gottlichen Willens, der uns all unser Künnen mittheilt. Es ist nit bös, daß der Mensch viel lernt, wiewol etlich grob dar= wider sind, die do sagen, Kunst mach hoffärtig. Sollt das sein, so wär niemand hoffärtiger dann Gott, der alle Kunst beschaffen hat. Das kann nit sein. Dann Gott ist das allerbest Gut. Dorum wer do viel lernt, der würd so viel besser und ge= winnt destmehr Lieb zun Künsten. Deshalb ist es billig, daß sich der Mensch nit versaum und zu bequemer Zeit etwas lerne. Man findt etlich, die nichts künnen und wollen auch nichts lernen, ver= achten die Künst, sagen daß etlich Kunst ganz bös sind. Ich sag aber, daß all Künst gut sind, auch die, die man zu bosem brauchen mag. Dann ist der künstlich Mensch frumm aus Natur, so meidet er das Bos und würft das Gut. Dorzu dienen die Künst, dann sie geben zu erkennen Guts und Bös. Etlich Menschen mügen van allerlei Kunsten lernen, aber das ist nit einem id= lichen geben. Jdoch ist kein vernünftig Mensch so grob, er mag etwan ein Ding lernen, darzu ihn die Lieb am höchsten trägt. Aus solchen Ursachen ist niemand entschuldigt etwas zu lernen. Dorum wer imands unterweist und fürmacht, dovan man lernen mag, das zu gemeinem Nutz not ist und dordurch niemand zwnngen würd, das besser zu vermeiden, das ist gut, dann mag man horen, sehen und vernehmen.

Gott hat alle Kunst beschaffen, dorum müssen sie all ge= nadenreich, voll Tugetn nnd gut sein. Dorum halt ich all Künst für gut. Ein Schwert, das scharpf und güt ist, mag das nit zum Gericht oder Mord gebraucht werden? Ist dorum das Schwert

beſſer oder böſer? Alſo in den Künſten. Der Menſch van guter
frummer Natur würd gebeſſert durch viel Künſt. Dann ſie geben
zu erkennen das Gut aus dem Böſen. Dorum halt ich für gut,
daß einer ſein ſelbs Acht hab, warzu er am geſchickteſten ſei, daß
5 er daſſelb unterſteh zu lernen.

Etwas zu ſagen, das kein Schaden bringt und das Beſſer nit
verhindert, dem mag man zuhorn. Dorum wer do will, der hör
und ſech, was ich mach. Dann die Begierd der Menſchen mag
aller zeitlichen Ding durch Überfluß alſo faſt geſättigt werden, daß
10 man ihr urdrütz würd, allein ausgenummen viel zu wiſſen, des
würd niemands verdrüſſen. Dann es iſt uns van Natur ein=
gegoſſen, daß wir geren viel weßten, dordurch zu bekennen ein
rechte Wahrheit aller Ding. Aber unſer blöd Gemüt kann zu ſo=
licher Vollkummenheit aller Wahrheit, Kunſt und Weisheit nit
15 kummen. Doch ſind wir nit gar ausgeſchloſſen van aller Weisheit.
Wöll wir durch Lernung unſer Vernunft ſchärpfen und uns dorin
üben, ſo mügen wir wol etliche Wahrheit durch recht Weg ſuchen,
lernen erlangen, erkennen und darzu kummen. Wir wiſſen, daß
ihr viel mancherlei Künſt erfahren und ihr Wahrheit angezeigt
20 haben, das uns zu gut kummt.

Etlich Menſchen mügen van allerlei Künſten lernen, aber
das hat nit ein idlicher[1]). Doch iſt kein vernünftig Menſch ſo
grob, er mag etwan ein Ding lernen, dorzu ihn ſein Gmüt
am höhſten trägt. Deshalb etwas zu lernen iſt niemand
25 entſchuldigt. Dann es iſt not zu gemeinem Nutz, daß wir
lernen und das getreulich unſeren Nachkummen mittheilen und
nit verbergen. Auf ſölchs hab ich mir fürgenummen, etwas zu
beſchreiben, das etlichen nit unbegierlich würd ſein zu ſehen.
Dann der alleredelſt Sinn der Menſchen iſt Sehen. Do=
30 rum ein idlich Ding, das do geſehen würd, iſt uns glaub=
licher und beſtändiger weder die Ding, die wir hören.
So aber gehört und geſehen würd, iſt das deſt kräftiger.
Unſer Geſicht iſt geleichformig eim Spiegel. Dann es faßt allerlei
Geſtalt, die man ihm fürträgt. Aber aus Natur iſt unſerem Ge=
35 ſicht ein Geſtalt und Bildnuß viel angenehmer, lieblicher dann die
ander. Dorum ſicht oft ein Menſch geren das ander, und je
ſchöner, je mehr Freud dir das gibt. Solichs Urteil der ſchön

---

[1]) das iſt nicht jedem beſchieden.

Geschtalt steht baß in eines künstreichen Malers Verstand denn in der anderen. Dann sie haben mehr Verstandes, alle sichtige Ding zu urtheilen dann die anderen Menschen. Eine rechte Maß gibt eine gute Gestalt, und nit allein im Gemäl, sunder auch in allen erhabnen Dingen, wie die fürbracht mügen werden. Es ist auch nit zu verwerfen, daß ich etwas beschreib, das zum Gemäl dienstlich ist. Dann durch Malen mag angezeigt werden das Leiden Christi und würd gebraucht im Dienst der Kirchen. Auch behält das Gemäl die Gestalt der Menschen nach ihrem Sterben.

Die Kunst des Malens kann nit wol geurtheilt werden dann van den, die do selbs gut Maler sind. Aber fürwahr den anderen ist es verborgen wie dir ein fremde Sprach. Die groß Kunst des Malens ist vor viel hundert Jahren bei den mächtigen Küngen in großer Achtbarkeit gewesen. Dann sie haben die fürtreffenlichen Künstner reich gemacht und wirdig gehalten. Dann sie bedaucht, daß die Hochverständigen ein Gleichheit zu Gott hätten, als man schrieben findt. Dann ein guter Maler ist inwendig voller figur, und obs müglich wär, daß er ewiglich lebte, so hätt er aus den inneren Jdeen, dovan Plato schreibt, allweg etwas Neues durch die Werk auszugießen. Vor viel hundert Johren sind auch etlich berübmt Meister geweft, als mit Namen der Phidias, Praxiteles, Apelles, Policletus, Parchasias, Lisipus, Prothogines und die anderen übertreffenlichen Meister, deren etlich ihr Kunst beschrieben haben, und zumal künstlich angezeigt, klar an Tag gebracht. Doch ist ihr löblich Gedächtnuß und Kunst verloren geschehen, etwan durch Krieg, Austreibung der Volker oder Veründrung der Gesetz und Gelauben, das do billig zu bereuen ist van einem idlichen weisen Mann. Es geschicht oft durch die groben Kunstverdrücker, daß die edlen Jngeni ausgelescht werden. Dann so sie die gezognen figuren in etlichen Linien sehen, vermeinen sie, es sei eitel Teufelsbannung. Also ehren sie Gott mit dem, das wider ihn ist. Und menschlich zu reden, so hat Gott ein Mißfall über die, die do söliche Meisterschaft vertilgen, die mit großer Mühe, Erbet und Zeit erfunden würd und allein van Gott verliehen ist.

Ich hab oft Schmerzen, daß ich der vorbestimmten Meister Kunstbücher beraubt muß sein. Aber die feind der Künst verachten diese Ding.

Albrecht Dürer.

Item hör auch kein Neuen, der etwas beschrieb und aus ließ
gehn, den ich zu meiner Beßrung lesen möcht. Dann ob etlich
sind, so verbergens doch ihr Kunst. So schreiben etlich van den
Dingen, die solchs nit künnen. Das lautt dann zumal blo[1]);
5 dann ihre Wort sind am besten[2]). Wer etwas kann, der merkts
gar bald. Auf solchs will ich mit gottlicher Hilf das wenig, so
ich gelernt hab, anzeigen, wiewol solchs ihr viel verachten werden.
Do leit mir nit an. Dann ich weiß wol, daß ein idlich Ding ehe
zu schelten dann ein beßers zu machen ist. Ich will auch sölichs
10 auf das verständigst unverborgnlich furbringen, so ich mag. Und
wenn es müglich wär, so wollt ich geren alles das, das ich kann,
klar an Tag bringen, das zu Lieb den geschickten Jungen, die
sölche Kunst höher liebn dann Silber und Gold. Ich ermahn auch
all die etwas künnen, daß sie sölchs beschreiben. Thüt das ge=
15 treulich und klar, nit beschwerend, noch führt lang um, die do
suchen und geren weßten[3]), auf daß Gottes Ehr und euer Lob
groß werd.

2. Aus den Entwürfen zu einzelnen Stücken.

a) Van Schonheit.

Was aber die Schonheit sei, weiß ich nit. Idoch will
20 ich hie die Schonheit also für mich nehmen: was zu den mensch=
lichen Zeiten van dem meisten Theil schön geacht würd, des soll
wir uns fleißen zu machen. Item der Mangel an eim idlich Ding
ist ein Gebrech. Dorum zu viel und zu wenig verderben alle
Ding.

25 Es ist eine große Vergleichung zu finden in ungeleichen
Dingen. Aber daß man wiß, was unnütz sei, so ist Hinken unnütz
und viel dergeleichen. Dorum is Hinken und dergleichen nit
schön.

Item die schonen Ding zu erforschen, dorzu dient wol ein guter
30 Rat. Doch soll derselb genummen werden van den, die do gut
Werkleut sind mit der Hand. Dann den anderen Ungelernten is
es verborgen wie dir ein fremde Sprach. Doch das mag ein id=
licher than, der ein Werk gemacht hat, dasselb fur den gemein

---

[1]) das lautet blau, das ist ins Blaue hineingeredet. — [2]) die Worte sind das
beste, was sie sagen, d. h. sie verstehen nur schöne Worte zu machen. — [3]) haltet die
nicht lange zum Besten, die da suchen nnd gern wüßten.

Mann stellen und sie lassen urtheilen. Die ersehen gewahnlich das Ungeschicktest[1]), wiewol sie das Gut nit erkennen. So du dann ein Wahrheit hörst, so magst du dann dein Werk darnoch besseren.

Item es ist mäncherlei Unterschied und Ursach der Schöne. Wer die in seinem Werk beweisen kann, dem ist dest baß zu gelauben. Dann welches Werke kein Brechen[2]) hat, das ist schön.

Item es möcht sich begeben, daß gesprochen wurd: wer will allweg die Mühe und Erbet haben, wie nachmals beschrieben würd, mit Verzehrung langer Zeit, bis daß man ein einig Bild macht? Wie wollt dann einer than, der oft auf ein Tafel zweihunderte muß machen und der keins dem andern gleich? In diesem ist mein Meinung nit, daß ein idlicher allweg sein Leben lang messen soll. Aber dorzu ist dies Nochschreiben gut, so du solchs gelernt hast und wol auswendig kannst, das dich wissenhaft macht[3]), wie ein Ding sein soll. Dann ob dich dein Hand in der freien Erbet verführen wollt durch die Schnelligkeit der Erbet, so werd dir dann dein Verstand durch ein recht Augenmoß und durch die gewahnt Kunst, daß du gar wenig fehlst, und macht dich gewaltig in deiner Erbet und benimmt dir die großen Irrthum und erscheint allweg dein Gemäl der Gerechtigkeit gemäß. Aber so du kein rechten Grund hast, so ist es nit mügen[4]), daß du etwas Guts machst, du seiest der Hand so frei als du wölfest.

Item durch ein rechte Kunst würst du in deiner Erbeit viel geherzter[5]) und fertiger dann sunst.

Item so du gelehrt würdest, durch was Mittel ein menschlich Bild zu messen sei, so würd dir das dienen, zu was Geschicklichkeit der Menschen du willt[6]). Dann es sind viererlei Cumplex[7]) der Menschen, wie dich des die fisycy[8]) berichten kunnen, dieselben all magst du ermessen durch die Mittel, die hernoch gesetzt werden.

Item dir würd not than, daß du viel Menschen abmalst und das Allerschonest aus ihn allen nehmest und vermeßt und das in ein Bild bringest. Wir müssen große Acht haben, daß sich die Ungestalt nit stetigs van ihr selbs in unser Werk flecht.

---

[1]) Die erkennen die Fehler. — [2]) Gebrechen, Fehler. — [3]) dich lehrt. — [4]) möglich. — [5]) beherzter. — [6]) zu jeder Art von Menschen, die du gerade haben willst. — [7]) gemeint sind die vier Temperamente. — [8]) Physici, Ärzte.

Item es ist nit müglich, daß du ein schön Bild van einem Menschen allein kannst abmachen. Dann es lebt alls kein schon Mensch auf Erd, er möcht allweg noch schöner sein. Es lebt auch kein Mensch auf Erd, der sagen noch anzeigen kann, wie die schönest Gestalt des Menschen möcht sein. Niemands weiß das dann Gott, die Schon[1] zu urtheilen. Dovon ist zu rotschlagen[2], noch Geschicklichkeit muß man sie in ein idlich Ding bringen. Dann wir sehen in etlichen Dingen ein Ding für schon[3] an, in eim anderen wär es nit schon. Unterschiedliche Dinge, die beede schon[3] sind, sind nit leichtlich zu erkennen. welches schoner sei.

Die Maß, die ich für will geben, die will ich nit fast loben, sag auch nit, daß die böfest Meinung sei. Dann in sölchen Dingen ist allweg zu gedenken[4], welchs das Besser sei. Aber durch die Weg, die ich fürleg, mag ein Bessers erfunden werden. Ihr viel loben geren, das ihn allein wolgefällt. Die irren sich. Der Nutz ist ein Theil der Schönheit. Dorum was unnütz am Menschen ist, das ist nit schön. Vor Überfluß ist sich zu hüten. Die Vergleichung der Ding, eins gen dem anderen ist schön.

b) Von der Gliedmoß des Menschen.

Vitruvius der alt Baumeister, den die Römer zu großem Gbäu braucht haben, spricht: Wer do bauen woll, der soll sich verrichten auf der Geschicklichkeit des Menschen, wann aus ihm würd funden gar verborgne Heimlichkeit der Moß. Und dorum so will ich, eh ich sag vom Gbäu, erzählen, wie ein wolgestaltter Mensch mag sein, dornoch ein Weibsbild, ein Kind und ein Roß. Auf solich Weg magst du beiläuftig all Ding messen.

Und dorum hor zum ersten, was do spricht Vittruvius von der menschlichen Gliedmaß, die er gelehrt hat von den großen Meisteren, Moler und Gießer, die hochberuhmt sind gewest. Die haben gesprochen, daß der menschlich Leib also sei: daß das Angsicht vom Kinn bis aufhin, do das Hor anfächt, sei der 10. Theil des Menschen. Und ein ausgestreckte Hand sei och so lang. Aber der Kopf des Menschen sei ein Achttheil, ein 6theil von der Höhe der Brust bis hinauf, do das Hoor anfächt, und vom Haar bis zum Kinn in 3 Theil geteilt, im obersten die Stirn, im anderen

---

[1] Schönheit. — [2] Darüber kann man verschiedener Ansicht sein. — [3] schön. —
[4] Denn in solchen Dingen kann man immer verschiedener Ansicht sein.

die Nas, im dritten der Mund mit dem Kinn. Auch ein Fuß sei ein 6theil eines Menschen, ein Ellbogen ein 4theil, die Brust ein 4 theil.

Solich Gliedmaß theilt er alle in die Gbäu und spricht: Wenn man ein Mensch auf die Erd ausgebreitt mit Händen und Füßen niederlegt und ein Zirkel in den Nabel setzt, so rührt der Umschweif Händ und Fuß. Domit bedeutt er zu finden ein runden Bau aus der menschlichen Gliedmaß.

Und zu gleicher Weis findet man auch ein Vierung, wenn man mißt von den Füßen bis zu dem Höchsten, so ist die Klofter[1] eben als breit als die Läng. Domit erweist er die gevierten Bäu. Und also hat er zammenbrocht die Glieder der Menschen in ein vollkummne Zahl des Gebäus in solicher bewährlicher Ordnung, daß sie weder die Alten noch die Neuen nit verwerfen künnen. Und wer do will, der les ihn, wie er die besten Ursach des Gebäus anzeugt.

Plinius schreibt, daß die alten Moler und Bilhauer als Abelles, Protognes und die anderen haben gar künstlich beschrieben, wie man ein wolgestallte Gliedmoß der Menschen soll machen. Nun ist wol müglich, daß solche edle Bücher seien im Anfang der Kirchen verdrückt[2] und ausgetilgt worden um Haß der Abgötterei willen. Dann sie haben gesagt: Der Jupiter soll ein solche Proportz haben, der Abbollo ein andre, die Fenus soll also sein, der Ercules also, desgleichen mit den anderen allen. Sollt noch meinem Zufall ihm also sein, und wär dieselb Zeit entgegen gewest[3], so hätt ich gesprochen: O liebn heiligen Herren und Däter, um des Bösen willen wöllt die edlen erfundenen Kunst, die do durch groß Mühe und Erbet zusammenbracht ist, nit so jämmerlich tödten. Dann die Kunst ist groß, schwer und gut, und wir mügen und wöllen sie mit großen Ehren in das Lob Gottes wenden. Dann zu gleicher Weis, wie sie die schonsten Gestalt eines Menschen haben zugemessen ihrem Abgott Abblo[4], also wolln wir dieselb Moß brauchen zu Crysto dem Herren, der der schönste aller Welt ist. Und wie sie braucht haben Fenus als das schönste Weib, also woll wir dieselb zierlich Gestalt kreuschlich[5] darlegen der allerreinesten Jungfrauen Maria, der Mutter Gottes. Und

---

[1] Klafter, das Maß der ausgestreckten beiden Arme. — [2] unterdrückt. — [3] wäre ich um diese Zeit zufällig zur Stelle gewesen. — [4] Apollo. — [5] keuschlich.

aus dem Ercules woll wir den Somson[1]) machen, desgeleichen
wöll wir mit den andern allen than. Solcher Bücher hab wir aber
nimmer, und dorum, so ein verlorn Ding unwiederbringlich ist,
alsdann muß man noch eim anderen trachten. Sölchs hat mich
bisher bewegt, daß ich unterstanden hab, mein nachfolgete Meinung
fürzulegen, auf daß, so es etlich lesen, ihm weiter nachdenken, und
daß man täglichs zu einem näheren und besseren Weg und Grund
kümmen müg. Und will aus Maß, Zahl und Gewicht mein Für=
nehmen anfohen. Wer Achtung dorauf hat, der würds hernoch
also finden.

c) Von Farben.

Item so du erhabn willt molen, so es das Gesicht betrigen
soll[2]), mußt du der Farben gar wol berichtt sein und im Molen fast
auseinander scheiden[3]), also zu verstehn: Item du molst 2 Röck
oder Mäntel, ein weiß, den anderen roth. Und wenn du sie
schättigst[4]), do es sich bricht, wann an allen Dingen ist Lichts und
finsters, was sich aus den Augen krummt oder beugt. Wo das
nit wär, so wärs alls eben anzusehen, und in solicher Gestalt
wurd man nüt[5]) erkennen denn als viel sich die bloßen Farben
auseinander schieden[6]). Dorum so du den weißen Mantel schättigst,
muß er nit so mit einer schwarzen Farb geschättigt sein als der
rot. Wann es wär unmüglich, daß ein weiß Ding so ein finsteren
Schatten geb als das rot, und wurd sich beieinander nit vergleichen.
Ausgenummen wo kein Tag hinmag, ist alle Ding schwarz, als in
der Finster[7]) kannst du kein Farb erkennen. Dorum, obs die
Rechnung gäb in einem weißen Ding[8]), do einer mit Recht zum
Schatten ganz schwarz nützet, wär nit schträflich. Doch kummt es
gar selten. Auch sollt du dich hüten, so du etwas von einer Farb
molst, sie sei rot, blo, braun oder vermischtfarben, wie sie sein,
daß du sie im Lichten nit zu viel licht machst, also daß sie aus
ihrer Art schlag. Beispiel ein Ungelehrter besicht dein Gemäl,
unter dem ein roten Rock, spricht: „Schau, gut Fründ, wie ist der
Rock auf eim Theil so schön rot und auf dem anderen hat er
weiß Far[9]) oder bleich Flecken“. Dasselb ist sträflich, und hast ihm

---

[1]) Simson. — [2]) den Augen eine Illusion geben soll. — [3]) strenge Unterschiede
machen. — [4]) schattierst. — [5]) nichts. — [6]) man würde dabei nichts erkennen, als
wie sich die Farben von einander unterscheiden, d. h. man würde keine Form sehen.
— [7]) Finsternis. — [8]) ob es sich um ein weißes Ding handelt. — [9]) Farbe.

nit recht gethan. Du mußt in solicher Gestalt molen, ein rot Ding,
daß es uberall rot sei, desgeleichen mit allen Farben, und doch
erhaben schein. Auch mit dem Schättigen desgeleichen halten, daß
man nit sprech, ein schon Rot sei mit Schwarz beschissen. Deshalb
hab Acht, daß du ein jedliche Farb schättigst mit einer Farb, die 5
sich dorzu vergeleich. Als ich setz ein gelbe Farb. Soll sie in ihrer
Art beleiben, so mußt du sie mit einer gelben Farb schättingen,
die dunkeler sei weder die Hauptfarb ist. Wenn du sie mit grün
oder blo absetzt, so schlägts aus der Art und heißt nimmer geel,
sunder es würd ein schillrete Farb doraus, als man seiden Gewand 10
findt, die van zweien Farben gewürkt sind, item von bran und
blo¹) das ander braun und grün, etlichs dunkel geel und grün,
auch kesterbraun²) und dunkelgeel, item blo und ziegelrot, auch
ziegelrot und veielbraun, und der Farben mäncherlei, das man vor
Augen sicht, so man dieselben molt. Und wo es sich bricht allweg 15
am Abwenden, theilen sich die Farben, daß man sie voreinander
erkennt. Demnoch mußt du sie molen. Aber wo sie platt aufliegen,
sicht man nur ein Farb. Aber nüt deftminder so du ein soliche
Seiden molst und mit einer Farb tuschirst, als ein Braun mit dem
Blo, so mußt du das Blo noch mit eim sätteren Blo absetzen, wo 20
es ihm not thut. Es kummt auch oft, daß diese Seiden in der
Dunkelen ahn der braun Farb gesehen wird, als wenn einer vor
dem anderen steht, der ein solichs Kleid anhat. So mußt du
dasselbig Braun mit eim sätteren Braun absetzen und nit mit dem
Blo. Es geh, wie es woll, so muß kein Farb im Tuschiren aus 25
ihrer Art kummen.

---

¹) braun und blau. — ²) kastanienbraun.

VI.

Anhang.

Aus dem Bruchstück des „Gedenkbuchs".

(1514.)

Der Tod von Dürers Mutter.

Nun sollt ihr wissen, daß im Jahr 1513 an einem Erchtag[1]
vor der Kreuzwochen mein arme elende Mutter, die ich zwei Johr
noch meines Vaters Tod zu mir nahm, die do ganz arm was, in
mein Pfleg, nochdem sie 9 Johr was bei mir gewest, an eim Morgen
fruh jähling also tötlich krank ward, daß wir die Kammer auf=
brachen, dann wir sunst, so sie nit auf kunnt than, nit zu ihr kunnten.
Also trug wir sie herab in ein Stuben, und man gab ihr beede
Sakrament. Dann alle Welt meinte, sie sollt sterben. Dann sie hätt
kein gesunde Zeit nie noch meines Vaters Tod, und ihr meinster
Gebrauch[2] was viel in der Kirchen, und strofet mich allweg fleißig,
wo ich nit wol handlet. Und sie hätt allweg meing[3] und meiner
Brüder groß Sorg vor Sünden, und ich ging aus oder ein, so was
allweg ihr Sprichwort: geh in dem Nomen Christo. Und sie thätte
uns mit hohem Fleiß stetiglich heilige Vermahnung, hätt allweg
große Sorg für unser Seel. Und ihre gute Werk und Barmherzigkeit,
die sie gegen idermann erzeigt hat, kann ich nit gnugsam anzeigen
und ihr gut Lob. Diese mein frumme Mutter hat 18 Kind tragen
und erzogen, hat oft die Pestilenz gehabt, viel andrer schwerer
merklicher[4] Krankheit, hat große Armut gelitten, Verspottung,
Verachtung, hönische Wort, Schrecken und große Widerwärtigkeit,
noch ist sie nie rochselig[5] gewest. Van dem an, an dem vorbestimmten
Tag, als sie krank ist worden, über ein Johr, do man zahlt 1514
Johr, an einem Erchtag, was der 17. Tag im Maien, zwu Stund

---

[1] Dienstag. — [2] meister Gebrauch; gewöhnliche Beschäftigung. — [3] meinig,
um mich. — [4] bemerkenswerter. — [5] rachsüchtig.

vor Nacht, ist mein frumme Mutter Barbara Dürerin verschieden
christlich mit allen Sakramenten, aus päpstlichem Gewalt van Pein
und Schuld geabsolviert. Sie hat mir och vor ihren Segen geben
und den gottlichen Fried gewünst mit viel schöner Lehr, auf daß
ich mich vor Sünden sollt hüten. Sie begehrt auch vor zu trinken 5
Sant Johanns Segen[1]), als sie dann thät. Und sie forcht den Tod
hart; abr sie saget, für Gott zu kummen fürchtet sie sich nit. Sie
ist auch härt gestorben, und ich merkt, daß sie etwas Grausams
sach. Dann sie fordret das Weichwasser, und hätt doch vor lang
nit geredt. Also brachen ihr die Augen. Ich sach auch, wie ihr 10
der Tod zween groß Stoß ans Herz gab, und wie sie Mund und
Augen zuthät und verschied mit Schmerzen. Ich betet ihr vor.
Dovan hab ich solchen Schmerzen gehabt, daß ichs nit aussprechen
kann. Gott sei ihr gnädig. Item ihr meinst Freud ist allweg
gewest, von Gott zu reden, und sach gern die Ehr Gottes. Und 15
sie was im 63. Johr, do sie starb. Und ich hab sie ehrlich noch
meinem Vermügen begehn[2]) lassen. Gott der Herr verleich mir,
daß ich auch ein seligs End nehm, und daß Gott mit seinem
himmlischen Heer, mein Vater, Mutter und Freund zu meinem End
wöllen kummen, und daß uns der allmächtig Gott das ewig Leben 20
geb. Amen. Und in ihrem Tod sach sie viel lieblicher, dann do
sie noch das Leben hätt.

---

1) Abschiedstrunk. — 2) begraben.

Erläuterungen.

———

S. **1**, 12. **Jula.** Gyula, heute ein grofser Marktflecken von über 1500 Einwohnern.

S. **1**, 13. **Eytas.** Zu sprechen Eytasch; heifst auf magyarisch «Niederlassung» und deutet auf eine deutsche Ansiedlung in der ungarischen Gegend.

S. **1**, 23. **Niclas Dürrer.** Vgl. S. **60**, 5, 9; **76**, 8—27.

S. **3**, 26. **Hanns Frei.** Hans Frey, ein angesehener, wohlhabender Nürnberger Bürger, aus «ehrbarer», d. h. geachteter, allerdings nicht ratsfähiger Familie.

S. **4**, 1. **Endresen schickten mir weg.** Andreas Dürer ward Goldschmied, wie der Vater, und wurde auf die Wanderschaft geschickt. Hans Dürer ward Albrechts Schüler.

S. **5**, 19. **die Imhoff.** Nürnberger Patrizierfamilie, von der oft Mitglieder in Venedig waren.

S. **5**, 24. **mit meiner Schuld.** Der Vorschufs, den Pirkheimer Dürer für die Reise gegeben hatte.

S. **5**, 26 f. **den Tewtschen zu molen ein Tafel.** Für die Genossenschaft der deutschen Kaufleute in Venedig, die ihren Sitz im Fondaco de' Tedeschi am Rialto hatten, malte Dürer ein Bild, das «Rosenkranzfest», das dann in der dem Fondaco benachbarten Kirche S. Bartolommeo aufgestellt wurde und sich jetzt in Prag befindet.

S. **6**, 2. **Mit Weißen und Schaben.** Mit Kreide grundieren und zur Uebermalung fertig machen.

S. **6**, 9. **Crottziher.** Wohl ein Angehöriger der Familie des Konrad Schmied genannt Dratzieher aus Nürnberg.

S. **6**, 10. **den Pfintzing, dem Gartner.** Nürnberger Patrizierfamilien. Die Pfinzing hatten eine Hypothek auf das väterliche Haus Dürers.

S. **6**, 12. **Franckfurt.** Dürers Frau war damals in Frankfurt, wohl zur Messe, um ihres Mannes Kupferstiche und Holzschnitte zu verkaufen.

S. 6, 13. **der Schwoger.** Vgl. zu S. 23, 17 f.

S. 6, 18. **Steffen Pawmgartner.** Der Nürnberger Patrizier Stephan Paumgartner, für den Dürer den sogen. Paumgartnerschen Altar (jetzt in der Alten Pinakothek zu München) malte.

S. 7, 27. **das Ding.** Ein italienisches Kunstwerk, das er früher in Nürnberg (oder in Venedig? vgl. Einleitung S. XII unten) gesehen hatte.

S. 7, 30. **Meister Jacob.** Jacopo de' Barbari, der in Nürnberg sehr bekannt war, und der bei Dürer stets eine grofse Rolle spielt. Vgl. u. S. 115, 1 ff.

S. 7, 31. **Anthoni Kolb.** Nürnberger Kaufmann, der damals in Venedig lebte.

S. 8, 34. **Endres Kunhoffer.** Ein Nürnberger, der zur Zeit in Venedig weilte.

S. 9, 9. **ob Uch Liebs geftorben fei.** In gleicher Weise Anspielung auf Pirkheimers Liebschaften wie S. 8, 3 f.

S. 9, 23. **Marzell.** Alte venezianische Silbermünze.

S. 10, 18. **Endres Kunhoffer.** S. zu S. 8, 34.

S. 10, 21. **fo er nit zu Badaw will beleiben.** Der Nürnberger Bürger, der auf Reisen ist, hat sich dem Rat seiner Vaterstadt gegenüber wegen seines Aufenthalts zu verantworten.

S. 11, 12. **Pernhart Holtzpock.** Bernhard Holzbeck; im Nürnberger Grofsen Rat genannt.

S. 11, 28. **dafs ich euch zu Dank künn zahlen.** S. zu S. 5, 24 f.

S. 11, 31. **meines Bruders halb.** Hans Dürer, der jüngste. Vgl. zu S. 4, 1.

S. 11, 32. **Wolgemut.** Michel Wolgemut, Dürers Lehrer; s. o. S. 3, 19.

S. 13, 9. **Herr Lorentz.** Lorenz Beheim?

S. 13, 17 ff. *Grandissimo primo . . .* Deutsch nach Thausing: «An den gröfsten und ersten Mann der Welt. Euer Diener und Knecht Albrecht Dürer sagt Heil seinem vornehmen Herrn Willibald Pirkheimer. Meiner Treu, ich vernahm gern und mit grofsem Vergnügen Eure Gesundheit und grofse Ehre, und mich verwundert, wie es möglich ist, dafs ein Mann wie Ihr gegen so viel schlaue Tyrannen, Raufbolde und Soldaten Stand hält. Nicht anders ist es möglich als durch eine Gnade Gottes. Als ich Euern Brief las über diese gräulichen Fratzen, erfafste mich grofse Furcht und es schien mir eine grofse Sache zu sein.» Dürer spricht hier von einer schwierigen diplomatischen Sendung Pirkheimers nach Donauwörth zu den Hauptleuten und Räten des Schwäbischen Bundes.

S. **18**, 25. **die Schottischen.** Anhänger des Konz Schott, mit dem Nürnberg eine Zeit lang in Fehde lag.

S. **18**, 26. **im Heiltum.** s. S. **12**, 7.

S. **18**, 26. **den Schritt Hüpferle gand.** Gravitätisch einherstolzieren.

S. **14**, 5. **Peter Weisbecher.** Peter Weisweber, städtischer Kriegshauptmann.

S. **14**, 10. **Rechenmeisterin;** vgl. zu S. **18**, 35.

S. **14**, 19. **Anthoni Kolb.** S. zu S. **7**, 31.

S. **14**, 29. **Historien.** Darstellungen aus der antiken Geschichte oder Mythologie.

S. **14**, 34. **mit dem Kuntz Jmhoff eins werdt.** Mit diesem geriet Pirkheimer öfter in Streit.

S. **14**, 35. **unserem Prior.** Der Augustinerprior Eucharius Carl aus einer Nürnberger Familie.

S. **15**, 4. **Herr Lorentz.** Vgl. zu S. **13**, 9.

S. **15**, 15 *Cu diavulo* . . . Deutsch: «Zum Teufel! So viel für das Geschwätz, als Euch beliebt. Ich will mit Euch wetten . . .»

S. **15**, 21. **Der Markgrof.** Friedrich von Brandenburg zu Ansbach-Bayreuth. Streitigkeiten zwischen ihm und der Stadt Nürnberg waren Gegenstand jener diplomatischen Sendung Pirkheimers nach Donauwörth, auf die Dürer hier scherzhaft anspielt; vgl. zu S. **18**, 17 ff.

S. **15**, 29. **Pernhart Hirsfogell.** Bernhart Hirschvogel, der 1506 im Auftrage des Nürnberger Rats als Gesandter zum Dogen von Venedig kam.

S. **16**, 2. **Kuntz Kamerer.** Messingschläger und Kriegshauptmann.

S. **16**, 7 f. **unsers Künigs spott man sehr.** Bezeichnend für das mangelnde Ansehen Maximilians I. im Auslande.

S. **16**, 10. **den Porscht.** Niclas Rorsch.

S. **16**, 11. **Eurer Schtuben.** Wohl die Nürnberger «Herrenstube», der Pirkheimer angehörte. Dort scheint ein derber, vielleicht unanständiger Witz auf Dürer gefallen zu sein, den Pirkheimer diesem mitgeteilt hatte. Dürer nennt die «Stube» darum «ein Unflot», gegen dessen «Gestank» er wohlriechendes Oelbaumholz bis nach Augsburg geschickt habe. Vgl. Lange u. Fuhse S. 35, Anm. 4.

S. **16**, 15. **mein Tafel.** Das Rosenkranzfest; vgl. o. zu S. **5**, 26 f.

S. **16**, 30. **der Herzog und der Patriarch.** Der Doge Leonardo Loredano und, dem Anschein nach, der Patriarch von

Aquileja Domenico Grimani, ein berühmter humanistischer Gelehrter und Kunstfreund, wie der Doge. (Nicht der Patriarch von Venedig.)

S. 16, 32. **es ſchlägt eben 7 in der Nacht.** An diesem Tage etwa zwischen 1 und 2 Uhr nachts. Die alten venetianischen Tagesstunden wurden von Sonnenuntergang an gerechnet.

S. 16, 33. **Prior zu den Auguſtineren.** Vgl. zu S. 14, 35.

S. 16, 34. **meinem Schwäher.** Hans Frey.

S. 16, 34. **der Trittrichin.** Der Dietrichin, der Frau des Dietrich.

S. 17, 16. **die Herrſchaft.** S. o. Z. 9 f.

S. 17, 31 f. **Pernhart Holzpock.** Vgl. zu S. 11, 12. Heiratete eine Tochter des Lorenz Pirkheimer, also keine Schwester, nur eine Verwandte Willibalds.

S. 18, 6. **Euer Stuben.** Vgl. o. zu S. 16, 11.

S. 18, 33. **dem frummen Zameſſer.** Hans Zamesser, ein Raufbold.

S. 18, 34. **Luginsland.** Ein Turm, als Gefängnis benutzt.

S. 18, 35. **die Rech., die Roſ....** Alles wieder Anspielungen auf Pirkheimers Liebschaften.

S. 19, 12. **Peter Pender.** Nicht aufgeklärt.

S. 19, 30. **der Kepler.** Nürnberger Buchbinder.

S. 20, 10 f. **das alt Kormerle.** Bezieht sich offenbar wieder auf einen derben Spass Pirkheimers, der aus Scherz Dürer eine Liebschaft überlassen wollte.

S. 20, 16 f. **Kind geſchtorben ſind.** Wieder Anspielungen auf Pirkheimers Liebschaften; vgl. zu S. 9, 9.

S. 20, 17 f. **Joſeff Rumell.** Ein Nürnberger Patrizier, der Oheim von Dürers Frau Agnes; der jüngste Bruder seiner Schwiegermutter Anna Freyin.

S. 20, 23. **Jakob Heller.** Reicher Tuchhändler in Frankfurt a. M. Er hatte 1507 in Nürnberg bei Dürer ein Votivbild für die Dominikanerkirche zu Frankfurt bestellt, auf das sich die folgenden Briefe Dürers beziehen. Das Mittelbild, die Himmelfahrt Mariae, kam 1613 nach München und verbrannte dort 1674; die Flügel noch jetzt in der städtischen Sammlung in Frankfurt.

S. 20, 29. **Herzog Friedrichs von Sachſen Arbeit.** Die «Marter der Zehntausend» (jetzt in der kais. Gemäldegalerie zu Wien), die Dürer für Friedrich den Weisen malte.

S. 21, 23. **von Steinfarb.** Grau in Grau, wie alte Statuen.

S. 21, 24 f. **meines gnädigen Herrn Tafel.** Das Bild für den Herzog.

S. **22**, 30. *von dem Jmhoff.* Hans Imhoff d. Ä. war Dürers Bankier.

S. **23**, 17. *meinem Schwager.* Nicht genau festzustellen. Vielleicht Martin Zinner, der mit einer Schwester von Dürers Frau vermählt war.

S. **24**, 8. *Euers Schreibens Materien halben.* Heller drang brieflich darauf, dafs Dürer nur gutes Material nehme.

S. **24**, 37. *Pischof zu Preßlau.* Johann Thurgo, Bischof von Breslau.

S. **25**, 31. *Martin Heß.* Offenbar ein Frankfurter Maler; sonst unbekannt.

S. **26**, 28. *Hanns Jmhoff.* Vgl. zu S. **22**, 30.

S. **29**, 23 f. *die Band uffschrauben.* Die Verbindung des Rahmens mit den Holztafeln aufschrauben, lockern.

S. **30**, 1.. *Martin Heßen.* Vgl. zu S. **25**, 31.

S. **30**, 2. *Trinkgeld.* Durchaus nach der Sitte der Zeit.

S. **30**, 14 f. *Euer Derehrung.* Wohl ein Tuch oder ein Schmuck.

S. **30**, 23. *Christoph Kreß.* Nürnberger Ratsherr; war im Jahre 1515 von der Stadt an den kaiserlichen Hof nach Wien gesandt worden.

S. **30**, 25 f. *Herr Stabius.* Gelehrter Historiograph und Astronom, in Kaiser Maximilians Diensten.

S. **30**, 26. *in meiner Sach.* Vgl. Einleitung S. XVIII.

S. **30**, 32. *Caspar Nützell.* Nürnberger Ratsherr.

S. **31**, 2 f. *drei Johr lang gedient hab.* Als Dürer die Zeichnungen zur «Ehrenpforte Kaiser Maximilians» entwarf (1512—15).

S. **34**, 8 f. *ein Tafel gemalt.* Die Vier Apostel; jetzt in der Alten Pinakothek zu München.

S. **34**, 20. *Georg Spalatin.* Geheimschreiber und Vertrauter Friedrichs des Weisen; eifriger Förderer der Reformation.

S. **35**, 6. *Schutzbücklein Martini.* «Schutzrede und christliche Antwort eines ehrbaren Liebhabers göttlicher Wahrheit der heiligen Schrift auf Etlicher Widerspruch mit Anzeigung, warum Doktor Martin Luthers Lehre nicht als unchristlich verworfen, sondern vielmehr als christlich gehalten werden soll», von dem Nürnberger Ratsschreiber Lazarus Sprengler, Dürers Freund, 1519 verfafst.

S. **36**, 18. *Jlluministn.* Miniaturmaler.

S. **36**, 19. *des Meßbuchs halben.* Jetzt auf der Bibliothek zu Aschaffenburg.

S. **87**, 7. **Frey in Zürich**. Vermutlich der Magister Felix Frey, der am Karlstift in Zürich als erster reformierter Probst amtierte.

S. **87**, 10. **Farnphulr**. Ulrich Varnbüler, kaiserlicher Rat und Freund Dürers.

S. **87**, 14. **Herren Zwingle**. Ulrich Zwingli.

S. **87**, 14 f. **Hans Lowen**. Der Maler Hans Leu.

S. **87**, 19. **Niflas Kratzer**. Englischer Hofastronom, den Dürer in den Niederlanden kennen gelernt hatte; vgl. S. **64**, 6.

S. **87**, 28. **Herr Hansen Ding**. Offenbar Instrumente eines Astronomen namens Hans.

S. **88**, 1 f. **wollt ich geren wissen**. Deutet auf Dürers Beschäftigung mit seinen theoretischen Schriften in jener Zeit; vgl. Einleitung S. XX ff.

S. **88**, 11 f. **zwei Angesicht vam Kupfer gedrückt**. Vermutlich die Porträts Friedrichs des Weisen und Pirkheimers, die damals gerade entstanden waren.

S. **40**, 16. **Lasarus Spengler**. Ratschreiber in Nürnberg, einer von Dürers vertrautesten Freunden; vgl. zu S. **35**, 6.

S. **56**, 10. **1 ₰. minder 6 ₰**. Ein Rheinischer Gulden (etwa 20 Mark nach heutigem Wert) = 8 Pfund (₰.) und 12 Pfennige (₰). Also ein Pfund (30 Pfennige) = etwa Mark 2,50. Also 1 Pfennig = etwa 8 Pfennige heutigen Wertes.

S. **56**, 12 f. **ein gemalt Marienbild**. Nicht mehr nachweisbar.

S. **56**, 13. **unser Frauen Leben**. Ein «Marienleben».

S. **56**, 18. **Laug**. Lucas.

S. **56**, 18. **Hans Maler**. Hans Wolf.

S. **58**, 17. **6 Weißpfennig**. 1 Rheinischer Gulden = 20 Weisspfennig = 40 Heller. 1 Weifspfennig = etwa 1 Mark heutigen Wertes.

S. **58**, 19 f. **Jacob Heller**. Vgl. zu S. **20**, 23 f.

S. **60**, 5. **dem Niclasen, meinen Vettern**. Niklas Dürer, genannt Unger, ein Vetter Dürers, Goldschmidt in Köln; s. o. S. **1**, 23.

S. **60**, 30 f. **Merten Lewbehen**. Nicht nachweisbar.

S. **60**, 31. **Stüber**. 1 niederländischer Stüber = etwa 80 Pf. heutigen Wertes. 1 Rheinischer Gulden = 24 Stüber. 1 schlechter Gulden = 12 Stüber.

S. **61**, 8. **Jobst Planckfelt**. Dürer hat seinen Wirt in einer Federzeichnung porträtiert (jetzt im Städelschen Institrt zu Frankfurt a. M.).

S. **61**, 14. **des Burgermeisters Haus.** Das Haus des. Antwerpener Bürgermeisters Arnold van Liere in der Prinse-Strafse, jetzt Militarhospital.

S. **62**, 10. **Meister Quintines.** Der Maler Quinten Matsys

S. **62**, 12 f. **mit dem Faktor von Portugal.** Der offizielle Handelsvertreter des Königs von Portugal, Francisco Brandan, der im Folgenden sehr oft erwähnt wird.

S. **62**, 26. **Alexander Imhoff.** Sohn des Veit Imhoff aus Nürnberg.

S. **62**, 28. **grofse Bücher.** So bezeichnet Dürer die drei grofsen Holzschnittserien, nämlich die Apokalypse, die grofse Passion und das Marienleben.

S. **62**, 34. **auf ein Tüchlein ein gemalt Marienbild.** Ein Gemälde der Maria auf Leinwand.

S. **62**, 35. **Felix Lautenschlager.** Felix Hungersberg, der «künstliche Lautenschläger», wie es auf der heute in der Albertina zu Wien befindlichen Federzeichnung heifst.

S. **63**, 3 f. **Alexander, Goldschmied.** Vielleicht der Goldschmied Alexander von Brugsal.

S. **63**, 4 f. **Meister Joachim.** Der Maler Joachim Patinier.

S. **63**, 6. **Disirung mit halben Farben.** Mit Wasserfarben leicht getönte Zeichnung.

S. **63**, 14. **Thomasin.** Thomas Bombelli, Zahlmeister der Erzherzogin Margarethe.

S. **63**, 17. **der Rentmeister.** Lorenz Sterck, Rentmeister von Brabant.

S. **63**, 22. **Herr Erasmus.** Erasmus von Rotterdam.

S. **63**, 30. **unser Frauen Kirchen zu Antorff.** Die Kathedrale von Antwerpen.

S. **64**, 6. **Herren Nicolaum.** Nicolaus Kratzer; vgl. zu S. **87**, 19.

S. **64**, 10. **Jungfrau Suten.** Zutta Bombelli.

S. **65**, 28. **ins Fockern Haus.** Das Fugger-Haus.

S. **66**, 2. **Rudrisco von Portugal.** Ein reicher Kaufmann Roderigo Fernandez, später Faktor der portugiesischen Nation in Antwerpen.

S. **66**, 12 f. **Meister Conrad.** Conrad Meyt, niederländischer Bildhauer, einer der gröfsten Plastiker seiner Zeit.

S. **66**, 14. **Frau Margareth.** Erzherzogin von Österreich, Tochter Maximilians I. und der Maria von Burgund, seit 1507 Statthalterin der Niederlande.

S. **67**, 9. **mit meinen Herren.** Die Nürnberger Ratsherren Hans Ebner, Leonhard Groland und Niklas Haller, die 1520 zur Krönung Karls V. die Reichsinsignien aus Nürnberg nach Aachen brachten.

S. **67**, 10. **Herr Bonyfius.** Jakob Banisius, Geheimsekretär Kaiser Maximilians, ein Freund Pirkheimers.

S. **67**, 17. **der groß Meifter Rubier.** Rogier van der Weyden.

S. **68**, 24. **Meifter Hugo.** Hugo van der Goes.

S. **68**, 31 f. **Meifter Bernhart.** Bernhard von Orley.

S. **68**, 37. **von Puscleibis.** Von Busleyden.

S. **69**. 15. **Herrn Hans Ebner.** Vgl. zu S. **67**, 9.

S. **69**, 17. **Hans Geuder.** Ein Neffe Pirkheimers.

S. **70**, 2. **die zween Herrn von Rogendorff.** Wilhelm und Wolfgang von Rogendorf, aus vornehmem österreichischem Geschlecht.

S. **70**, 9. **Jacob Rehlinger.** Angehöriger einer reichen alten Augsburger Familie.

S. **70**, 17. **den neuen Bauren.** Ein Kupferstich.

S. **70**, 22. **Meifter Marz, Goldfchmibt.** Marc de Glasere von Brügge.

S. **70**, 24. **dem Hönigen, Glafer.** Ein Glasmaler.

S. **70**, 30. **Meifter Dietrich, Glasmaler.** Dietrich Jacobsz, damals Dekan der St. Lukas-Gilde.

S. **71**, 8. **Georg Schlauterspach.** Angesehener Nürnberger.

S. **71**, 21. **dem Hans Schwarzen.** Hans Schwarz, Maler aus Öttingen in Schwaben.

S. **72**, 12. **Thomas Polonier.** Thomas Vincidor aus Bologna.

S. **72**, 31 f. **Condemnatzen.** Die Flugschrift «Condemnatio doctrinae librorum Martini Lutheri», 1520 erschienen.

S. **72**, 32. **Dialogos.** Flugschriften in Dialogform.

S. **72**, 33. **Meifter Adrian.** Vielleicht Adrian Horebouts.

S. **73**, 1. **Nicolao.** Der Diener des Thomas Bombelli; vgl. zu S. **63**, 14.

S. **73**, 3. **Polonius.** Vgl. zu S. **72**, 12.

S. **73**, 14. **mein Kuffer dem Meyding zu führen.** Meinen Koffer dem Utz Hernolt Meyding (vgl. S. **82**, 35 f.) zur Besorgung.

S. **74**, 6. **Chriftoph Groland.** Ein Nürnberger; vgl. zu S. **67**, 9.

S. **74,** 9. **Paulus Copler und Merten Pfinzig.** Zwei Nürnberger.

S. **76,** 2. **Niklas Haller.** Vgl. zu S. **67,** 9.

S. **77,** 24. **Meister Arnolt.** Ein Künstler aus Herzogenbusch oder Arnold van Ort aus Nymwegen.

S. **78,** 25. **des schlechten Holzwerks.** Weniger gute Holzschnitte.

S. **79,** 2 f. **Steffan Capello.** Goldschmied zu Antwerpen.

S. **79,** 7. **den Herrn Lazarus.** Lazarus' Ravensburger.

S. **80,** 2. **Johann de Abüs.** Der Maler Jan Gossart, genannt Mabuse.

S. **80,** 9. **Georg Közler.** Ein Nürnberger.

S. **80,** 35. **Meister Hugo.** Derselbe, mit dem Dürer in Brüssel zusammentraf; vgl. S. **86,** 32.

S. **80,** 35-81, 1. **der Hirschvogel.** Das Nürnberger Kaufhaus der Gebrüder Leonhard und Bernhard Hirschvogel, die in Antwerpen eine Faktorei hatten.

S. **82,** 31. **den neuen Faktor.** Es ist wohl der Nachfolger des portugiesischen Faktors Brandan gemeint.

S. **82,** 33. **Rentmeister.** Vgl. zu S. **63,** 17.

S. **82,** 36—83, 1. **den Mann, den ich conterfet hab.** Ein bezahltes Modell.

S. **83,** 27. **die sechs Knoten.** Sechs Holzschnitte; ornamentale Bandverschlingungen, weifs auf schwarzem Grunde, als Vorlagen für Buch- und andere Verzierungen.

S. **83,** 32. **Des Staiber Wappen.** Lorenz Staiber, vgl. S. **75,** 32 und **76,** 20.

S. **84,** 24. **der alt Ammann von der Stadt.** Der Amtmann Gerhard van de Werve.

S. **84,** 26. **Flores.** Florent Nepotis, unter den Kammerdienern der Erzherzogin Margarethe genannt.

S. **84,** 28. **Herr Lupes.** Thomas Lopez, portugiesischer Gesandter.

S. **84,** 32. **sonderlich Thomasin Pombelli.** Dürer hatte ihm selbst die Skizze zu der Maske gemacht; s. o. Z. 10-11.

S. **85,** 7. **Meister Jan.** Jean Mone, ein Bildhauer aus Lothringen.

S. **85,** 7 f. **Christopff Kohler.** Nürnberger Patrizier.

S. **85,** 19. **die drei großen Bücher.** Vgl. zu S. **62,** 28.

S. 85, 22. **der Kolerin.** Der Gattin des Christoph Kohler, mit dessen Familie Dürer befreundet war.

S. 85, 28. **Peter Secretari.** Petrus Aegidius, Sekretär der Schöffen von Antwerpen, bekannter Humanist.

S. 86, 11. **Herrn Arian.** Adrian Horebouts, Syndikus von Antwerpen.

S. 86, 13. **der größten reichsten Kaufleutzunft.** Die sogenannte «Meersche» Zunft. Dürer zeichnete für den Altar des St. Niklas, der ihr Schutzheiliger war, in der Frauenkirche den Entwurf eines Meßgewandes.

S. 86, 15. **dem Peter.** Petrus Aegidius; vgl. zu S. 85, 28.

S. 86, 32. **Meister Hugo.** Vgl. zu S. 68, 24.

S. 87, 10. **Cornelius, der von Antorff Secretari.** Cornelius Grapheus, Sekretär des Rates (Ratsschreiber) von Antwerpen, ein gelehrter Humanist.

S. 87, 14. **der Caspar Nüzlin.** Der Gattin des Nürnberger Ratsherrn Nützel.

S. 87, 14 f. **Henfin Imhoff, Sträubin.** Der Felicitas Imhoff, Gattin des Hans Imhoff, und der Barbara Straub in Nürnberg. Beide waren Töchter Wilibald Pirkheimers.

S. 87, 15. **zwu Sprenglerin.** Die Frauen der Brüder Spengler in Nürnberg.

S. 87, 15. **Löffelhölzin.** Vielleicht die Gattin des Nürnbergers Thomas Löffelholtz.

S. 87, 20. **Jacob Muffel.** Der bekannte Nürnberger Ratsherr, dessen Porträt von Dürers Hand jetzt im Berliner Museum hängt.

S. 87, 21. **Hans Imhoff Kind.** Dem kleinen Sohn des Hans Imhoff und der Felicitas Pirkheimer.

S. 87, 22. **der Kramerin.** Vielleicht Barbara Kramerin, Gattin des Leonhard Kramer.

S. 87, 22. **der Lochingerin.** Kunigunde Lochinger, geb Holzschuher.

S. 87, 23. **beeden Spengler.** Lazarus Spengler, Ratsschreiber von Nürnberg, und Georg Spengler.

S. 87, 24. **Hieronymus Holzschuher.** Der Nürnberger Ratsherr, dessen berühmtes Porträt sich im Berliner Museum befindet.

S. 87, 27. **Meister Joachim.** Joachim Patinier.

S. 87, 31. **Bernhart von Reffen.** Von manchen Seiten wird vorgeschlagen, «Bernhart von Brefslen» zu lesen, so dafs der hier Genannte mit dem S. 81, 14 Erwähnten identisch wäre, oder auch «Bernhart von Brüfslen», worunter man dann Bernhard von Orley verstehen müfste.

S. 87, 35. **fürs Schiff.** S. u. S. 88, 6.

S. 88, 4 f. **Franzofenholz.** Lignum Guaiacum, das gegen die Franzosenkrankheit gebraucht wurde.

S. 88, 5. **Amprofio Höchftätter.** Ambrosius Hochstetter, ein reicher Kaufmann aus Augsburg, der mit seinem Bruder damals schon seit Jahrzehnten in Antwerpen ansässig war.

S. 88, 10. **feine Mohrin.** Die Negerin des Brandan.

S. 88, 17. **Hanns Lüber.** Angehöriger eines Augsburger Patriziergeschlechts.

S. 88, 18. **Jan Prevoft.** War zwar aus Bergen gebürtig, lebte aber in Brügge.

S. 89, 1. **Marx Goldfchmied.** Marc de Glasere; vgl. zu S. 70, 22.

S. 89, 3 f. **Rudigers gemalte Kapellen.** Vielleicht ist der tragbare Flügelaltar Rogiers van der Weyden im Berliner Museum gemeint, der als Reisealtar Karls V. bezeichnet wird.

S. 89, 7 f. **Rudiger und Hugo.** Rogier van der Weyden und Hugo van der Goes.

S. 89, 9. **das alabafer Marienbild.** Michelangelos marmorne Madonna ist noch heute in der Frauenkirche zu Brügge.

S. 89, 12. **Johannes.** Jan van Eyck.

S. 89, 13. **Malerkapelle.** Die Kapelle der Maler-, Sattler- und Glaser-Gilde.

S. 89, 24. **Jan Profoß.** Jan Prevost, vgl. zu S. 88, 18.

S. 89, 30. **der Dechant von den Malern.** Der Obmann der Malergilde.

S. 89, 36. **des Johannes Tafel.** Der berühmte Genter Altar. Dürer nennt von seinen Schöpfern nur Jan van Eyck; Hubert läfst er aus.

S. 90, 24 f. **und diefe Krankheit hab ich noch.** D. h. noch während ich dies schreibe, also in Antwerpen.

S. 90, 34. **Meifter Joachim.** Joachim de Patenier.

S. 91, 20 f. **Cruce nach Oftern.** 5. Mai 1521.

S. 91, 25. **der gut Landfchaftsmaler.** Das Wort «Landschaftsmaler» hier zum ersten Male belegt.

S. 91, 36. **Paul Geiger.** So lesen Lange und Fuhse nach Leitschuh; es wäre dann der Nürnberger Kaufmann dieses Namens gemeint. Andere lesen «Paul Jegher». Die Handschriften haben «Geger».

S. **92**, 16. **feins um feins geben.** Die Stelle ist verstümmelt überliefert. Gemeint ist wohl entweder, dafs Dürers Wirt Jobst Plankfelt ihm für das neue Porträit ein altes zurückgegeben, oder dafs er ihm dafür etwas in der Rechnung gestrichen hat.

S. **92**, 20 f. **daß man Martin Luther fo verräterlich gefangen hätt.** Die fingierte Aufhebung Luthers bei seiner Rückkehr vom Reichstag zu Worms durch Friedrich den Weisen, die Dürer, wie damals die meisten, ernst auffafst.

S. **93**, 29. **feiner in 140 Jahrn.** Hier kann Dürer, wie die Zahl beweist, nur an den englischen Reformator John Wicliffe gedacht haben.

S. **94**, 24. **du Ritter Chrifti.** Dürer spielt auf des Erasmus Schrift «Enchiridion militis Christiani» an.

S. **95**, 11. **Apocalypfis.** Anspielung auf Apocal. Kapitel 6, Vers 9—11; Lösung des fünften Siegels.

S. **95**, 32. **Meifter Gerhart, Illuminift.** Gerhard Horebout von Gent, berühmter Miniaturmaler. Seine Tochter Susanna wird auch sonst als Malerin gerühmt.

S. **96**, 5. **Jan, Goldfchmied von Prüffel.** Wahrscheinlich der Goldschmied und Siegelstecher Jan van den Perre.

S. **96**, 10. **franz.** Es ist nicht genau festzustellen, wer mit diesem Namen gemeint ist. Offenbar ist es ein Maler, der Dürer befreundet war, und von dem er ein Adam- und Eva-Bild besafs.

S. **97**, 8. **Mittwoch nach Corpus Chrifti.** 5. Juni.

S. **97**, 16. **frau Margaretha.** Die Statthalterin.

S. **97**, 19. **Meifter Heinrich, Maler.** Heinrich Koldermann, der Wirt des Gasthauses «Zum goldenen Haupt», der zugleich Maler war.

S. **97**, 21 f. **Popenreuthers.** Hans Popenreuter, der Kanonengiefser und Geschützmeister Karls V.

S. **97**, 24. **mein Kaifer.** Wohl ein Bildnis Kaiser Maximilians.

S. **97**, 29. **Johannes.** Jan van Eyck.

S. **97**, 29. **Jacobs Walchs.** Jacopo de' Barbari; vgl. zu S. **7**, 30.

S. **97**, 31. **ihrem Maler.** Ihrem Hofmaler Bernhard von Orley.

S. **98**, 6 f. **zu den Auguftinern.** Bei den sächsischen Augustinermönchen, die 1513 in Antwerpen eine Niederlassung gegründet hatten und im Jahre 1522 als Anhänger der Reformation in Ungelegenheiten kamen.

S. **98**, 9. **Meifter Jacob.** Nicht Jacopo de' Barbari, der damals schon tot war.

S. **98**, 15. **Meister Lucas.** Lucas von Leyden.

S. **100**, 5. **Meister Art, Glasmaler.** Mit dem Glasmaler Meister Arnold können zwei gemeint sein, die damals in Antwerpen lebten: Arnold Ortkens oder Arnold Sundert.

S. **100**, 6. **Meister Jan.** Jan Mone aus Metz; vgl. zu S. 85, 7.

S. **100**, 11. **Cornelius Secretari.** Vgl. zu S. 87, 10.

S. **100**, 11. **lütherische Gefängnuß Babiloniae.** Luthers Schrift «Von der babylonischen Gefangenschaft der Kirche».

S. **101**, 35. **Der König von Dennenmarck.** Christian II., der Böse, von Dänemark kam nach dem Stockholmer Blutbade, aus seinem Reiche flüchtig, Hilfe suchend zu seinem Schwager Karl V.

S. **102**, 1 f. **Leohnhardt Tucher.** Mitglied der grofsen Nürnberger Kaufmannsfamilie, das wohl Waaren aus Antwerpen nach Nürnberg sandte oder selbst dorthin reiste.

S. **102**, 28. **Künigin von Spanien.** Damit kann nicht die damalige Königin von Spanien, Johanna die Wahnsinnige, gemeint sein. Vielleicht liegt eine Verwechslung mit der Königin Eleonore von Portugal, der Schwester Karls V., vor.